로베스피에르

자유와 덕

“이 저서는 2016년도 전북대학교 저술 장려 지원에 의하여 연구되었음”

Maximilien François Marie Isidore de ROBESPIERRE

로베스피에르

LIBERTY AND VIRTUE

자유와 덕

김경근

전북대학교
출판문화원

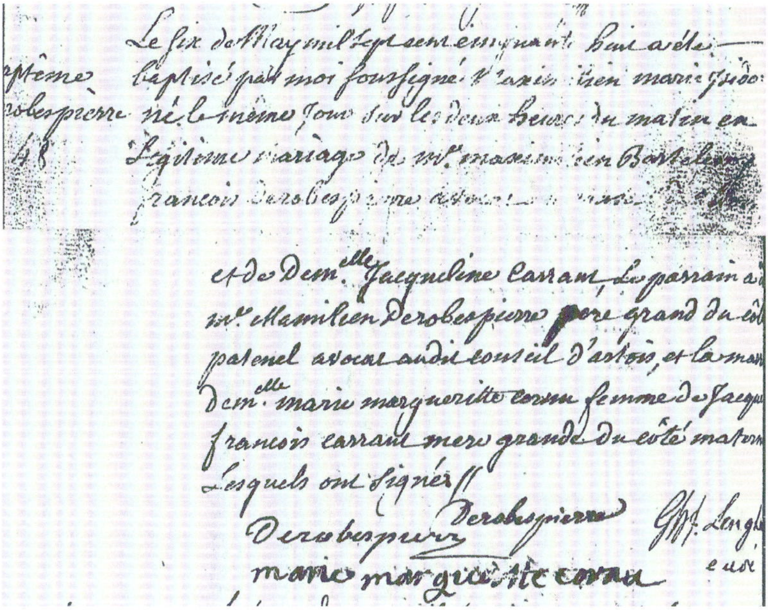

로베스피에르의 세례 및 출생 증명서, 1758년 5월 6일

변호사 로베스피에르(부알리 작, 1783년)

변호사 시절 로베스피에르가 동생들과 함께 거주한 아라스의 주택, 1787~1789년 거주

제헌의회(국민의회), 1789~1791

자코뱅 클럽에서의 전쟁 문제 토론, 1792년 1월

최고 존재 숭배 현판 '프랑스 민중은 최고 존재와 영혼의 불멸을 승인한다'

샹 드 마르스에서 거행된 최고 존재 숭배 제전, 1794년 6월 8일

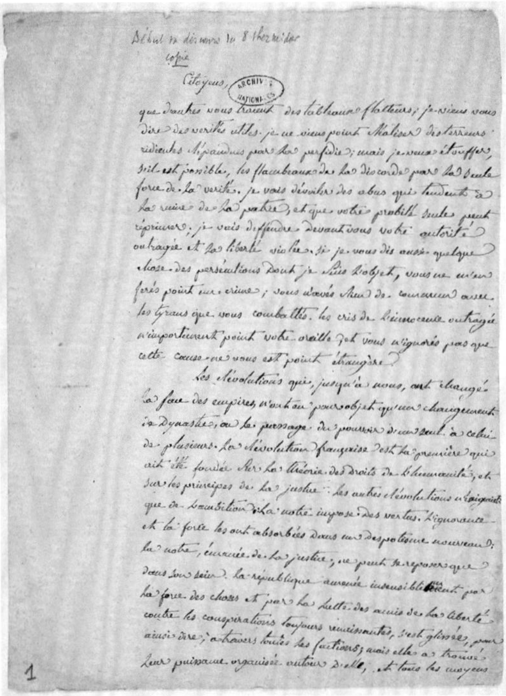

Début du discours du 8 thermidor
copie

Citoyens,

que d'autres vous tracent des tableaux flatteurs; je viens vous dire des vérités utiles. je ne viens point réaliser des terreurs ridicules répandues par la perfidie; mais je veux étouffer, s'il est possible, les flambeaux de la discorde par la seule force de la vérité. je vais dévoiler des abus qui tendent à la ruine de la patrie, et que votre probité seule peut réprimer; je vais défendre devant vous votre autorité outragée et la liberté violée. si je vous dis aussi quelque chose des persécutions dont je suis l'objet, vous ne m'en ferez point un crime; vous n'avez rien de commun avec les tyrans que vous combattez. les cris de l'innocence outragée n'importunent point votre oreille et vous n'ignorez pas que cette cause ne vous est point étrangère.

Les révolutions qui, jusqu'à nous, ont changé la face des empires, n'ont eu pour objet qu'un changement de dynastie, ou le passage du pouvoir d'un seul à celui de plusieurs. La Révolution française est la première qui ait été fondée sur la théorie des droits de l'humanité, et sur les principes de la justice. les autres révolutions n'exigeaient que de l'ambition; la nôtre impose des vertus. l'ignorance et la force les ont absorbées dans un despotisme nouveau; la nôtre, émanée de la justice, ne peut se reposer que dans son sein. la république amenée insensiblement par la force des choses et par la lutte des amis de la liberté contre les conspirations toujours renaissantes, s'est glissée, pour ainsi dire, à travers toutes les factions; mais elle a trouvé leur puissance organisée autour d'elle, et tous les moyens

1

로베스피에르 최후의 연설 원고, 1794년 7월 26일

로베스피에르가 생애 마지막 3년간 하숙했던
파리의 목공업자 뒤플레의 집

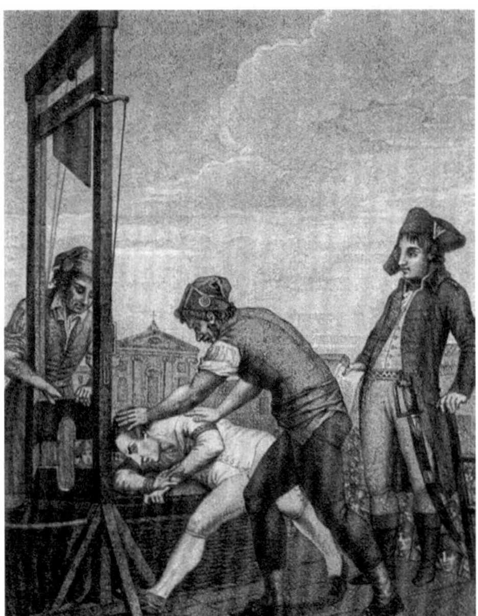

처형되는 로베스피에르, 1794년 7월 28일

머리말

나는 꽤 오래전부터 로베스피에르에 관심을 가지고 그의 연설문들과 관련 문헌들을 살펴보았다. 그런데 여전히 머릿속에서 정리하지 못한 문제가 있다면, 그것은 역시 정치인 로베스피에르의 모순, 즉 그가 프랑스 혁명을 대표한 민주주의자인 동시에 공포정치의 주역이었다는 점이다. 종종 히틀러나 스탈린에게 비유되는 인물을 다룬다고 생각하니 엄두가 나지 않았다.

그렇다면 인간 로베스피에르는 어떠한가? 그에게는 거룩한 면모와 편협한 모습이 공존한다. 청렴함으로 일관한 그의 일생과 약자를 향한 순교자적 헌신은 감탄과 동경을 자아내는가 하면, 완고하고 냉정한 성격, 집요하고 독선적인 태도는 저항감을 불러일으킨다. 전자가 존경의 대상이지만 닮기 힘든 것이라면 후자는 닮고 싶지 않은 것이다. 어쨌든 공감하기 어려운 인물의 전기를 쓰는 것도 부질없는 일 같았다. 결국 나는 정치인 로베스피에르 그리고 인간 로베스피에르에 대한 관심을 접어야 했다.

그렇다면 남는 건 무엇일까? 생각해볼 수 있는 건 그의 사상 정도였다.

거기에 집중하면서 나는 한편으로 로베스피에르가 상당히 독창적이고 대단히 풍부한 업적을 남긴 정치 사상가였음을 알게 되었다. 전체 10권으로 이루어진 그의 연설문들과 글들은 민주주의 사상의 보고라 할 만한 것인데 프랑스 혁명가들 중 이런 방대한 기록을 남긴 경우는 드물다. 다른 한편으로는 지금까지 그의 사상이 생각만큼 체계적으로 다뤄지지 않았다는 것이다. 그 이유는 기존의 연구서들이 취한 접근방식과 무관하지 않은 것으로 보인다.

로베스피에르의 사상은 주로 의회와 정치클럽에서 행한 연설들에 나타났는데 대부분의 연구서들은 그의 생애를 시간 순으로 따라가면서 연설들을 함께 다루고 있다. 이를테면 로베스피에르의 자유관은 혁명기 내내 그의 여러 연설들에서 언급되는데 연설별로 살펴 볼 경우, 한 연설에 포함된 자유 관련 부분은 다른 연설에 포함된 자유 부분과 결합할 수 없게 됨으로서 해당 주제가 산발적으로 다뤄질 뿐 체계적인 검토와 종합적인 이해는 기대할 수 없게 된다.

이에 나는 연설별 접근 대신 주제별 접근을 하고자 했다. 그리하여 일단 『로베스피에르 전집』에 수록된 그의 모든 연설들과 문건들을 검토하고 그 내용을 주제별로 분류했다. 말하자면 자유, 종교 등 각 주제의 요소들을 각각 수백 개의 연설에서 추려내고 중복부분을 제거한 다음 한 데 모아 정리하는 것이다. 같은 주제에 관한 것이면 서로 다른 연설일지라도 합쳐서 다루는 것이 낫다는 판단에서였다. 이 작업은 상당한 시간을 요했으나 각 주제를 충분히 그리고 비교적 체계적으로 다룰 수 있게 해주었다.

내가 파악한 로베스피에르의 정치사상의 핵심은 이 책의 제목이기도 한 '자유와 덕'이다. 그런데 자유는 몰라도 덕이 과연 정치와 어울리는 것인지 의문이 들 수 있다. 만약 오늘날 한 정치인이 "나는 여러분의 덕을 고취하기 위해 출마했다."라고 선언한다면 유권자들은 어떻게 생각할까? 일반적으로 덕 혹은 미덕이란 어떤 존재를 그 본성에 적합하게 만드는 능력이나 가치를 말한다. 예를 들어 칼의 (미)덕은 잘 들고 튼튼함에 있는 것처럼, 덕이란 칼을 칼답게, 그리고 인간은 인간답게 만드는 힘인 것이다. 따라서 앞의 정치인은 사실상 "나는 여러분을 인간답게 만들기 위해 출마했다."라고 선언한 셈인데, 그가 처할 난감한 상황이 가히 짐작이 간다.

그런데 이런 난처함은 로베스피에르에게는 해당하지 않았다. 그는 혁명기 내내 덕의 정치를 설파했으며 시민의 덕을 고취하기 위해 최고 존재 숭배 제전이라는 종교적 행사를 수립했음에도 불구하고, 프랑스 민중들에게 조롱을 사기는커녕 절대적 신망과 인기를 누렸던 것이다.

실제로 혁명기 프랑스 민중들은 "덕이 없이는 자유도 없다."라는 로베스피에르의 주장에 반발하지 않았다. 그는 덕이 있는 시민, 즉 시민다운 시민은 '자신의 권리와 의무를 깨달은 존재'라고 하면서 그런 사람만이 자유를 누릴 수 있다고 주장했는데 그 주장은 혁명기 현실에 부합한 것이었다. 당시 프랑스인들에게 자유를 비롯한 모든 권리는 저절로 주어지기보다 스스로 쟁취해야 했던 것이다.

그로부터 200여년이 지난 오늘날은 어떠한가? 자신의 권리가 법과 제도로 보장된다고 생각하는 오늘날 민주국가의 시민은 정치인이나 정부가 '덕' 운운할 경우 자신의 내면에 대한 간섭으로 여겨 불쾌해할 것이다. 하지만 자신의 권리를 스스로 추구하지 않아도 그것이 저절로 보장되는가? 우리의 경험은 비교적 쉽게 답을 제공한다. 우리는 여러 번 스스로의 힘으로, 즉 공적 덕을 발휘함으로써 자유와 권리를 지켜낸 기억이 있기 때문이다.

그런데 공적 혹은 시민적 덕을 강조하다보면 언뜻 개인의 자유는 무시될 것 같은 생각이 든다. 하지만 본문에서 보겠지만 이것만큼 로베스피에르의 생각과 거리가 먼 것은 없다. 그는 도덕주의자이기에 앞서 자유주의자였다고 할 만큼 개인의 자유를 중시했을 뿐 아니라 '자유란 절대적이고 무제한적이지 않으면 없는 거나 마찬가지'라고 함으로써 자유주의를 넘어 초자유주의적인 입장을 고수했다. 따라서 그가 살아 있었다면 오히려 오늘날의 시민들이 자유에 대해 소심하고 타협적인 태도를 보이는 것을 질타했을 것이다.

그럼에도 불구하고 사람은 현실에서 자유를 추구함에 있어 종종 장애물에 직면하는데, 국가권력이 그것이다. 로베스피에르는 덕과 자유에 이어 이 책 제3부에서 국가권력, 즉 입법, 행정 및 사법에 관해 말하고 있다. 그는 이들 국가권력이 그 존재 이유인 국민의 자유와 행복으로부터 얼마나 쉽게 이탈하는지 일깨워주고 그에 대한 대책들을 제시한다. 그를 보면서 우리는 오늘날 민주국가의 국민이 과연 국가 권력에 대해 주인 노릇을 하고 있는지 생각해보게 된다.

로베스피에르의 사상이 탄생한 지 200년이 훌쩍 넘었지만 민주주의는 여전히 불확실한 상태에 있다. 물질 · 기술 분야의 발전과 비교하면 민주주의의 불확실성은 더욱 두드러진다. 예를 들어 TV나 냉장고 같은 경우 민주주의보다 역사가 훨씬 짧지만 별 문제없이 잘 작동하지 않는가? 로베스피에르는 두 분야 사이의 차이를 물욕, 과시욕, 사치, 안락 같은 인간의 정념(passion)에서 찾는 통찰력을 보여주었다. 물질 · 기술 분야는 인간이 정념을 발휘할수록 발달하지만 인간의 권리와 자유는 오히려 정념을 억제하고 덕을 발휘할 것을 요구한다는 것이다.

그런데 문제는 덕이 정념처럼 쉽게 발휘되지 않는다는 점에 있다. 따라서 로베스피에르는 인간의 마음을 움직이려면 그보다 상위에 있는 존재의 힘이 필요하다고 보고 그를 위해 종교의 힘을 빌리고자 했다. 이 또한 그가 혁명기의 다른 정치인들과 차별화되는 점이다.

이상에서 언급한 주제들은 본문에서 다룰 내용을 개략적으로 소개한 것이다. '자유와 덕'이 오늘날의 민주주의에서도 현안이 될 수 있다는 나의 생각이 전달되었으면 하는 바람을 가져본다.

본론에 들어가기에 앞서 이 책에서 활용한 자료를 언급하고자 한다. 주요 사료는 앞에서 말한 바, 로베스피에르가 1789~1794년 혁명기 의회와 정치 클럽에서 행한 약 985회의 연설문들이다. 그 외에도 자신이 발간한 두 개의 잡지에 수록된 글들과 편지들 그리고 혁명 이전 변호사 시절에 작성된 변론문과 논문들이 포함된다. 이 기록들은 1950~2000년에 걸쳐 총 10권으로 발간된 『로베스피에르 전집』에 수록되었으며[1] 이 책에서는 이를 주요 사료로 삼았다.

말의 정치가로서 로베스피에르의 정치 활동은 주로 의회와 정치클럽에서의 연설로 이루어졌다. 콩도르세는 로베스피에르에 관해 "그는 최소한으로 생활하고 물질적 욕구를 알지 못한다. 그의 유일한 열정은 말하는 것이며 그는 거의 항상 말을 한다."라고 하였다.[2] 연설할 때 로베스

---

1 *Oeuvres complètes de Maximilien Robespierre,* Marc Bouloiseau 외 éd., 10 tomes (1950~2000). 이 책에서는 *Oeuvres*로 표기함. 각 권 제목과 서지사항은 참고 문헌에 표기하였음.

2 Paul Chopelin, "Le mythe du <<grand prêtre>> de la Révolution. Robespierre, la religion et l'Etre Suprême," Michel Biard & Philippe Bourdin éd., *Robespierre. Portraits croisés* (Paris, Armand Colin, 2012), p. 129에서 재인용.

피에르는 미리 검토하고 가다듬은 원고를 느리게 낭독하여 참석한 기자들이 받아쓸 수 있도록 하였다.[3] 그의 연설문들은 의회와 자코뱅 클럽이 수십 차례 인쇄 · 배포를 결정할 만큼 깊이와 논리성을 갖춘 것이었다.

하지만 그의 연설의 가장 큰 호소력은 역시 청중들이 그의 진정성, 즉 그가 원칙의 실행을 위해 목숨을 바칠 수도 있다고 느꼈기 때문이다. 따라서 마티에즈는 언변이 좋다는 기준을, 설득력이 있어서 청중의 마음을 사로잡고 사람을 열광시키며 눈물을 흘리게 하는 것에 둔다면 프랑스 역사에서 로베스피에르를 능가할 사람은 많지 않다고 하였다.[4] 그 점에서 지롱드파가 로베스피에르를 깎아내리기 위해 그의 연설을 폄하한 것은 효과적인 전략이 아니었다.[5]

나아가 그의 연설문은 전달성이 높고 정확한 비유와 표현들로 이루어져 있다. 사실 텍스트 작업이 지지부진하면서도 로베스피에르의 통찰과 표현이 주는 영감과 즐거움은 그를 포기할 수 없었던 이유 중 하나였다.

끝으로 말해둘 것은, 이 책 제 3장의 주제 '종교'와 제 4장의 주제 '자유'

---

3 로베스피에르의 유품 원고들에는 공들여 교정한 흔적이 나타나며 이는 변호사 시절에 익힌 습관으로 추정된다. David P. Jordan, *The Revolutionary Career of Maximilien Robespierre* (New York, Free Press, 1985), p. 65. 변호사 시절 그는 변론문을 정성스럽게 가다듬고 고쳤으며 명 문장가들로부터 인용구를 찾았고 연설을 연습한 결과 결국 변론에 있어 동료 변호사 중 경쟁자가 없을 정도가 되었다. 마르크 불와조, 『로베스피에르』, 정성진 역 (탐구당, 1983), p. 20.

4 Albert Mathiez, *Etudes sur Robespierre* (Paris, 1988), p. 36.

5 지롱드파는 로베스피에르의 연설들이 궤변, 과장, 아첨 그리고 빈약한 표현들로 채워져 있다고 하였다. Annie Jourdan, "Les discours de Robespierre. La parole au pouvoir," *Yearbook of European Studies* 9 (1996), pp. 73~74. 이를 반박하는 데는 다음의 인용문으로 충분할 것이다. "로베스피에르가 보잘것없는 연설가였다고 생각하는 것은 있을 수 없는 일이다. 자코뱅 클럽의 연단에서 그토록 절대적인 권위와 인기를 유지하려면 하루 이틀이 아니라 매일 청중을 사로잡아야 하며 로베스피에르는 거기에 뛰어났다." Patrice Gueniffey, "Robespierre," *Yearbook of European Studies* 9 (1996), p. 5.

는 본인이 기존에 학술지에 발표한 논문들(cf. 참고문헌)에서 다룬 바 있다는 점이다. 이 책을 위해 논문의 내용을 보완하고 새로운 내용을 추가했지만 부득이 그대로 옮긴 부분들도 있다는 점을 밝혀둔다.

목차

Ⅰ. 덕과 종교

한 역사가는 로베스피에르에 대해 "마키아벨리가 도덕성과 정치를 분리한 지 250년 후에 루소의 뒤를 이어 그 둘을 결합했다."라고 하였다.[1] 현실 정치 무대에서 덕의 정치를 주창한 것은 로베스피에르가 단연 독보적이었던 것이다. 로베스피에르는 사람을 대하거나 평가할 때에도 도덕을 가장 중요한 가치로 내세웠거니와 실제로 자기 자신도 '부패할 수 없는 사람'(l'incorruptible)으로 불릴 만큼 정직성과 청렴성을 인정받았다.

로베스피에르의 도덕성은 어떻게 설명할 수 있을까? 이 질문에 답하려면 그가 정치에 입문하기 전으로 거슬러 올라가 봐야 할 것이다. 도덕성은 그의 말처럼 하루아침에 생겨나지 않기 때문이다.

---

1 David P. Jordan, *The Revolutionary Career*, p. 34.

01 도덕주의자

1. 변호사 로베스피에르

학창시절

막시밀리앙 드 로베스피에르(1758~1794)는 어릴 적부터 또래들과 어울리기보다 혼자 있기를 좋아했다. 가까이에서 로베스피에르를 관찰한 사람들은 그의 성격이 우울한 편이었으며 진지하고 과묵했다고 묘사하였다. 그의 여동생 샤를롯은 다음과 같이 말했다. "(어머니의 사망과 아버지의 가출 후에) 완전한 변화가 오빠에게 일어났다. 그 전까지 그는 또래 아이들처럼 덤벙대고 소란스러우며 쾌활했다. 하지만 이제 장남으로서 가장의 처지가 되자 그는 분별 있고 신중하며 근면해졌다."[1] 로베스피에르는 여섯 살 때 세상을 떠난 어머니와 그 직후부터 방황하다 결국 가출한 아버지로 인해 상실감과 버려졌다는 느낌을 받았으며 동시에 동생들에 대한 책임감도 느끼게 되었다. 쾌활했던 아이가 진지한 소년 가장이 된

1 Laponneray éd., *Mémoires de Charlotte Robespierre sur ses deux frères* (Paris, 1987), p. 32.

것이다.

그의 아버지는 변호사 업무를 자주 중단하는가 하면, 아이들의 양육도 방치하는 등 가장의 책임을 제대로 수행하지 않았다. 더욱이 가출한 후에도 잠깐씩 나타나 돈을 빌려 가는가 하면, 돈을 마련하기 위해 자신과 자녀들의 상속권을 포기한다는 약속을 하기도 했다.[2] 로베스피에르는 친척들 손에서 자라났는데, 그들이 아버지의 행실에 대해 말할 때 수치심을 참기 어려웠을 것이다.

로베스피에르는 부모가 남겨준 상실감과 수치심을 자신의 완벽한 행동과 학업 성취를 통해 바꿔놓고자 하는 의지가 있었던 것으로 보인다. 중 고등학교 시절 그가 고독한 우등생이었다는 데 대해 동생인 샤를롯과 프로야르Proyart 신부의 증언이 일치한다. 프로야르는 "그는 학업에 모든 것을 바쳤다. 학업이 그의 신이었다."[3]라고 하였다. 명문가 출신의 자제들 틈에서 달리 내세울 것이 없었던 로베스피에르에게 학업의 성취는 사람들의 관심을 받게 하고 자존심을 살려주었을 것이다.

그가 다닌 명문 중등학교 「리세 루이르그랑」에서는 문학을 비롯한 인문학 그리고 라틴어와 희랍어 등이 주요 교습 과목이었고 기도, 미사 그리고 신앙 고백이 매일 행해졌다. 장학생으로 입학한 로베스피에르가 특히 흥미를 느낀 것은 고대 문학과 역사를 공부하는 수사학 수업이었다. 그 수업에서 그는 로마 공화정 시대에 매료되었다. 부모에게 버려진 아이로서 정체성과 자존감 확립이 어려웠던 소년 로베스피에르에게 정

---

2 Ruth Scurr, *Fatal Purity-Robespierre and the French Revolution* (Chatto & Windus, London, 2006), p. 18.

3 Laurent Dingli, *Robespierre* (Paris, Flammarion, 2004), p. 16.

의와 자유를 위해 목숨을 바친 영웅들로 가득 찬 고대 공화국은 동경의 대상이었다. 카이사르를 비판한 공화주의자 키케로, 군주 시해자 브루투스 등은 혁명기 로베스피에르의 연설에도 종종 등장할 것이었다.

학창 시절에 관한 로베스피에르 자신의 증언은 거의 없지만 눈에 띄는 것은 훗날 연설에서 당시 자신이 '별로 독실하지 않은 카톨릭 신자'였다고 말한 대목이다.[4] 그 말을 뒷받침하듯 프로야르 신부 역시 "기도, 종교 교육, 이런 것들은 그에게는 딱 질색이었다."라는 증언을 하였다.[5]

그런데 이것으로 로베스피에르가 당시의 세속화나 합리주의 물결에 휩쓸렸다고 단언하기는 어렵다. 우선 프로야르 신부의 증언은, 그가 로베스피에르에게 적대적이었다는 점을 감안할 때 부정적인 방향으로 부풀려졌을 가능성이 있다. 더 확실한 것은 학교 당국이 로베스피에르를 반카톨릭적 학생으로 간주하지 않았다는 증거들이다. 예를 들어 로베스피에르는 1775년 학생 대표로 선출되어 루이 16세의 축성 행렬 헌사를 낭독했는가 하면, 「리세 루이르그랑」을 졸업할 때 학교는 그에게 '학창 생활 동안 우수한 학업 성적 및 12년 동안의 올바른 품행과 철학 및 법학 분야에서의 우수한 학업성적'에 대한 포상으로 600리브르라는 큰 금액을 지급했다. 오라토리오회 성직자들이 다수를 차지한 학교 당국이 '올바른 품행'이라고 했을 때는 종교의식이나 교리에 대한 일정 수준의 열성을 전제로 했을 것이므로 이런 혜택은 반카톨릭 성향이 뚜렷하거나 자유분방한 학생이었다면 받기 어려웠을 것이다.[6] 또한 1782년 3월 고

---

4 "Pour la liberté des cultes" (21 novembre 1793), *Oeuvres*, t. 10, p. 197.

5 마르크 불와조, 『로베스피에르』, p. 163.

6 Jean Artarit, *Robespierre ou l'Impossible filiation* (Paris, 2003), p. 54

향 아라스에서 갓 개업한 신참 변호사 로베스피에르에게 아라스 주교재판소의 판사직이 맡겨진 것을 볼 때 아라스 주교구도 그에 대해 「리세 루이르그랑」과 같은 판단을 한 것으로 보인다.[7]

어쨌든 학창 시절 로베스피에르는 내심으로 카톨릭의 교리를 따르지 않았을지 몰라도 언행이 자유분방하거나 반종교적이지 않았을 것이다. 오히려 그는 자신이 그 시절 인간성과 도덕성에 충실했다고 밝힌 바 있다.[8]

'불명예 형벌'

로베스피에르는 「리세 루이르그랑」을 졸업하고 「파리 대학」 법학부를 수료한 다음 1781년 고향 아라스에서 변호사 개업을 하였다. 그의 학창시절에 관한 자료는 빈약하지만 변호사 시절의 자료는 풍부한 편이다. 로베스피에르는 1789년까지 8년간 변호사 생활을 하면서 변론문 외에도 아카데미 현상응모 논문, 동호회 연설문 그리고 편지 등 다양한 글들을 남겼다.

특히 그는 본업 외에도 문필활동에 관심을 쏟았는데, 그 중 하나가 1784년 메츠 아카데미의 현상논문 공모에 응모한 것이었다. 주제는 '불명예 형벌', 즉 '가족 성원 중 한 사람이 죄를 지었을 때 가족 전체가 욕을

---

7 통상 10년 이상의 경력이 필요하며 뭇 변호사들이 탐내는 그런 자리에 단 4개월의 수련을 거쳤을 뿐인 신참이 임명된 것은 이례적이었다. 「리세 루이르그랑」의 우등생 출신에 대한 신뢰가 작용했을 것이다.

8 "나는 인간에 대한 냉담한 친구였거나 불충실한 수호자였던 적이 없다. 나는 내가 밝힌 도덕적이고 정치적인 관념에 더욱 결합되어 있을 뿐이다." "Pour la liberté des cultes" (21 novembre 1793), *Oeuvres*, t. 10, p. 197.

먹는 풍습'의 유래와 유해성 여부 및 치유책에 관한 것이다. 이는 부친의 불명예 - 혼전 임신으로 자신을 태어나게 했을 뿐 아니라 가출함으로써 가족의 평판을 훼손한 - 를 마치 유산처럼 떠맡은 로베스피에르에게 익숙한 것이었다. 그 논문에는 어릴 적부터 겪었던 수치, 좌절, 분노 등 심리상태가 잘 나타나 있을 뿐 아니라 '최고 존재'와 '덕' 등 혁명기에 자신이 주장하게 될 관념들을 예고하고 있다는 점에서 주목할 만하다.

논문에서 로베스피에르는 우선 '불명예 형벌'은 명예를 제일의 가치로 삼는 프랑스와 같은 군주국에서만 존재하는 것이라고 하였다. 그리하여 부모 혹은 자녀에게 범죄의 낙인이 찍히면 그 후손 혹은 부모까지 불명예라는 일종의 형벌을 받게 되는 것이다.

로베스피에르는 자신에게 책임이 없는 형벌을 여론에 의해 받아야 하는 이런 부당한 관행은, 사회에 유용한지 여부를 따져볼 필요조차 없다고 하였다. 이유인즉, '부당한(injuste) 것은 유용하지 않기 때문'이라는 것이다. 그는 다음과 같이 말했다.

> "도덕(morale)의 모든 경구 중 가장 심오하고 가장 확실한 것을 말한다면, 올바르지(honnête) 않은 것은 이롭지 않다는 것이다. 도덕에 적용되는 이 경구는 정치에도 적용된다. 정치 사회의 번영은 분명 질서, 정의, 지혜라는 부동의 기초 위에 놓이게 되며 자연법을 침해하는 모든 부당한 법과 잔인한 제도는 자연법의 목적인 인간의 권리, 시민의 행복과 평온의 보존에 역행한다."[9]

---

9 "Discours sur les peines infamantes couronné par l'Académie de Metz en 1784" (août 1784), *Oeuvres*. t. 1, p. 26.

로베스피에르는 특정한 법과 제도 혹은 관습의 가치를 판정하는 기준으로 자연법을 제시했는데, 알다시피 자연법이란 시간과 공간을 초월한 불멸의 보편적 진리를 뜻한다. 그는 자연법의 속성을 질서, 정의, 지혜, 즉 순리적이고 정당하며 자비로운 것이라고 보았다. 그 점에서 부당하고 잔인한 '불명예 형벌'은 자연법의 속성에 위배되며 나아가 자연법이 보장하는 인간의 권리와 행복을 해친다는 것이다.

그는 자연법을 주관하는 존재를 '최고 존재'로 지칭하고 자연법을 존중하는 것이 곧 덕이라고 함으로써 덕의 정치의 핵심 개념을 일찌감치 선보였다.

> "최고 존재의 법은 그 법을 위반하는 대담함이나 그 법을 존중하는 충실함에 수반된 자연적 결과 외에 다른 제재는 필요하지 않다. (왜냐하면) 덕(vertu)은 마치 태양이 빛을 발하는 것처럼 행복을 낳지만, 범죄로부터는, 마치 부패한 곳에서 더러운 벌레가 발생하듯이 불행이 나오기 때문이다."(1:31)[10]

최고 존재란 말은 이미 17세기부터 자연종교의 개념으로 사용되어 왔는데 여기서도 자연법을 주관하는 신(성)이란 뜻으로 쓰이고 있다. 로베스피에르는 최고 존재의 법, 즉 자연법을 존중하는 것이 덕으로서 그 자체가 행복의 근원인 반면, 그것을 위반하는 범죄 혹은 악덕은 그 자체가 불행의 원천이므로 다른 제재를 가할 필요조차 없다고 하였다.

---

10 각주가 늘어나는 것을 피하기 위해 본문에 출처를 표기함. 여기서 (1:31)은 로베스피에르 전집 제1권 31쪽을 의미함. 전집 서지사항은 참고문헌에 표기함.

로베스피에르는 논문에서 덕이 행복을 낳는데도 불구하고 지배자들은 이를 무시하거나 별로 관심을 두지 않는다고 하였다. "정치가들이 이 원칙을 종종 알지 못하는 것처럼 보인다면, 일반적으로 그들이 도덕에 대해 크나큰 경멸감을 가지기 때문이다. 말하자면 항상 힘, 무모함, 무지 그리고 야심이 지배해왔기 때문이다."(1:31) 그는 도덕과 정의를 무시하고 힘과 권력을 표방한 마키아벨리즘이 근대 정치의 대명사처럼 여겨지는 현실을 개탄한 것이다.

이어서 그는 '불명예 형벌'과 같은 부당한 관습이 어떻게 범죄와 불행을 낳게 되는지 설명한다.

> "치욕은 영혼을 타락시킨다. 경멸을 선고받은 자는 경멸받을 만한 존재가 될 수밖에 없다. 동료들에게 존중을 요구할 수 없는 사람이 어찌 고결하고 관대한 감정을 가질 수 있겠는가? 덕과 결부된 이점들을 박탈당한 그는 악의 향유 속에서 보상을 구할 수밖에 없을 것이다."(1:38)

불명예의 낙인이 찍힌 사람은 애초부터 주변의 존중이나 명예를 바랄 수 없기 때문에, 덕보다는 악덕이나 범죄를 행함으로써 이익이나 보상을 누리고자 한다는 것이다.

그런데 그의 말처럼 '불명예 형벌' 같은 제도나 관습이 사람들을 핍박하여 그 희생자들로 하여금 오히려 악을 행하게 한다면, 이는 가족 파탄과 같은 부도덕한 행위의 책임을 해당 개인보다는 잘못된 관습과 주변의 박해 탓으로 돌릴 수 있게 된다. 그럼으로써 로베스피에르는 부친의 잘못을 변호함과 동시에 자신을 괴롭혀 온 수치감을 씻어내려 했던 것으로 보인다.

드퇴프 변론

부당한 제도나 관습으로 인한 박해와 멸시라는 관념은 로베스피에르의 변론문들에서도 볼 수 있다. 그는 1783년의 드퇴프Deteuf 변론에서 박해를 받은 피해자와 자신을 동일시함으로써 자신의 내면을 드러냈다.[11] 드퇴프 사건은 횡령을 저지른 베네딕트회 수도사 돔 브로냐르가 자신의 구애를 거절한 여성에게 복수하고자 그녀의 오빠인 드퇴프에게 절도죄의 누명을 씌워 고소한 사건이다. 로베스피에르는 드퇴프를 대신하여 돔 브로냐르가 속한 수도원을 상대로 손해배상을 청구했는데, 변론문에서 여러 번에 걸쳐 마치 자신이 박해받은 듯이 말했다. '내가 그토록 오랫동안 혐의를 받은 잔인한 고소로 내 여력이 전부 없어졌을 때'(2:238), '브로냐르가 나에게 저지른 잘못들'(2:249), "당신들은 얼마나 뻔뻔하게 내가 요구하는 정당한 배상을 거부한단 말인가?"(2:249) 변호사 로베스피에르는 의뢰인 드퇴프, 즉 피박해자에 대한 동정과 공감을 넘어 자신을 동일시하기에 이른 것이다.

이 변론에 자신을 과도하게 개입시켰다는 표시는 그가 수도원에 배상 책임을 지우기 위해 신랄한 공격을 장황하게 펼치고 '당신들은 얼마나 뻔뻔하게'라는 감정적 언사를 쓴 것에서도 드러난다. 한 연구자에 의하면 어린 나이에 고아가 된 로베스피에르가 받은 상처의 깊이가 투사되어 스스로 논고의 지나침을 깨닫지 못했다는 것이다.[12]

그런가하면 로베스피에르는 재차 덕이란 단어를 사용했는데 "종교와 덕에 바쳐진 성소를 얼룩지게 한 혼란에 대한 기억을 상기시켜야 한

---

11 "Mémoire pour François Deteuf" (1783), *Oeuvres*. t 1, pp. 234~254.

12 Laurent Dingli, *Robespierre*, p. 61.

다."(2:234)라고 하거나 수도원에 관해 말하면서 '덕의 모습을 세상에 선사할 때는 늘 세상에 도움이 되는 단체'(2:235)라고 하였다. 이는 로베스피에르가 덕을 종교적 도덕규범을 포함하는 의미로도 사용했음을 의미한다. 그는 이러한 덕의 기준에 부합하는 인물의 예를 시인 그레쎄에게서 찾았다.

『그레쎄 예찬』[13]

『그레쎄 예찬』은 1784년 아미엥 아카데미의 현상 공모에 응모한 논문으로 로베스피에르의 도덕관이 잘 드러난 텍스트이다. 그레쎄Jean Baptiste Gresset(1709~1777)는 젊었을 때 카톨릭 교단을 조롱하는 풍자시와 희곡을 발표하여 이름을 떨쳤지만 중년 이후 자기 작품들의 '경박함'을 공개적으로 반성하고 카톨릭에 귀의함으로써 볼테르의 조롱을 사기도 했다.

논고에서 로베스피에르는 무엇보다 시인 그레쎄의 품성을 주목했다. "오 그레쎄, 그대는 위대한 시인이었습니다. 아니 그 이상으로 그대는 선한 인간이었습니다."[14] 그는 그레쎄의 작품보다는 그의 행실과 덕성에 더 주목하면서 그의 품성을 다른 작가들의 재능과 대비시켰다.

"아마도 우리는 볼테르에게서 더 많은 재치와 다채로움, 섬세함, 정확성을 발견하겠지만 그레쎄에게서는 더 큰 조화와 풍요와 자연스러움을 보게 될

---

13 이 책의 『그레쎄 예찬』 부분은 필자가 기존에 발표한 논문에서 따온 것임. 김경근, 「로베스피에르의 종교와 도덕관」, 『서양사론』 115 (2012. 12), pp. 11~12 참조.

14 "Eloge de Gresset" (20 juin 1783), *Oeuvres*, t. 1, p. 120.

것입니다.… 그는 문학보다 미덕을 더 사랑하며 하나의 선한 행동이 모든 재능의 산물보다 더 중요한 그런 사람입니다."(1:128;135)

반대로 로베스피에르는 인간성을 종교와 도덕의 구속으로부터 해방시키려고 했던 18세기 프랑스 문필가들에게는 분명한 적대감을 표시했다. 유명한 작가들이 사람들에게 열정과 정념을 표출하도록 조장하는 '잔인한 유희'를 함으로써 비참과 범죄를 초래했다는 것이다.(1:137) 그는 18세기의 특징인 경박함, 방종, 무신앙, 방탕 그리고 관능성 등에 불만을 표시한 것이다.[15]

이렇듯 로베스피에르는 시인 그레쎄의 행실과 품성을 찬양함으로써 당시 유행하던 세속화 추세를 거부하고 도덕과 신앙심을 옹호하였다. 역사가들은 로베스피에르가 종교적 덕성을 찬양한 것을 두고 그레쎄가 아미엥 아카데미 설립자였던 점을 고려하여 혹시 손쉬운 수상을 노린 게 아닌지 의심하기도 했지만[16] 사실 종교와 도덕에 대한 찬양은 그가 변호사 시절에 쓴 텍스트들에 자주 나타났다. 1786년 아라스 아카데미 연설에서 로베스피에르는 인간의 도덕성을 고취하는 방안을 모색하였다.

사생아 논고

1786년 2월 아라스 아카데미 의장이 된 로베스피에르는 같은 해 4월

---

15 뎅글리는 이 논문을 쓴 로베스피에르에 관해 "금주하고 소식하며 육체적 쾌락을 무시하는 이 26세의 금욕주의자는 열정의 표출을 방종과 부패로 간주했다. 결정적으로 그는 자신의 시대를 좋아하지 않았다."라고 썼다. Laurent Dingli, *Robespierre*, p. 41.

16 Gerard Walter, *Maximilien de Robespierre* (Paris, 1989), p. 46; Max Gallo, *L'homme Robespierre. Histoire d'une solitude* (Paris, 1968), p. 51.

26일, 총회에서 두 시간 동안 연설했는데, 내용은 '사생아의 신분과 운명을 규정하는 법률'에 관한 것이었다.[17] 그 이전의 변론문이나 현상 응모 논문에서도 도덕을 옹호하는 모습을 보여주었지만 이 연설에서 로베스피에르는 도덕의 이름을 내건 정치를 제시하면서 새로운 차원으로 들어갔다.

혼전 임신으로 태어난 데다 아버지의 가출로 보호를 받지 못하여 사생아 비슷한 처지를 겪은 로베스피에르에게 이 주제 역시 마음을 끌어당기는 것이었다. 그는 사생아들에 대해 "그들은 결백하고, 그들은 불행하며, 그들은 인간이고, 그들은 시민이다."라고 동정하고 옹호하였다.

로베스피에르에 따르면 일탈이나 악행에도 불구하고 사생아들이 결백한 이유는 그들의 운명을 설명하는 것이 '수치심과 불행'이기 때문이다. "불행은 민중의 풍속을 타락시키고 그의 영혼을 손상시킨다. 불행은 인간이 자신의 고유의 존엄성에 대해 가지는 자연적인 감정과 명예심의 싹을 없앰으로써 그의 영혼을 범죄로 향하게 한다." 이는 '불명예 형벌' 논고에서 죄 없이 불명예나 경멸을 받는 사람은 관대함이나 고결한 감정 - 여기서는 존엄성과 명예심 - 을 가질 수 없다고 한 것과 같은 맥락이다. 사생아로 낙인찍힌 사람의 불행이 그의 영혼을 타락시키고 나아가 범죄로 이어지면서 다시 사생아에 대한 인식이 악화된다면 이 악순환의 고리를 어떻게 끊을 것인가?

로베스피에르는 피임, 중절, 영아 살해 등 사회적 악폐에 대한 해결책으로 신이나 양심의 제재에 대한 두려움, 즉 강력한 도덕적 억제가 필요

---

17 이 연설문은 로베스피에르 전집에 누락된 것으로 E. Hamel, *Histoire de Robespierre* (Paris, 1865~1867)에 수록되었는데 이 책에서는 Laurent Dingli, *Robespierre*, pp. 42~48에서 재인용하였다.

하며, 이를 위해 '풍속의 개혁' 혹은 '도덕성의 고취'를 제시했다. 그는 이것이 정치의 주요 과업이라고 주장하면서 "정치와 도덕은 서로 지탱하고 서로 부합한다. 정치는 그 자체가 공적 덕과 다름없다."라고 하였다. 한 마디로 정치의 주요 임무는 인간을 도덕적으로 만들어 선한 행동을 하도록 하는 데 있다는 것이다. 그런데 로베스피에르의 이 주장은 언뜻 정치와 종교를 혼동하는 게 아닌가라는 의구심을 불러일으킬 수 있다. 정치가 시민의 정신을 형성한다는 관념은 고대 공화정 이후 단절되었고 그 기능을 종교가 대신 맡아 왔기 때문이다.

로베스피에르 스스로도 "이 관념들이 얼마나 근대 정치의 정신에 낯선 것인지 아무리 강조해도 지나치지 않다."라고 하였다. 하지만 그는 거기 머무르지 않고 실현방법을 제시하고자 했는데 그가 찾아낸 해법은 권력자의 의지로 사회를 인도한다는 것이었다. "지상을 다스리는 자들이여, 단지 한 마디만 말할지어다. 질서가 재생하라고 명령할지어다. 그러면 그것은 재생할지니. 비참은 사라지라고 명령할지어다. 그러면 그것이 수반하는 모든 해악과 함께 사라질지니."

지배자가 하느님처럼 말 한마디로 모든 문제를 해결한다는 이 처방은 현실의 복잡한 절차를 외면한 관념에 불과하다. 아마도 군주정 아래에서 국왕이 아닌 다른 정치적 수단을 떠올릴 수 없었던 상황의 한계가 작용했을 것이다. 그럼에도 불구하고 이 연설에서 로베스피에르는 도덕의 개혁을 위한 정치의 역할을 언급함으로써 처음으로 정치의 영역에 진입한 것으로 볼 수 있다.

하지만 그 자신도 이 처방만으로 충분하다고 생각한 것 같지 않다. 그는 곧이어 민중의 도덕적 타락을 억제하기 위한 수단으로 종교를 떠올리기 때문이다.

"진정한 정치가가 종교에 도움을 청할 필요를 느끼는 것은 바로 이런 상황에서이다.… 자신의 집 안에 들어가는 순간부터 시민은 법의 적용을 받지 않으며, 종교만이 그와 함께 안으로 들어갈 권리가 있다.… (또한) 철학은 민중에게는 낯선 것이다. 종교만이 민중을 비참과 정념으로부터 지켜주고 암흑 상태에서 그를 자제시킬 수 있다."

인간이 방종이나 정념에 빠지지 않으려면 인간을 굽어보면서 선을 보상하고 악을 처벌하는 신적 존재에 대한 믿음이 필요하다. 그 점에서 개개인을 가장 가까이에서 지켜주는 것은 법이나 철학이 아니라 종교이다. 그런데 여기서 주목할 것은 그 역할을 교회에 맡기기보다는 정치가가 종교의 도움을 빌어서 한다는 점이다. 말하자면 덕의 정치에서는 종교의 힘을 빌리되 정치가 주도하는 것이다. 이 관념은 결국 혁명력 2년 로베스피에르가 최고 존재 숭배라는 시민종교를 제창함으로써 결실을 보게 되는데 그 싹은 혁명 전부터 움트고 있었던 것이다. 다만 1786년 당시 로베스피에르는 아직 종교의 구체적 형태를 제시하지는 않았다. 그는 특정 종교의 교리보다는 도덕성을 고취하는 종교의 일반적 원리를 염두에 두었던 것으로 보인다.

루소의 종교관 [18]

로베스피에르 연구자들이 한결같이 강조하는 것은 그의 종교와 도덕

---

18 루소의 종교관 중 사부아 보좌신부를 언급한 부분은 필자가 학술지에 발표한 논문에서 따온 것임. 김경근, 「로베스피에르의 종교와 도덕관」, 『서양사론』 115(2012. 12), pp. 16~17 참조.

관이 루소로부터 영향을 받았다는 점이다.[19] 그 증거의 하나로 1789년 4월에 로베스피에르가 루소에게 바친 헌사가 거론되는데 거기에서 로베스피에르는 루소가 가르쳐준 인간의 존엄성과 덕의 원리에 충실할 것을 다짐했다.[20] 그런데 그는 더 자세한 언급을 하지 않았으므로 우리는 스스로 루소의 종교 및 도덕관을 살펴보고 그것을 로베스피에르를 이해하는 단서로 삼고자 한다.

루소는 『에밀』에서 사부아 보좌신부의 신앙고백을 빌어 자신의 종교관을 펼쳤다. "우주를 움직이고 만물에 질서를 부여하는 이러한 존재를 나는 신이라 부른다.… 내 마음 속에서는 인류를 만든 창조자에 대한 감사와 자비로운 신성에 대한 존경심이 생겨난다. 그것은 자연 자체가 나에게 부과한다." 루소의 신앙은 우주와 자연의 질서와 조화를 만들어낸 전능하고 지적인 창조자에게 감사와 존경을 표하는 것이다.

하지만 루소의 종교관은 또한 도덕을 그 본질로 한다는 점이 특징이다. 루소는 『크리스토프 보몽에게 보낸 편지』에서 '인간은 인류를 위해 만들어진 노력이 필요한 사회적 존재'라고 하였는데,[21] 인간 사회가 신이 만들어 놓은 자연처럼 유지되기 위해서는 도덕, 즉 질서와 조화 그리고 정의가 필요하다는 것이다. 바꿔 말해 인간이 이 덕목들을 발휘하지 않으면 사회는 혼란과 무질서에 빠지게 된다는 것이다.

---

19 "프랑스 혁명의 도덕의 인도자는 장 자크 루소였으며 사부아 보좌신부의 종교는 로베스피에르에게 최고 존재 숭배에 대한 관념, 교리 그리고 의식을 제공했다." François A. Aulard, *Le culte de la raison et le culte de l'être suprême (1793~1794)* (Paris, Félix Alcan, 1892), p. 1.

20 "Dédicace à Jean-Jacques Rousseau" (1789), *Oeuvres*, t. 1, pp. 211~212.

21 Michaël Culoma, *La religion civile de Rousseau à Robespierre* (Paris, 2010), p. 213에서 재인용.

그렇다면 인간은 어떻게 도덕을 발휘할 것인가? 창조주 신이 부여한 인간의 본성에는 덕을 지향하는 마음, 즉 양심이 있다. 신은 자연처럼 사회에도 질서를 부여하기 위해 그 구성원인 인간에게 덕을 발휘하려는 본능, 즉 양심을 부여한 것이다. 따라서 인간이 신을 생각하고 숭배하는 것은 그가 부여한 양심을 떠올리고 그에 따른 선한 생활을 하는 것이며 그를 통해 사회의 질서와 유대에 이바지하는 것이다.

루소의 영향을 받은 로베스피에르도 도덕과 종교의 결합을 생각하고 있었던 것이 분명하며 나아가 그것을 현실에서 실현할 방안을 모색하고 있었던 것으로 보인다. 그 일환으로 로베스피에르는 이 연설에서 자신에게 새로운 소명을 부여했는데, 마치 볼테르가 프로이센 국왕에게 했던 것처럼 자신도 제후의 철학자이자 조언자의 역할을 맡는다는 것이었다. 이는 썩 현실적인 것은 아니었지만, 왕정의 테두리 내에서 개혁을 꿈꾸는 사람이 해봄직한 생각이었다. 어쨌든 당시 로베스피에르는 변호사로서의 생업에 안주하지 않고 정치적 소명을 스스로에게 부과했으며, 그 열망은 당시 그가 친구에게 보낸 편지에 더욱 뚜렷하게 혹은 과장된 형태로 나타났다. 그는 고대의 영웅들과 자신을 동일시하면서 자신도 그들처럼 세상에 덕과 정의를 실천하고 순교하리라는 예감 혹은 갈망을 표출했던 것이다.

상처 입은 영웅

로베스피에르가 1783년 6월 아라스 인근의 소도시인 카르뱅Carvin에 나들이 했을 때 친구 뷔싸르Buissart에게 보낸 편지에는 자신을 아킬레우스의 무덤 앞에 엎드린 알렉산더 그리고 차례로 알렉산더에게 경의를 표한 카이사르에 비유하는 대목이 나온다.[22] 알다시피 알렉산더와 아킬레우스는 비교적 이른 나이에 영광의 정점에서 요절함으로써 불후의 명성을 얻게 되었다. 20대 청년이 자신을 호머의 영웅이나 세계를 통일한 대왕 혹은 신격화된 카이사르와 비교하는 일은 흔치 않지만, 로베스피에르는 훗날 혁명기에도 종종 이런 영광스러운 죽음 혹은 영원한 축성에 대한 열망을 토로할 것이었다.

그런가 하면 이 편지에는 사람들의 인정을 갈구하면서 시선에 민감한 로베스피에르의 모습이 생생하게 드러나 있다. 그는 아라스 성문을 나설 때 세관원들에게 인사를 건넸으나 그들이 무시하는 바람에 굴욕감을 느꼈는데,[23] 그 상처를 카르뱅에서 치유할 수 있었다고 말한다.

> "우리는 애석하게도 너무 짧은 여정 속에서 많은 사람이 우리를 돌봐주러 오는 것을 보면서 자존심을 충족시킬 수 있었다네. 모든 계층의 사람이 우리를 보려고 앞 다투어 왔지. 구두 수선공은 뒤축을 대다 말고 우리를 응시하였고 가발 장수는 면도기를 손에 든 채 반쯤 가발을 다듬다 말고 우리 앞

22 "나는 이 엄숙한 성소에서 무릎을 꿇고 위대한 T…가 앉았던 의자에 황홀하게 입을 맞추었다네. 마치 알렉산더가 아킬레우스의 무덤 앞에 엎드린 것처럼, 그리고 카이사르가 아시아 정복자의 유해를 품은 묘소에 경의를 표한 것처럼" "Robespierre à une dame" (12 juin 1783), *Oeuvres*, t. 3, p. 26. 전집에는 수신인이 뷔싸르 부인으로 표기되었지만 실제로는 뷔싸르 씨에게 보낸 것으로 추정된다.

23 세관원의 무심한 반응을 가볍게 받아넘기지 못하고 '아픈 데를 찌르는 것' 같은 고통을 겪었으며 '하루 종일 참기 어려운 기분'(3:25)이었다고 말한 로베스피에르의 심리상태에 관해 뎅글리는 그것이 성장과정과 무관하지 않았을 것이라고 판단하였다. 사실상 고아로 성장하면서 무시당했던 상황은 그로 하여금 타인의 시선이나 평가에 민감하게 하였고 존중받기 위해 끊임없이 노력하도록 하였다는 것이다. 그리하여 학창시절에는 학업성적으로, 변호사 개업 후에는 훌륭한 변론으로 치유하고자 하였고 어느 정도 그 상처가 아물었다고 생각했는데 세관원이 다시 그것을 건드렸다는 것이다. Laurent Dingli, *Robespierre*, p. 29.

> 으로 달려왔으며 주부는 호기심을 충족시키기 위해 타르트가 타는 것도 아랑곳하지 않았다네. 우리의 도시 입구에서는 우리를 무시하지만 단지 6 리유(1리유는 약 4킬로미터)만 벗어나면 우리는 대중의 관심 대상이 된다네."(3:26~27)

그가 묘사한 것처럼 과연 카르뱅의 주민 다수가 일손을 멈추고 낯선 젊은이 일행을 환영하기 위해 달려왔을까? 분명한 것은 그가 이런 과장을 통해서라도 모욕받고 상처 입은 자존심을 회복하고자 했다는 것이다. 그렇다면 로베스피에르를 지탱한 자존감의 원천은 무엇인가? 그건 아마도 그가 기회 있을 때마다 강조해온 덕이었을 것이다. 그것은 밖으로 드러나지 않은 것이기에 현실에서 쉽게 인정을 받지 못하지만 - 마치 그의 내면을 알아보지 못하고 무시한 세관원처럼 - 로베스피에르 자신에게는 알렉산더나 카이사르의 탁월함에 필적할 수 있다는 확신을 심어주었다. 특히 그가 사교모임 성격을 띤 로자티회에서까지 덕의 가치를 설파하는 모습을 보면서 우리는 덕이야말로 로베스피에르의 존엄성과 자존감의 원천이었음을 확인하게 된다.

로자티회[24]

1787년 로베스피에르는 로자티회(Société de Rosatis)에 가입하였다. 로자티회는 아라스의 명사들, 즉 영주와 성직자들, 군 장교들 그리고 변호사들이 모여 장미꽃이 피는 6월에 포도주를 마시며 장미를 예찬하는 시

---

24 로자티회 관련 부분은 필자가 학술지에 발표한 논문에서 따온 것임. 김경근, 「로베스피에르의 종교와 도덕관」, p. 14 참조.

를 낭송하는 문학 사교모임이었다. 완고하고 과묵한 성격의 로베스피에르가 과연 이런 모임에 잘 어울렸는지 의문이지만 그는 적어도 지역의 유력 집단에 편입되었다는 생각을 할 수 있었을 것으로 보인다.[25]

인상적인 것은 그가 로자티회의 신입 회원 환영 연설에서 덕을 열렬히 찬양했다는 점이다. "로자티회가 경박한 오락이나 유쾌한 즉흥성을 위주로 한다고 말하는 사람은 스스로 아직도 깊은 암흑 속에 빠진 것입니다.… 진정으로 장미에 대한 사랑은 바로 덕에 대한 사랑과 같은 것입니다. 만약 하나의 사랑스러운 꽃이 그의 가슴에 어떤 권리들을 가진다면 그가 자신의 연인이나 친구들, 아내, 자녀들에 대해 그보다 덜 상냥하겠습니까?"[26] 꽃을 사랑하는 사람이 주변 사람들에게 상냥하고 덕을 사랑하지 않을 리 없다는 그의 다소 과장된 언급은 신입 회원 자격으로 선하고 고귀한 영혼을 강조하는 대목에 이르면 진지함으로 바뀐다.

> "선생이시여, 사람들은 그대가 로자티회에 들어오는 것을 그대의 유용하고 유쾌한 시식과 산분 및 운분을 고상하고 우아하게 쓸 수 있는 능력 덕분인 것으로 생각할 것입니다. 그런데 이 장점은 그대가 여신의 선택을 받은 이유 중 최소한의 것입니다.… 그것은 무엇보다 신들이 그대에게서 올바르고 순수한 마음을 읽어냈으며 우정을 알기 위해 만들어진 고귀하고 고양된 영혼을 발견했기 때문입니다."(1:191)

---

25 혹은 모임의 즐거운 분위기가 로베스피에르가 어릴 적부터 지녀왔던 사회적 불안감을 덜어주었을 것이라는 평가도 있다. Francis Leary, "Robespierre: the meaning of virtue," *Virginia Quarterly Review*, 72:1 (1996; Winter), p. 105.

26 "Eloge de la Rose" (1787), *Oeuvres*, t. 1, pp. 186-187.

로자티회 같은 가벼운 친목 모임에서 회원의 자격 요건을 문학에 대한 취향이나 사교성이 아니라 올바른 마음과 고귀한 영혼으로 규정한 점, 장미에 대한 사랑을 덕에 대한 사랑과 동일시한 것은 확실히 지나친 면이 있지만, 젊은 변호사 로베스피에르의 도덕관은 웃어넘기기에는 너무나 진지하였다.

이상에서 살펴본 변호사 시절의 텍스트들을 관통한 키워드는 '박해'와 '덕'이었다. 개인과 사회의 악덕과 불의를 해소하는 수단으로 덕을 강조하고, 그것을 정치와 결합하는 것은 로베스피에르의 정치사상의 핵심이 될 것인 바, 그 단초는 혁명 전 변호사 시절에 생겨났던 것이다. 그런데 이미 박해와 덕의 관념을 통해 자신의 정체성을 수립하는 과정을 문학적으로 표현하여 커다란 인기를 누린 인물이 있었으니 다름 아닌『고백록』의 저자 장 자크 루소였다. 혁명 전야에 로베스피에르가 루소에게 바친 헌사도 루소 자신이 고백한 삶에 대한 공감과 이해에서 나온 것이었다.

『고백록』

삼부회 대표로 선출되어 새로운 기대와 결의로 충만하던 1789년 4월 말 로베스피에르는 루소에게 바치는 글을 작성했는데 이는 정치활동에 임하는 자신의 출사표이기도 하였다.[27] 그는 루소의 '넋이 다시 태어나 가장 웅변적이고 가장 덕망 있는 인간의 보호 아래 놓이기를'(1:211)이라는 말로 시작했는데, 그것은 루소의 영혼을 기억하고 실천하겠다는 다짐인 동시에 로베스피에르 자신의 '웅변'과 '덕망'에 대한 자부심을 드러낸 부분이기도 하다. 그는 혁명기 내내 탁월한 연설과 견줄 데 없는 도

27 "Dédicace à Jean-Jacques Rousseau" (avril, 1789), *Oeuvres*, t. 1, pp. 211~212.

덕성으로 명성을 쌓게 되는데 정치에 갓 입문한 로베스피에르가 자신의 경력의 본질을 꿰뚫고 있다는 점은 인상적이다.

루소는 로베스피에르에게 어떤 인물이었는가? 그는 루소가 자신을 알도록 가르쳐 주었다고 하였다. "내가 아주 젊었을 때 당신은 나의 본성의 존엄성을 알게 하고 사회 질서의 위대한 원리들을 생각할 수 있도록 하였습니다."(1:211) 루소는 그에게 내적 성찰의 안내자이자 사상의 원천이었던 것이다.

로베스피에르는 루소의 운명을 깊이 공감하기에 이르렀다. "나는 인간들의 불의가 당신에게 지운 어두운 고통의 흔적도 보았습니다. 그 때 나는 진리에 대한 숭배에 헌신하고자 하는 고귀한 인생이 치르는 모든 고통을 이해할 수 있었습니다."(1:211) 주변의 불의와 박해로 인한 고통이야말로 로베스피에르 자신이 충분히 이해하는 것이었는데, 그것을 겪어내면서 글로 승화시킨 루소이니만큼 로베스피에르에게는 공감의 대상이 되기에 충분했다.

그런데 여기서 그는 한 걸음 더 나아갔다. 그는 자신이 루소와 같은 운명을 겪을 것을 예감하거나 심지어 그것을 바라는 것처럼 말함으로서 자신의 운명을 루소와 동일시하기에 이른다.

> "그것은 나에게 전혀 두렵지 않습니다. 동료 시민들의 선을 갈망하는 신념이야말로 덕 있는 인간이 받는 보답입니다. 그 다음에는 그의 동시대인들이 거부했던 영예로 그에 대한 기억을 감싸는 (후대) 사람들의 인정이 이어질 것입니다. 당신처럼 나도 근면한 삶을 대가로, 아니 인생을 서둘러 마감하는 대가를 치르고서라도 이 소중한 자산(biens)을 얻고 싶을 따름입니다."(1:211~212)

로베스피에르는 목숨을 내놓고서라도 자신의 덕으로 시민들의 선과 덕을 고취할 것이며 그 업적은 후대에 인정받게 되리라는 믿음을 내비친 것이다.

그는 혁명이라는 위험한 역정에서 루소의 저작들로부터 끌어낸 원칙을 길잡이로 삼을 것이라고 하면서 루소의 『고백록』을 명시했다. 그는 그것을 '가장 순수한 영혼의 솔직하고 엄격한 발현으로서 예술적 본보기가 아니라 덕의 극치'(1:212)라고 예찬했다. 여기서 우리는 일단 인간이 영혼을 솔직하게 토로하는 것이 도덕성의 귀감이 된다는 로베스피에르의 설명을 받아들인다손 치더라도 자신의 길잡이로 『고백록』을 선택한 것에는 의문이 들지 않을 수 없다. 이 글을 쓴 1789년 당시 루소의 다른 저작들도 거의 출판이 된 상태인데, 정치에 입문하는 사람이 왜 정치를 직접 다룬 『사회계약론』 같은 책을 언급하지 않았을까?

그 이유를 생각해보는 것은 인간 그리고 정치인으로서 로베스피에르의 특징을 파악하는 것이므로 『고백록』의 내용을 살펴볼 필요가 있다. 우선 생각할 수 있는 것은 로베스피에르가 『고백록』에 묘사된 루소의 모습과 자신을 동일시했을 가능성이다. 『고백록』에서 루소가 자신의 출생과정에서 어머니의 상실을 묘사한 부분, 아버지와의 이른 이별, 박해에 대한 피해의식 그리고 어렸을 때 가장 먼저 읽은 책이 고대 공화정의 영웅들에 관한 이야기였다는 대목 등은 로베스피에르에게 어린 나이에 사실상 고아가 된 자신의 운명과 학창시절에 고대 영웅시대를 동경했던 본인의 모습을 떠올리게 하는 것이었다.[28]

---

28 "나는 허약하고 병든 상태로 태어났다. 어머니는 나로 인해 생명을 잃었고 그래서 나의 출생은 내가 겪게 될 불행 중 최초의 불행이었다.… 나는 아버지가 결코 그 죽음을 잊지 못한 것을 알고 있다." 장 자크 루소, 『고백록』 I, 이용철 역 (나남, 2012), p. 16. 루소가 어머니의 상실을 언급한 이 부

하지만 더 중요한 것은 『고백록』에서 루소가 자신의 내면을 드러내고 그것을 삶과 행위에 대한 성찰의 출발점으로 삼았다는 점이다. 루소가 내적 자아, 즉 자신 안에서 느껴지는 자연적 심성을 중시한 이유는 무엇보다 그것을 선하다고 간주했기 때문이다. 알다시피 루소는 『인간불평등기원론』에서 자연 상태의 인간 본성을 악을 모르는, 즉 선한 것으로 묘사한 바 있다.[29] 따라서 루소는 가장 훌륭한 법인 자연법도 인간의 본성에서 비롯되어야 한다고 주장했다.[30]

그 영향을 받은 것이 분명한 로베스피에르는 헌사 서두에서 '당신은 나의 본성의 존엄성을 알게 하고…'라고 썼다. 주변의 평가나 시선에서 호의나 존중을 느끼기 어려웠던 로베스피에르에게 내적 자아, 즉 자신의 본성을 기준으로 삼는다는 것은 위로와 격려가 되는 것이었으리라. 혁명기에 로베스피에르는 공적인 연설에서도 종종 자신의 내면을 앞세우게 되는데 그 내면은 덕으로 무장하고 선을 갈망하는 자아로서 자신의 정당성과 도덕성을 보증할 든든한 보루가 되어줄 것이었다. 마치 독실한 신자들이 자신의 삶을 오직 신과의 관계에서 성찰하듯, 로베스피에르에게는 내적 자아가 준거가 되었다.

분은 여섯 살 때 어머니를 여의고 자신의 아버지는 그 슬픔으로 방황을 거듭한 로베스피에르의 경우와 매우 흡사하다. 또한 독서와 관련하여 루소는 "플루타르코스는 내 애독서가 되었다.… 이것이 계기가 되어 자유롭고 공화주의적인 기질과 자존심이 강해 굴할 줄 모르고 속박과 굴종을 참지 못하는 성격이 형성되었다.… 나는 스스로를 그리스나 로마 사람으로 여겼으며 내가 읽은 전기의 인물이 되었다."(장 자크 루소, 같은 책, I, pp. 21~22)라고 하였는데 이 대목도 「리세 루이 르그랑」의 수사학 수업에서 고대 공화국에 심취한 로베스피에르의 모습을 연상시킨다.

29 "미개인이 나쁜 일을 하지 못하는 것은 정념이 평정을 유지하고 악을 모르기 때문이다." 장 자크 루소, 『인간불평등기원론』, 주경복 외 역 (책세상, 2003), p. 80.

30 이에 관해 오수웅, 「루소에 있어서 인권사상: 자연권과 자연법을 중심으로」, 『한국정치학회보』, 41집 4호 (2007), pp. 105~111 참조

그런데 자신의 내면을 기준으로 삼기 위해서는 그것을 있는 그대로 내보일 용기가 필요하다. 루소는『고백록』에서 시종일관 자신이 드러내는 내면의 진실성을 강조한 바 있다.[31] 루소는 자신이 도덕적 인간이며 다른 사람들이 자신의 내적 자아에 관심이 있을 거라고 생각했다.

그런데 자신을 숨김없이 노출했을 때 그 모습이 저주스럽거나 혐오스럽다면 어떻게 할 것인가? 그 경우라도 그것을 내세울 것인가? 루소는『고백록』에서 자신의 가증스러운 잘못이나 결점을 가감 없이 드러냈다. 자신이 물건을 훔치고 선량한 타인에게 덮어 씌웠다든가, 자신과 함께 여행하던 병든 음악 선생 르 메트르를 길거리에 내버려두고 도망친 일 등.[32] 그런데 루소는 자신의 잘못을 자신의 본성 때문이라고 보지 않았다. 자신을 그렇게 만든 것은 주변의 억압이라고 하였다. 그는 13세 때 조각공 밑으로 들어가 도제 생활을 하던 때를 회고하면서 난폭한 주인의 지나친 구속이 자신을 악행으로 몰아갔다고 하였다. "주인의 횡포로 내가 좋아했을 일이 마침내 참을 수 없는 것이 되어버렸고, 거짓말과 게으름과 도둑질처럼 내가 싫어했을 악덕들에 물들게 되었다."[33]

이처럼 루소는 악행은 인간의 본성이 아니라 주변 혹은 사회의 억압에

---

31 "저는 저의 내면을 바로 당신께서 보셨던 그대로 드러내 보였습니다." '나는 독자에게 내 영혼을 모든 관점에서 내보이고 내 영혼에 모든 조명을 밝게 비추어…' 장 자크 루소,『고백록』I, pp. 272~273, "내게 일어난 모든 것, 내가 행한 모든 덕, 내가 생각한 모든 것, 내가 느낀 모든 것을 독자에게 솔직히 그리고 상세히 설명한다면 내가 그러기를 원하지 않는 한 독자를 속일 수 없다." 장 자크 루소, 같은 책, I, p. 273.

32 장 자크 루소, 같은 책, I, pp. 138~140; 205~206.

33 "나는 내색하지 않고 탐을 내고 사람들의 눈을 피하며 속이고 거짓말하며 마침내 훔치는 짓까지 배우게 되었다. 가지려고 탐을 내면서도 가질 방도가 없을 때 항상 그런 결과가 생기기 마련이다. 바로 이러한 이유로 하인들은 죄다 사기꾼이고 견습공들도 모두 그렇게 되지 않을 수 없다." 장 자크 루소, 같은 책, I, pp. 57~59.

서 오는 것이라고 주장했는데, 동일한 입장을 우리는 '명예죄 형벌'에 관한 로베스피에르의 논문에서 본 바 있다. 수치와 박해를 의식하고 있던 로베스피에르에게[34] 어찌 『고백록』이 길잡이가 되지 않을 수 있었겠는가? 그의 혁명적 자아를 형성하는 데 중심이 된 박해와 덕의 관념은 그의 최초의 정치활동이라 할 수 있는 아르투아 지방 의회에 대한 비판에서도 잘 드러난다.

정치 입문

삼부회가 1789년 5월 1일에 소집된다는 소식이 전달되자 정치입문을 결심한 로베스피에르는 유권자들과 접촉하고자 1789년 1월 『아르투아 주민들께, 아르투아 지방의회 개혁의 필요성에 관해』라는 소책자를 발간했다.[35] 그는 아르투아 지방 사람들의 고통의 근원이 특권층으로 구성된 지방의회에 있다고 보았다. "아르투아 지방 의회는 본래 민중에 속한 권력을 독차지한 소수 시민들 패거리일 뿐이다.… 이들은 모사꾼이자 비열한 횡령자로 민중의 빈곤과 비참한 상태를 악용하고 있다." 그는 사실상 특권층의 독점체이면서도 지방민을 대표한다고 주장하는 지방의회를 신랄하게 비판하면서 여론을 제대로 수렴하려면 지방의회의 대표

34 1788년 로베스피에르는 동료 변호사들의 주례모임 초대에서 배제되었다. 그가 이룬 성취나 평판으로 볼 때 받아들이기 힘든 조치로서 모욕감과 충격을 받은 그는 소책자를 발간하여 아라스 법조계 고위인사들의 정실주의, 족벌주의 등을 비판했다. 그 결과 고위층의 시선은 더욱 악화되었고 로베스피에르는 고립되었으며 변호사로서 그의 장래도 위태로워졌다. Laurent Dingli, *Robespierre*, p. 63.

35 이 소책자는 로베스피에르 전집에 수록되지 않은 까닭에 직접 참조할 수 없었으며 조던과 뎅글리가 소개한 내용을 인용하는 것으로 대신하였다. David P. Jordan, *The Revolutionary Career*, pp. 36~37; Laurent Dingli, *Robespierre*, pp. 70~78.

선출 체제를 바꿔야 한다고 주장했다.

또한 주목할 것은 다가오는 삼부회 선거와 관련하여 후보자의 덕목으로 도덕성을 강조한 점이다. 그는 "국가에 봉사할 자격이 있는 의원은 순수하고 흠잡을 데 없어야 한다."라고 하였고 악을 제거하는 것은 "선출된 사람들의 덕과 용기 그리고 감정에 달려있다."라고 말했다. 정치인의 자격 요건으로 도덕성과 용기를 꼽음으로써 그는 덕의 정치를 향해 한 걸음 내딛은 것이다.

또한 그는 덕에 이어 박해를 언급함으로써 둘을 연결시켰는데 마치 덕은 악인의 박해가 있음으로써 그 가치가 증명된다는 식이었다. "나는 이미 나를 표적으로 삼고 있는 비방들, 음모들을 알고 있다. 나는 그 많은 사람의 편견과 열정들을 거스르고 무사할 것이라고 생각한 적이 없다." 음모와 박해에 대해서는 로베스피에르가 증거를 제시하지 않았기 때문에 그 내용을 알 수 없다. 다만 그는 훗날 혁명기 연설에서도 이 당시를 회상하면서 민중이 자신을 삼부회 의원으로 선출함으로써 박해로부터 구해주었다고 말할 만큼 박해에 대한 강박이 확고했던 것으로 보인다.

그런데 특이한 것은 로베스피에르가 박해에 맞서는 수단으로 희생을 언급한 점이다. "내가 공공의 복지를 뒷받침하는 데 발휘할 열성을 그들이 언젠가 처벌한다 해도 무슨 상관인가.… 국가의 적들은 이미 민중의 모든 수호자를 순교자로 만드는 것을 고려하고 있다!" 박해와 음모에 희생과 순교로 맞서는 것은 혁명기에도 그가 되풀이할 원칙이었다.

선거전에 뛰어든 로베스피에르가 어느 계층의 지지를 구할 것인지는 책자를 통해 분명해졌다. 그는 가장 빈곤한 집단의 하나인 구두 수선공 동업조합의 청원서를 작성했다.

"통치자의 첫째 직무는 민중을 고양하여 용기와 미덕을 고취하는 일임에도 불구하고, 또한 그것이 사회의 행복의 근원임에도 불구하고, 그들은 민중을 무시하고 있다.… 빈자들이야말로 시 행정관들이 가장 보호하고 관심을 쏟고 존중해야 할 계층이 아니던가?"

그는 위정자의 최우선 책무가 민중의 덕을 고취하는 것이라고 함으로써 자신의 관심이 민중의 사회·경제적 처지를 개선시키는 것보다 그들로 하여금 덕을 발휘하게 하여 시민다운 시민으로 만드는 것, 즉 덕의 정치에 있음을 보여주었다. 그는 그것이 인간과 사회의 '행복의 근원'이라고 믿었던 것이다.

그는 정치인의 책임과 관련하여 "인민은 생계유지를 위한 노동에 몰두해 있는 관계로 자신들의 불행의 원인을 성찰하거나 자연이 부여한 권리를 자각하기 어렵다."라고 하였다. 따라서 '민중이 깊은 잠에서 깨어나' 권리와 의무에 대한 인식을 할 수 있도록 해야 하는 것이다. 그런데 이는 민중에게 덕을 고취함으로써 가능하며 그것이 덕의 정치이다.

여기서 생각할 것은 혁명이 시작하면서 로베스피에르의 위치가 변한다는 점이다. 말하자면 변호사나 문필가로서 말했던 덕과 혁명기에 정치인으로서 설파할 덕은 다르게 받아들여진다는 것이다. 도덕을 앞세우는 정치인은 경쟁자 혹은 동료에게 두려움이나 질시의 대상이 될 것이기 때문에 변호사 시절이라면 문제되지 않았을 발언들이 정치인 로베스피에르에게는 끊임없는 조롱, 중상, 비방으로 되돌아올 것이었다.

2. 혁명가 로베스피에르

박해

로베스피에르가 혁명 전부터 스스로를 피박해자와 동일시했다는 것은 앞에서 본 바 있지만, 이는 혁명기에도 마찬가지였으며 오히려 더 자주 표출되었다. 한때 로베스피에르의 동지였으나 나중에 소원해진 파리 시장 페티옹은 "로베스피에르는 극도로 의심이 많고 불안해한다. 그는 도처에서 음모, 배신 그리고 위험을 감지한다.… 사람들이 항상 그에게 관심을 쏟고 또 자신을 박해한다고 믿으며…"라고 증언했다.[36]

로베스피에르 스스로도 자주 박해를 말하곤 했다. 그는 1792년 4월 27일의 연설 말미에서 자신을 '위대한 피박해자'라고 규정한 다음, "반대 음모 매체들은 앞 다투어 나를 비방한다. 나는 그것을 불평하지 않는다."라고 하였고 급기야 "나는 사람들이 나를 고발하는 것을 좋아한다."(8:306)라고 선언하여 비우호적 매체들이 그를 '정신병자' 내지 '광인'으로 부르는 등 그의 심리상태를 의심하기도 했다.[37]

하지만 이 고백은, 비록 비정상으로 보일지라도, 로베스피에르의 관념 세계에서 다분히 논리적인 것이다. 그는 『아르투아 민중에게 보내는 글』이란 소책자에서 적대자들이 자신에게 붙여준 칭호인 '공익의 배신

---

36 Laurent Dingli, Robespierre, p. 293. 브리소는 "로베스피에르는 항상 두려워하고 있다. 그의 눈 앞에는 항상 암살자가 있는 것이다."라고 하였다. Jean Artarit, *Robespierre ou l'Impossible*, p. 228.

37 「매일신문」(Feuille du jour)은 그를 '정신병자'라 칭했으며 「프랑스 애국자」는 그의 심리 상태에 대해 '광인'이거나 '상처받은 자존심 탓'으로 돌렸다. Jean Artarit, *Robespierre ou l'Impossible*, p. 199.

자, 매국노, 악당, 괴물…' 등을 나열하면서 "악인들의 분노는 선한 자의 애국심에 대한 헌사와 다를 바 없다. 만약 그들의 친절과 찬사를 받는다면 그것이야말로 민중의 이익을 배반했다는 증거이다."라고 하였다.[38] 덕이나 선은 악인이 증오하는 것이므로 악인에게 비방이나 고발을 당하는 것은 오히려 피박해자의 선함을 입증하는 것이다. 따라서 로베스피에르에게 박해는 덕이 치르는 대가이자 '영예'인 것이다. 그는 "필시 여러 사람이 나보다 더 잘 인민의 권리를 수호했을 것이다. 하지만 더 많은 적과 더 많은 박해의 영예를 입은 것은 바로 나다."(9:17)라고 하였다.

음모

박해에 대한 강박과 겹치는 부분이 있지만, 혁명기 로베스피에르의 연설을 수놓은 또 하나의 테마는 음모론이다. 1793년 6월 14일 로베스피에르는 "나는 대혁명이 시작된 이래 나타난 가장 의심 많고 가장 우울한 애국파 중 한 명이라고 말할 수 있다."(9:560)라고 했거니와 실제로 음모론을 제기하는 경우가 빈번하여 의원들의 거부감을 사는 일이 많았다.[39]

다른 의원들이 볼 때 종종 '근거가 없거나', '증거를 제시하지 못하는' 음모론을 로베스피에르가 줄기차게 제기한 이유는 무엇일까? 그것은 물론 '브리소파'를 위시한 박해자들이 실제로 음모를 획책했기 때문이지만, 또한 음모가 악덕의 일종인 위선과 연결됨으로써 도덕적으로 비난

38 Gerard Walter, *Maximilien de Robespierre* (Paris, 1989), p. 97에서 재인용.

39 예를 들어 제헌의회에서 로베스피에르는 트레기에(Tréguier) 주교의 발언을 음모라고 하면서 시급히 분쇄해야 한다고 주장했는데, 이에 대해 카스텔란(Castellane) 백작은 비망록에 로베스피에르가 제기한 음모론은 근거가 없다고 썼으며 두 명의 의원들이 로베스피에르에게 음모의 증거를 요구했으나 그는 대답하지 못했다고 하였다. Laurent Dingli, *Robespierre*, pp. 115~116.

받을 소지가 있기 때문이다.[40] 위선자들은 겉으로 선한 척하지만 내심은 악인이므로 그들의 공격은 종종 음모의 형태를 띤다. 그리하여 로베스피에르는 '위선-음모-박해(공격)-악'이라는 도식을 통해 자신에 대한 공격을 비열한 악행으로 그리고 공격자는 음흉한 악당으로 규정할 수 있었다.

위선이 적들의 행위를 악으로 판정하는 주요 기준이라면 위선의 증거는 무엇인가? 로베스피에르는 증거를 찾기보다 자신의 투명성 - 투명성은 위선과 반대이므로 - 을 드러냄으로써 상대적으로 적들의 불투명성, 즉 위선을 부각시키곤 했다. 특히 비밀주의와 부패의 상징이었던 궁정에 대해 그는 투명성과 도덕성을 무기로 내세웠다. 이를 위해 그는 자신의 내면을 공개하면서 양심을 앞세워 그 진정성을 보증했다. "나에게서 양심을 앗아가시오. 그러면 나는 모든 인간 중 가장 불행한 자가 될 것이니."(10:556) 결국 로베스피에르는 내면의 도덕성, 즉 양심을 앞세워 자신의 행동을 정당화하는 동시에 자신은 위선적인 인물이 아니라는 또 한 번의 정당화를 꾀한 셈이다.

그런데 생각해보면 양심을 내세우는 사람은 강자보다는 약자인 경우가 더 많다. 왜냐하면 강자는 구태여 검증 불가능한 내면을 앞세우지 않아도 자신의 뜻을 관철시킬 수단들을 가지는데 비해 약자가 의지할 것은 양심과 정의뿐이기 때문이다. 로베스피에르도 이 도식에서 벗어나지 않았다. 타협과 절충이라는 정치적 수완도 뛰어나지 않고 자신을 지켜줄

40 로베스피에르는 사후에 남긴 메모에서 "우리의 적들은 누구인가? 사악한 자들과 부자들이다. 그들은 어떤 수단을 사용할 것인가? 비방과 위선이다."라고 적음으로써 위선을 사악한 자들과 연결시켰다. 메모는 장 마생, 『로베스피에르, 혁명의 탄생』, 양희영 역 (교양인, 2005), p. 438에서 재인용.

당파도 형성하지 않았던 그에게 유일한 의지처는 자신의 양심과 그에 대한 민중의 신뢰였다. 따라서 그의 양심과 도덕성의 표출은 허영심이나 자기과시욕의 차원이 아니라 더 근원적인 존재의 수단이었던 것이다.

그런데 이 경우 문제는 양심이 호소력을 얻지 못하거나 상대에 의해 좌절되었을 때 동원할 수단이 마땅치 않다는 점이다. 유일한 방안은 양심을 더욱 강조하는 것인데 그 때 보통 자신의 가장 소중한 것을 담보하게 된다. 따라서 로베스피에르도 종종 순교와 희생을 언급할 것이었다.

순교

로베스피에르는 혁명 전야에 발간한 두 번째 소책자에서 처음으로 희생과 순교를 말했다. "나는 이미 나를 표적으로 삼고 있는 비방들, 음모들을 알고 있다." "내가 공공의 복지를 뒷받침하는 데 발휘할 열성을 그들이 언젠가 처벌한다 해도 무슨 상관인가.… 국가의 적들은 이미 민중의 모든 수호자를 순교자로 만드는 것을 고려하고 있다!" 음모와 박해에 희생과 순교로 맞서고 조국을 위해 죽는다는 말은 흡사 자기 최면처럼 혁명기에도 되풀이된다.

물론 그에게 죽음의 가장 큰 의미는 조국을 구원하라는 하늘의 부름에 답하기 위한 것이다. 그는 귀아데가 자신에게 스스로 추방하도록 촉구한데 대해 "우리는 분열되고 억압받는 조국을 떠날 수 없다. 우리는 도망치지 않으며 그를 구하든가, 아니면 그를 위해 목숨을 바친다.… 하늘은 내 조국을 행복과 자유로 인도하는 길을 내 피로서 나타내라고 부른다."(8:315)라고 응답했다. 그에게 죽음이란 조국에 봉사했기 때문에 독재자의 표적이 된 것으로서 '영광스러운 위험'이며 오히려 하늘에 감사를 드릴 일인 것이다.

그런가하면 그는 죽음을 종종 구원으로 인식했다. 국왕 도피사건에 대해 극도의 공포를 느꼈던 로베스피에르는 사건 직후인 1791년 6월 21일 자코뱅 협회에서 행한 연설 말미에서 "나는 나를 기다리고 있는 운명을 알고 있다.… 나는 죽음을 불가피한 해악을 보지 않아도 되게 하는 하나의 은혜로 받아들일 것이다."(7:523)라고 하였다. 그에게 죽음은 또한 악이나 불의로부터 차단시켜주는 영원한 피난처였던 것이다.

이처럼 그가 죽음에 이끌리는 모습은 테르미도르 전 날 국민공회에서 행한 최후의 연설에서 분명하게 드러났다. '소수의 악당들'을 지명할 것을 요청받은 로베스피에르는 이에 응하지 않음으로써 국민공회 의원들을 전부 위협한 결과가 되었다. 그는 누구와 편을 가르고 손잡는 대신 혼자 남아있겠다고 공개적으로 선언한 것이다. 자신 스스로도 그것이 정치적 자살이라는 것을 알고 있었지만 그에게 더 중요한 것은 불의로 더럽혀진 이 세상에 더 이상 살지 않는 것이었다. "음모가 영원히 진리를 압도하는 이러한 세상에 왜 계속 머물러 있어야 한단 말인가? 반역자들의 끔찍한 행렬을 보아야 하는 이 형벌을 어떻게 견뎌낸단 말인가?"(10:566~567) 이 세상을 더 이상 감당할·수 없는 상황에서 로베스피에르는 반역자를 거명하여 처벌하고 보안위원회를 갱신하는 등 정치적 투쟁을 벌이기보다 후대의 시선을 더 의식한다. "나는 사악한 인간들과 가까이 함으로 인해 후세 사람들의 눈에 불명예스럽게 비쳐질 것이라는 생각이 두렵다."(10:567) 막스 갈로의 말처럼 그는 마치 정의롭고 국가를 위해 헌신한 사람이라는 스스로의 이미지에 매혹되어 죽음으로 도피하고자 하는 것 같다.[41]

---

41 Max Gallo, *L'homme Robespierre. Histoire d'une solitude,* p. 313

분명한 것은 그가 원한 것이 현세를 사는 인간의 일반적 이해관계를 넘어섰다는 점이다. 그는 1794년 5월 7일에 '살아야 할 필요를 믿지 않고 단지 덕과 섭리만 믿을 따름인 나…'(10:471)라고 말했는데 이에 대해 막스 갈로는 로베스피에르가 '살아야 할 필요'를 느끼지 못했다면 그것은 그에게 '인생이 어떤 필요라기보다는 일종의 의무로 부과되었기 때문이 아닐까'라고 분석했다.[42] 그렇다면 그에게 죽음은 자신을 억누르는 책임을 종식시키는 영원한 안식과 평화로 다가오는 것이다. 이 점에서 우리는 그가 순교를 열망한 것을 그저 병적인 자살 충동으로 돌려버릴 수 없다. 비록 자신이 원했던 덕의 공화국을 완성시키지 못했지만 그는 일생 동안 미덕을 추구했고 자신의 희생을 통해 민중에게 영원한 덕의 표상으로 남고자 했던 것이다.

이념의 내면화

정적들의 음모와 위선에 대해 로베스피에르가 내세운 대항 수단은 자신의 내면의 투명함과 정직성으로 이념을 뒷받침하는 것, 말하자면 '이념의 내면화'라고 할 수 있다. 로베스피에르는 의회 연설에서 끊임없이 자신 혹은 자신의 내면에 관해 말함으로써 동료 의원들을 짜증나게 하였다. 그들은 그것을 로베스피에르의 허영심 탓으로 돌렸지만 그 '허영심'은 늘 한결같고 진지했다. 사실 그가 드러낸 내면은 허영이 아니라 정치와 하나가 된 자기 자신이었다. 그는 자신의 존재 이유가 혁명에 있다고 생각했고 실제로 혁명과 일체화되어 자신에 대해 말하지 않고는 혁

---

42 *Ibid.*, p. 299.

명을 얘기할 수 없는 상태가 되어버렸다.[43]

그런데 그에게 자신의 내면, 즉 양심과 도덕성을 앞세우는 것만큼 확실한 무기도 없었다. 그것이야말로 지지자들은 물론 반대파까지도 입을 모아 인정하는 부분이었다. 일찍이 미라보가 이를 꿰뚫어 보고 "저 자는 멀리 갈 것이다. 그는 자신이 하는 말을 모두 믿고 있다."라고 한 것처럼[44] 로베스피에르는 양심과 진실성에서 다른 정치인들과 차별화되었다. 그것은 궁정의 부패 및 비밀주의와 대비되어 더욱 두드러졌으며 그가 누렸던 권위와 인기도 상당 부분 거기에서 나왔다. 로베스피에르는 혁명의 지도자는 이념과 도덕이 일치해야 한다는 새로운 기준을 제시한 셈이었다.

도덕과 혁명

로베스피에르가 양심과 도덕을 정치 행위에 결합시키면서 덕은 점차 혁명의 중심 개념이 되어 갔다. 그는 "혁명의 폭력을 견딜 수 있게 하는 것은 덕이며, 덕이 없다면 혁명은 다른 범죄를 소멸시키는 또 하나의 범죄에 불과할 것이다."(10:554)라고 하여 혁명은 도덕적이어야 하며 그렇지 않으면 실패한 것이라고 보았다.

---

43 이처럼 자신에 대해 끊임없이 말하는 것은 혁명 전에도 마찬가지였다. 변호사 시절 젊은 여성들에게 일종의 연애편지를 보낼 때 그는 늘 자신의 변론문들을 동봉했는데, 그 이유에 대해 그는 "불행한 사람들의 편을 들었을 때… 우리에겐 위로와 보상이 필요합니다. 그 보상 가운데 가장 부드럽고 가장 영예로운 것은 고귀한 심성을 함께 나눌 수 있는 친절한 여성과 이 감정을 함께 나누는 것입니다."라고 하였다. "Robespierre à une dame" (21 decembre 1786), *Oeuvres*, t. 3, pp. 30~31. 비록 구애의 대상이라 할지라도 그에게는 상대를 예찬하기보다는 자신의 행동과 내면을 드러내고 인정받는 것이 우선이었다.

44 장 마생, 『로베스피에르, 혁명의 탄생』, p. 82.

하지만 자신의 주장을 도덕으로 뒷받침하는 태도는 로베스피에르에게 늘 유리하게 작용하지는 않았다. 왜냐하면 동료 의원들은 그의 연설을 흔히 도덕적 훈계나 질책으로 받아들였기 때문이다. 제헌의회에서 그의 제안들 다수가 의원들에게 거부당한 데에는 그 점도 크게 작용했다. 그런가하면 로베스피에르 역시 반대파에 대해 타협이나 절충의 여지를 두지 않았다.[45] 사실 자신의 입장을 도덕으로 뒷받침할 경우, 반대파의 입장은 비도덕이며 타협이나 절충은 악덕과 타협하는 것이 되어버리므로 불가능해지게 된다.

실제로 로베스피에르는 제헌의회 의원들을 고발하면서 그들의 악덕을 주로 거론했다. 그는 부패, 무지, 비겁함, 시기심, 오만을 지적함으로서 자신의 정치적 판단의 기준이 덕임을 보여주었다.

> "나는 의회의 동료들과 구성원 거의 전부를 반혁명 분자라고 고발함으로써-그 중 일부는 무지에서, 일부는 겁에 질려, 일부는 분노에서, 일부는 자존심이 상처를 받아서, 다수는 부패해서 그러했지만-나 자신을 향해 모든 이들의 자존심과 천개의 칼이 향하도록 했으며 모든 이들의 증오에 나를 던졌다."(7:522)

그런데 이처럼 덕 혹은 양심과 도덕이 정치적 준거가 될 수 있는가? 정

45 이와 관련하여 도슨은 로베스피에르가 푸셰나 탈리앙처럼 온건을 배울 수 없었던 이유는 그가 그들보다 더 사심이 없었기 때문이라고 하였다. Christopher Dawson, *The Gods of Revolution* (New York, 1975), p. 107. 그런가하면 궤니페는 로베스피에르가 도덕적 이미지와 정의를 앞세워 반대 의견을 악으로 모는 반민주적 행태를 지속했다고 하였다. Patrice Gueniffey, *La politique de la terreur* (Paris, 2000), pp. 330~332.

치는 본래 국가와 권력, 즉 개인의 덕과는 다른 측면들로 이루어지는 것이 아닌가? 그럼에도 불구하고 로베스피에르가 혁명에서 덕을 옹호하고 덕의 정치를 주창할 수 있었던 것은 당대인들이 생각한 덕이 현대인들이 주로 생각하는 사적 덕목과는 달랐기 때문이다. 18세기 사람들에게 덕 혹은 미덕이란 개인의 도덕뿐 아니라 공적 덕목, 즉 조국애와 준법 및 평등애를 포괄함으로서 개인의 정신뿐 아니라 공공 정신까지 아우르는 것이었다. 몽테스키외는 고대로부터 물려받은 이 덕의 개념을 18세기 프랑스에 전파했으며 로베스피에르도 그의 영향을 받았다.

02
덕의 정치

1. 덕이란?

몽테스키외와 덕

덕 혹은 미덕은 사전적으로 인간이 선을 지향하고 실천하는 능력을 뜻한다. 말하자면 인간을 선한(좋은) 사람이 되게 하는 힘인 것이다. 그런데 좋다는(선하다는) 것의 뜻은 그 존재의 본성에 가장 부합한다는 것으로서, 다른 말로 하면 인간다운 인간이 좋은 인간이며 선한 인간이라는 뜻이다. 따라서 덕은 사람을 사람답게 만들고 그 때 인간은 가장 좋은 상태에 있게 된다.

18세기 프랑스에 덕의 개념을 도입한 몽테스키외는 각 정치체제를 움직이게 하는 원리를 인간의 정념에서 찾았다. 그는 공포, 절제, 명예, 덕을 제시했는데 전제정의 원리가 공포, 군주정의 원리가 명예, 귀족정의 원리가 절제라면 민주정의 원리는 덕이라고 하였다.[1] 그에 의하면 고대

---

1 샤를 루이 몽테스키외, 『법의 정신』, 신상초 역 (을유문화사, 1990), p. 69.

그리스의 정치가들은 민주정을 움직이는 힘으로 덕 외에는 인정하지 않았다.

그렇다면 덕의 내용은 무엇인가? 몽테스키외는 민주정에서의 시민의 덕, 즉 민주시민의 덕을 공화국에 대한 사랑, 즉 조국애라고 하였다.[2] 조국을 사랑하는 사람이 좋은 민주시민, 즉 시민다운 시민이라는 것이다. 개인의 이익을 공동 이익과 일치시키는 것, 즉 애국심은 고대 로마 공화국이나 스파르타와 같은 국가를 움직이고 유지시킨 원동력이었다. 그런데 몽테스키외는 조국애라는 일반적 열정은 저절로 생기는 것이 아니며 "인간은 개별적 열정을 만족시킬 가능성이 적을수록 일반적 열정에 몸을 맡긴다."라고 하였다.[3] 그렇다면 개별적 열정을 억누르게 하는 것은 무엇일까? 몽테스키외는 그것을 평등애라고 하였다. 평등을 사랑한다는 것은 과시나 사치에 빠지지 않고 동료 시민들과 같은 행복과 이익을 추구하는 것, 즉 함께 쾌락을 맛보고 함께 희망을 품는 소박한 사랑을 뜻하는 것이다. 따라서 그는 평등애를 조국애와 함께 공화정 민주정의 덕의 내용으로 삼았다.

로베스피에르와 덕

몽테스키외와 루소의 덕의 개념을[4] 이어받은 로베스피에르도 역시 시

---

2 샤를 루이 몽테스키외, 같은 책 p. 51.

3 몽테스키외는 예를 들어 수도사들의 경우 개별적 열정을 불러일으키는 모든 사물이 박탈되었기 때문에 수도원의 규율에 대한 정열만 남게 되고 교단을 사랑하게 된다고 하였다. 샤를 루이 몽테스키외, 같은 책, p. 70.

4 루소는 『고백록』에서 모든 정치적 행동의 목표는 "인민을 가장 도덕적이고 가장 계몽되고 가장 현명하게 만드는 데 있다."라고 하면서 '정치와 도덕성을 별개로 취급하는 사람은 둘 중 어느 것도 결코 이해하지 못할 것' 이라고 말했다. David P. Jordan, *The Revolutionary Career,* p.

민들의 정신에 덕을 고취하는 것을 민주정의 최고의 목적으로 삼았다. "민중이 주권자인 자유 국가에서 그 유일한 목적은 덕, 말하자면 조국과 자유에 대한 사랑으로 시민들의 영혼을 형성하고 기리는 것이어야 한다."(4:120)

로베스피에르는 현실 정치에 덕의 원리를 도입하고 그를 구현하고자 했다는 점에서 새로운 정치를 고안했다고 할 수 있다. 그는 정치란 도덕의 실천, 즉 행동하는 도덕이 되어야 한다는 입장이었고 시민들의 자발적 참여와 헌신이 중요한 민주주의일수록 덕이 요구된다고 하였다.

그런데 로베스피에르는 덕의 개념을 몽테스키외처럼 한정짓기보다는 다소 포괄적으로 사용하였다. 로베스피에르가 덕을 언급한 연설들을 보면[5] 민중의 '권리와 의무'라고 했는가 하면, '공공의 이성'(10:351)으로 표현하기도 했다. 또 '공화주의의 본질적 가치를 구성하는 애국심과 평등'이라고 했는가 하면, '정의와 조국에 대한 사랑'(10:575)으로 규정하기도 했다. 이 모두를 포괄하는 정의를 내리기는 어렵지만, 종합해 본다면 공화국 시민의 덕이란 '애국심과 평등애를 바탕으로 하는 공화주의적 권리와 의무'라고 할 수 있을 것이다. 그리고 이에 따라 덕의 정치를 다시 정의한다면 '시민의 정신에 애국심과 평등애를 각인시켜 공화주의적 권리와 의무를 인식하고 실천하도록 하는 정치'라고 할 수 있다.

그렇다면 덕을 고취할 경우 시민의 정신은 어떻게 변하는가? 로베스피에르는 덕의 정치를 부연 설명하면서, 전제정의 모든 악덕을 공화정

202에서 재인용.

5 이하 두 문단은 필자가 발표한 논문에서 따온 것임. 김경근, 「로베스피에르와 자유」, 『서양사론』 123 (2014. 12), pp. 27~28 참조.

의 모든 덕으로 대치시키는 것이라고 하였다. 이를테면 '이기주의를 도덕으로, 안락을 의무로, 불행에 대한 경멸을 악덕에 대한 경멸로, 허영을 영혼의 위대함으로, 금전에 대한 애착을 영광에 대한 사랑으로 대치시키는 것'(10:352)이다. 요컨대 덕의 정치란 인간에게 비천하고 이기적인 정념을 억제하고 선한 마음과 용기를 일깨워 줄 수 있는 사회질서를 수립하는 것이다. 그는 나아가 공화정과 전제정을 구분하는 기준도 덕의 적용 여부에서 찾았다. "모든 관찰은 덕이 공화국의 본질인 것처럼 악덕은 전제정의 기초라는 것을 말해주고 있다."(10:447)

여기서 주목할 것은 공적 미덕에 국한한 몽테스키외와 달리 로베스피에르는 공적 미덕과 사적 도덕을 굳이 구분해서 쓰지 않았다는 점이다. 위에서 로베스피에르가 언급한 이기주의, 불행에 대한 경멸, 허영, 금전에 대한 애착은 공적, 사적 영역에 두루 해당한다. 그것은 그가 공적 미덕, 즉 애국심과 평등애는 사적 미덕의 함양에 도움이 되며 거꾸로 사적 미덕은 사회에 파급됨으로써 공적 미덕을 수립하는데 이바지한다고 보았기 때문이다. 예를 들어 사생활에서 소박함의 미덕을 추구하는 사람은 부가 제공하는 쾌락이나 타인의 노동을 부리는 사치를 추구하는 대신 타인과 더불어 사는 평등애를 발휘할 것이다. 사적 소박함이 공적 평등애로 이어지는 것이다. 로베스피에르가 이처럼 덕의 범위를 넓힌 것은 개인의 도덕을 강조한 루소의 영향과 무관하지 않아 보인다.[6]

---

6 루소는 사회의 법과 도덕의 선을 좌우하는 관건은 개인적 차원의 도덕이라고 보았으며 그를 위해서는 개인에 대한 교육과 사회 제도 개혁이 필요하다고 하였다. 오수웅, 「루소의 도덕과 법－개념과 관계」, 『정치사상연구』 15권 2호 (2009), p. 64.

2. 덕과 정치

군주정과 덕

몽테스키외는 군주정에서 선한 사람은 드물다고 하였다. 왜냐하면 선인, 즉 덕 있는 인간이 되기 위해서는 국가를 사랑하되 자신을 위해서보다 국가 자체를 위해서 사랑하지 않으면 안 되는데, 군주정에서는 개인이 그러한 의도를 가질 수 없다는 것이다. 그러한 의도는 국민이 국가의 주인이 아닌 곳에서는 생겨나기 어렵기 때문이다. 따라서 군주정에서는 인민이 유덕하기가 매우 어려우며 군주정 역시 덕이 필요하지 않고 명예가 법과 결합하여 덕을 대신한다.[7]

로베스피에르는 이를 이어받아 군주정을 비판하고 덕을 공화정과 연결했다.[8] 그는 역사적으로 군주정 하에서 자유와 덕은 찾아보기 어려웠고 범죄와 폭정이 횡행했다고 하였다. 그리고 인간은 군주정 하에서 노예처럼 살았는데 그 이유는 덕, 즉 자신의 권리와 의무에 대해 무지했기 때문이라고 하였다.

> "유럽의 민중들은 예술과 과학에서 놀라운 진보를 했지만 공적 미덕에 대해서는 그 기본 개념조차 무지한 것으로 보인다. 그들은 자신의 권리 및 의무만 제외하고는 모든 것을 알고 있다."(10:444)

---

7 샤를 루이 몽테스키외, 『법의 정신』, pp. 54~55.

8 "Sur les rapports des idées religieuses et morales avec les principes républicains, et sur les fêtes nationales" (7 mai 1794), *Oeuvres*, t. 10, pp. 442-465.

이러한 민중의 무지는 군주정의 통치자들이 조장한 것이다.

"현재까지 통치술이란 인간을 속이고 타락시키는 기술이었다. 그동안 얼마나 국왕과 그 하수인들이 정의와 불의의 관념을 흐리기 위해 애써왔던가! 군주정 하에서 공공의 미덕은 범죄였다. 유일한 덕은 군주의 범죄의 유순한 도구가 되는 것이었다."(10:446)

통치자들은 권리와 의무는 범죄시하고 오직 굴종을 미화하면서 민중을 타락시키는 정치를 해왔던 것이다.[9] 이러한 기만과 왜곡의 결과 사람들은 흔히 범죄를 옹호하며 미덕을 거부하는 모습을 보인다.

"이런 것이 인간 정신의 모순이다. 범죄는 그를 둘러싼 광채와 그것이 인간에게 가하는 고통의 범위에 비례하여 그 끔찍함이 줄어든다. 반대 의미에서 덕도 마찬가지다. 덕이 인류 전체를 감싸안으면 의심을 받는다.… 한 사람이 속박과 억압을 저지른 대범죄자를 넘겨준다고 하면 사람들은 그를 박해하고 선동적이라고 선언한다."(4:112~113)

국민을 억압한 대역 범죄에 대해서는 침묵하고 국민을 수호하는 위대한 덕에 대해서는 저주하는 사람들의 왜곡된 심리는 군주정의 작품인바, 이는 군주정이 민중의 마음속에 무지와 이기심을 조장하여 자유와

9 로베스피에르는 전제군주의 통치수단인 마키아벨리즘을 비판함으로써 자신의 도덕정치를 그와 반대되는 것으로 놓고자 했다. Lucien Jaume, "Robespierre: Sur les rapports des idées religieuses et morales avec les principes républicains et sur les fêtes nationales, 1794 (18 floréal an II)," Chatelet François 외, *Dictionnaire des oeuvres politiques* (Paris, PUF, 1989), p. 881.

덕의 관념을 소멸시키고자 했기 때문이다.

로베스피에르는 또한 군주정이 인간의 정신을 타락시켰음을 입증하는 예로 사람들이 흔히 약자의 덕을 멸시하고 강자의 범죄 앞에 무릎 꿇는 것을 들었다.

> "오, 불합리하고 사악한 인간이여, 그대의 정의는 얼마나 야만적인지! 그대의 눈에 결백하게 비치려면 최고로 악랄한 모습을 보여주면 충분하며, 그대가 범죄를 경멸한다면, 그것은 그 파렴치함이 아니라 범인이 가난하다는 사실이다. 그가 힘과 권력으로 둘러싸인 모습으로 나타나면 그대는 거기에 무릎을 꿇고 그를 찬양할 것이다. 이것이 말하자면 정의와 인간 이성을 소멸하는 폭정의 이익이자 영향력이다. 폭정은 사고까지 타락시키며 그가 억압하는 인간의 가장 내밀한 감정까지도 부패시킨다."(4:113)

이처럼 폭정이 타락시킨 사람들은 상호 동등하게 자유를 공유하기보다는 약자에게 군림하고 권력자에게 예속되고자 하는데, 이는 다시 말하거니와 폭정이 '독재를 예찬하고 자유를 의심스럽고 끔찍한 것으로 보이게 하도록 인간의 정신을 타락시킨'(8:81) 결과이기 때문이라는 것이다.

또한 로베스피에르에 따르면 군주정 하에서 계몽철학자들도 사람들의 정신을 타락시키는 데 일조했다. 특히 백과전서파는 물질주의와 성공 지상주의를 전파함으로써 도덕을 경시하는 풍조를 퍼뜨렸다. "이 실용적 철학, 즉 이기주의를 체계화하고 인간 사회를 교활함의 싸움으로 간주하며 성공이 정의와 불의의 기준이 되고 성실함을 취향이나 예절문제시 해버리는 것은 이들에게 힘입은 바 크다."(10:454) 말하자면 그들은 몽테스키외가 분류한 개별적 열정과 일반적 열정에서 후자를 경멸하고 전자를 찬양함으로써 공공정신을 소멸시킨 것이다.

군주정이 이처럼 민중의 덕을 억압한 주된 이유는, 덕으로 무장한 민중은 권력자와 폭정을 공격할 것이기 때문이다. 로베스피에르는 이러한 군주정의 통치술과 결별하고 새롭게 덕의 정치를 할 것을 촉구했다. "이제까지 통치술이란 인간을 속이고 타락시키는 기술이었다. 앞으로는 인간을 계몽시키고 개선하는 기술이 되어야 한다."(10:445)

민주정과 덕

군주정이 인간의 정신을 타락시켰다면 공화정이나 민주정은 어떠한가? 로베스피에르는 혁명력 2년 플뤼비오즈 17일(1794년 2월 5일)에 행한 연설에서[10] 여러 덕목 중 민주정에 가장 중요한 것은 덕, 특히 공적 미덕임을 강조했다.

> "민주정 혹은 민중의 정부를 움직이게 하고 지탱하는 원동력은 무엇인가? 그것은 덕인데 내가 말하는 것은 그리스와 로마에서 많은 성취를 낳았던 공적인 덕이며 이 덕은 조국과 그 법에 대한 사랑과 다를 바 없다."(10:353)

고대 공화정, 즉 아테네와 스파르타가 페르시아 제국을 물리친 것이나 로마가 승승장구한 원동력은 그 민중의 공적 미덕, 즉 애국심과 준법정신 덕분이었다는 것이다.

---

10 "Sur les principes de morale politique qui doivent guider la Convention nationale dans l'administration intérieure de la République" (5 février 1794), *Oeuvres*, t. 10, pp. 350~367.

이처럼 민주정에서 덕이 발휘된다면 거꾸로 덕은 민주정에 대해 어떤 의미를 띠는가? 위에 인용한 대목에서 로베스피에르는 '덕은 민주정을 움직이는 원동력'이라고 하였는데, 그것은 덕이 시민으로 하여금 조국을 사랑하고 법을 준수하도록 하기 때문이다. 실제로 민주주의는 시민들이 주체가 되어 국가를 운영하는 것이기 때문에 그들이 조국을 사랑하지 않거나 법규를 준수하지 않을 경우 국가가 혼란과 무질서에 빠질 것은 누말할 나위가 없다. 그리고 뒤에서 보겠지만 시민들에게 덕을 고취하는 것이 쉽지 않다는 점에서 민주정의 성공 역시 어려운 것이다.

그런데 로베스피에르는 한걸음 더 나아가 덕을 자유와 연결하면서 공적 미덕을 가진 시민은 자유로운 민중이라고 하였다. 그는 자유로운 민중이 다른 모든 민중보다 우월한 이유도 그 점에서 찾았다. "아테네와 스파르타가 아시아의 폭군들에게 승리하고 스위스인들이 에스파냐와 오스트리아의 폭군들을 물리쳤다면 거기에 다른 이유는 없다."(10:354) 이처럼 덕, 즉 애국심은 자유인의 전유물이므로 로베스피에르는 자유와 덕이 서로 연결된다고 하였다. "자유와 덕은 모두 신으로부터 나왔고 하나는 다른 하나가 없이는 인간들 사이에 머무를 수 없다."(10:482)

프랑스 혁명과 덕

덕의 정치는 그 목표를 민중의 덕을 고취하여 인간을 선한 존재로 만드는 것에 두고 있다. 따라서 로베스피에르가 볼 때 혁명에서 중요한 것은 정치체제의 변혁만이 아니라 공화정의 영혼인 애국심을 고취하고 왕정의 해악인 이기주의와 야심을 몰아내는 것이다.

"왕좌를 전복시킨 것으로는 절대 충분치 않으며 우리에게 중요한 것은 그

잔해 위에 성스러운 평등과 인간이 가진 불멸의 권리들을 세우는 것이다. 공화국의 영혼인 덕, 즉 애국심이야말로 모든 개인적 이익을 일반 이익에 합치시키는 고결한 헌신이다. 공화국의 적들, 그들은 비열한 이기주의자들이며 야심을 앞세우는 타락한 자들이다. 여러분은 국왕을 몰아내었지만 그들의 위험한 지배가 가져온 해악들도 몰아내었는가?"(5:17)

그는 비록 왕정을 타도하고 공화정을 세웠다 할지라도 부자들이 과두적으로 지배하는 곳에서는 애국심과 평등애보다는 개별적 이익과 야심이 압도하므로 왕정의 해악이 사라지지 않았다고 하면서 베른이나 베니스 등 부자들의 과두적 공화국을 예로 들었다.(5:17) 나아가 자유와 덕이 불가분임을 감안한다면 이러한 공화정에서는 자유도 보장될 수 없는 것이다.

로베스피에르는 1794년 7월 26일 국민공회에서 행한 최후의 연설에서 프랑스 혁명의 의의를 덕을 표방한 최초의 혁명이란 점에서 찾고자 했다.

"이제까지 국가의 얼굴을 바꾼 혁명들은 왕조의 교체 혹은 1인 권력으로부터 과두 지배로의 전환을 목표로 삼았을 뿐이다. 프랑스 혁명은 인권의 이론과 정의의 원칙 위에 세워진 첫 번째이다. 다른 혁명들은 야심만을 요구했지만 우리의 혁명은 덕을 부과한다."(10:544)

말하자면 영국 혁명은 왕조의 교체, 미국 혁명은 군주의 지배로부터 부자들의 과두적 지배로 귀결되었지만 훨씬 더 숭고한 프랑스 혁명은 인권과 정의에 그 기초를 둠으로써 덕을 부과했다는 것이다. 로베스피에르는 그 이유를, 프랑스 혁명은 다른 혁명과 달리 민중이 주체가 되어 전제 왕정을 무너뜨렸다는 데에서 찾았다. 민중이 주체가 되면 왜 야심이 아니라 덕이 지배하는지에 대해서는 다음 절, '덕과 민중'에서 살펴볼 것이다. 어쨌든 그가 볼 때 프랑스 혁명은 단순한 정치적 사건이 아니라 새로운 도덕적 세계와 인류의 재생을 알린 세계사적 사건인 것이다.

그 점에서 혁명기 최초의 헌법, 즉 제한선거제를 도입한 1791년의 헌법은 프랑스 혁명의 정신에 역행한 것이었다. 로베스피에르는 재산 기준에 따라 빈자의 참정권을 제한하는 헌법은 정치적 권리를 제한할 뿐 아니라 민중의 정신을 타락시킨다고 하였다.

> "법이 부를 향한 갈망에 가장 맹렬한 추진력을 부여하는 민중에게 어떤 풍속이 있겠는가?… 이러한 제도를 채택하는 것, 그것은 가장 고귀한 야망, 즉 조국에 봉사함으로써 영광을 추구하는 야심을 탐욕과 책략으로 도피하게 하며 헌법 자체를 덕을 타락시키는 것으로 만드는 것이 아니면 무엇이겠는가?"(7:170)

헌법이 부의 등급에 따라 권리를 부여하면 이는 곧 재산을 제일의 가치로 공인하는 것으로서 그 결과 사람들로 하여금 탐욕을 추구하게 만들어 덕을 무너뜨리는 역할을 하는 것이다.

그런데 덕이 무너지면 헌법도 지속할 수 없다. 그는 "여러분이 이기주의와 경박성을 자유의 유일한 수호자인 유용한 재능과 관대한 덕의 폐허 위에 세울 때, 나라 안에는 결코 지속적인 헌법이 없을 것이다."(7:171)라고 하였다. 왜냐하면 그 경우 헌법은 특정 계급 사람들의 전유물이 될 것이며 국민 다수는 헌법에 무관심하거나 질투하거나 아니면 굴욕을 느끼게 될 것이기 때문이다.

따라서 만약 덕이 없다면 혁명은 폭력적 파괴에 불과하고 말 것이다. "비천한 음모자들이 어찌 알겠는가? 하지만 덕은 존재한다. 폭정에 대한 깊은 증오, 피억압자에 대한 공감의 열기, 조국에 대한 신성한 사랑, 인류에 대한 더 숭고하고 더 성스러운 애착…"(10:554) 그는 덕이 없을 경우 혁명은 '다른 범죄를 파괴하는 뻔한 범죄'에 불과하게 되며 "민중은 사슬만 바꿀 뿐 운명을 바꾸지는 못한다."(10:575)라고 하였다.

이는 다시 말해 덕이 없다면 폭정을 타도해도 소용없다는 뜻이다. 폭정을 무너뜨린다 하더라도 그 자리에 야심가와 특권계급의 권력과 재산이 대신 세워진다면 명칭만 바뀔 뿐 폐해는 그대로일 것이기 때문에(4:110) 민중은 폭군의 사슬 대신 부자들의 사슬에 묶이게 되고 혁명은 무의미해지는 것이다.

따라서 진정한 혁명은 정의와 덕의 공화국을 세우는 것이다. "훨씬 더 숭고한 우리의 운명은 땅 위에 지혜, 정의 그리고 덕의 국가를 세우는 것이다."(10:521) 그 점에서 왕정이 공화정으로 바뀐 것은 혁명의 시작일 뿐 끝이 아니었다.

자코뱅 클럽과 덕

덕은 프랑스 혁명에서 점차 중요한 가치로 자리 잡았다. 대표적 사례는 자코뱅 클럽이었다. 자코뱅 클럽은 정치협회였음에도 불구하고 회원들의 도덕성에 관여하는 모습을 보였다. 크레인 브린튼에 따르면 자코뱅 클럽 대부분은 회원들에게 음주와 도박을 금하는 등 마치 제네바의 칼뱅교도와 같은 공동체를 꿈꾸었다.[11] 나아가 공포정치의 절정기에 파리 자코뱅파는 로베스피에르를 따라 덕과 최고 존재를 숭배했는데 덕은 프로테스탄티즘에서의 덕목들 - 겸손, 근면, 절제, 가족의 미덕, 정직 등 - 과 같은 것이었으며 그 운동은 자코뱅 조직을 통해 프랑스 전역으로 확산되었다.[12]

이처럼 자코뱅 클럽이 준종교적 단체로 되는 데 있어 로베스피에르가 영향을 미쳤을 가능성은 다분하다. 그는 거의 매일 밤 자코뱅 클럽에서 연설하면서 덕의 공화국, 말하자면 우애롭고 애국적인 시민들이 자유와 평등을 신봉하는 국가의 수립을 역설했던 것이다.

교육과 덕

그렇다면 시민들에게 어떻게 덕을 고취할 것인가? 로베스피에르는 우선 교육을 제시했다. 그는 1793년 1월 '국민공회에 제출된 공교육(instruction publique) 법안에 관해'라는 기고문에서[13] 교육 문제를 다루었다. 당시는 아직 국가 차원의 의무교육이 수립되기 이전이기 때문에 그는 교육의 조직에 관한 세부사항보다는 시민의 의식을 계몽하는 수단

11 Clarence Crane Brinton, *The Jacobins, An Essay in the New History* (New York, Russel & Russel, 1961), p. 175.

12 *Ibid.*, pp. 179~180.

13 1792년 12월부터 국민공회에서 공교육에 관한 논의가 벌어졌으며 로베스피에르는 1793년 1월 10일 경 자신의 입장을 잡지 『위임자들에게 보내는 편지』에 기고하였다. 그는 1793년 7월에 고 르 펠르티에 드 생-파르조의 초등교육 초안을 보완하여 국민공회에 제출한 것으로 더 알려져 있지만 7월의 초안이 초등교육 조직의 세부사항에 관한 것인데 비해 1월에 발표한 내용은 교육 전반에 대한 그의 철학을 담고 있다. "Sur le projet d'instruction publique, proposé à la Convention Nationale" (10 janvier 1793), *Oeuvres*, t. 5, pp. 207~211.

이라는 넓은 의미로 교육을 논하였다. 기고문의 내용을 간략히 살펴보자.

시민 사회의 목표는 개인과 사회 모두의 행복을 위해 인간의 자연적 능력을 발달시키는 것이다. 그런데 개인과 사회가 동시에 행복해지려면 사적 이익과 일반 이익이 합치해야 한다. 법의 경우 이 조화를 수립하는 법이 훌륭한 법이며 그것을 어지럽히면 나쁜 법이다.

법이 이 원리에 입각한 곳에서는 법 자체가 선한 공교육이며 법이 그것을 훼손하는 곳에서는 공교육이 선하지 않은 것이다. 따라서 입법자들의 진정한 임무는 올바른 법을 제시하여 그 원리를 인간의 정신 속에 각인시키는 것이며 그것이 공교육의 최고 목표이다.

동시에 입법자는 의정활동을 통해 시민들에게 각자의 권리와 동료 시민에 대한 의무를 알려줘야 한다. 이처럼 민중의 권리와 그를 보장하는 원리를 지키는 것 또한 공교육의 목적이다.

이상 공교육에 관한 로베스피에르의 기고문은 교육의 목적을 덕, 즉 시민들에게 권리와 의무를 각인시키며 특히 개별 이익과 일반 이익의 조화의 원리를 인식하도록 하는 것에 두었다. 그리고 그는 무엇보다 교육을 학교 교육으로 한정짓지 않고 법을 통한 교육도 효과적인 계몽수단이 될 것으로 보았다.

계몽수단으로서 법의 역할을 언급한 것은 몽테스키외도 마찬가지였다. 그는 고대 스파르타에서 토지 평등 분배법을 통해 사치와 같은 악덕의 발생을 억제한 것을 예로 들었다. 그러나 로베스피에르가 볼 때 스파르타의 사례는 가능하지도 이상적이지도 않은 것이었다. 그는 18세기 프랑스에서 토지 평등 분배법의 시행은 불가능하다고 보았거니와 스파르타처럼 개인의 자유를 인정하지 않는 것도 바람직하지 않다고 생각했기 때문이다.

사실 국가가 개인의 재산이나 자유에 간섭하기 어려운 근대 민주주의에서는 법제정이나 제도 개혁을 통해 덕을 고취할 수 있는 여지가 많지 않다. 그렇다면 시도할 수 있는 것은 시민 의식의 계몽, 즉 시민의 정신에 호소해 덕을 일깨우는 것이다.

따라서 로베스피에르는 입법자들에게 "영혼을 위로하고 고양하는 모든 제도, 모든 이론은 환영받아야 한다. 그것을 타락시키고 부패시키는 모든 것을 거부하시오."(10:451)라고 촉구했는데 그가 염두에 둔 것은 종교였다.

> "사회의 최고봉은 인간에게 이성의 뒤늦은 개입 없이 선을 행하고 악을 피하게 하는 본능, 즉 도덕적인 것을 참조하게 하는 것이다. 왜냐하면 정념에 의해 오도되는 각 인간의 개별적 이성은 종종 자신의 입장을 옹호하는 궤변론자에 불과하기 때문이다. 그런데 이 소중한 본능을 창출하거나 대신하는 것, 인간의 권위의 불충분함을 보완하는 것, 그것은 종교적 감정으로서 그것이 영혼 속에 승인의 관념을 각인시키는데, 그 승인은 인간보다 우월한 어떤 힘이 도덕의 규율에 대해 부여하는 승인이다."(10:452~453)

인간이 각자의 이성에 의해서만 움직이면 이기주의에 빠지기 마련이지만 인간에게는 본성상 도덕, 즉 선을 행하고 악을 피하게 하는 성향이 있으므로 인간의 영혼을 자극하여 그것을 되살리는 것이 중요한데 그 역할을 종교가 할 수 있다는 것이다. 종교는 인간보다 우월한 신의 힘으로 도덕을 승인하고 고취하기 때문이다. 그럼으로써 사회는 비로소 최고의 경지에 도달하는 것이다.

이 대목은 인간의 본능 혹은 본성과 이성 그리고 종교의 관계에 대해 생각해보도록 한다. 로베스피에르는 '이성의 개입 없이 선을 행하게 하는 인간의 본능'이라고 하였는데 이는 양심을 지칭한 것이다. 양심은 사람의 영혼에 존재하는 정의와 도덕의 원칙이며, 사람은 그것을 가지고 선과 악을 판단할 수 있기 때문이다. 하지만 양심은 현실에서 종종 은폐되거나 억제된다. 왜냐하면 사회 속의 인간은 선한 본능 혹은 양심보다는 이익이나 정념에 의해 영향을 받기 때문이다. 그런가 하면 이성 또한 종종 개인의 이기주의와 정념에 이끌리므로 이성만으로 도덕적 인간이 되기는 어렵다. 결국 양심을 일깨워야 하는데 그러기 위해서는 인간의 영혼을 자극할 수 있는 종교적 감정이 필수적이다.

그런데 인간에게 덕을 고취함에 있어 중요한 것은 인간의 본성에 관해 어떤 관점을 가지느냐이다. 만약 인간의 본성을 선과 동떨어진 것으로 생각한다면 인간의 본성을 고치는 일종의 사상 개조를 해야 할 것이다. 그러나 이러한 방식은 민주주의와 거리가 먼 것으로 그것이 어떤 결과를 초래할지는 20세기 전체주의의 사례들이 잘 보여주고 있다. 반대로 루소처럼 인간의 본성에 양심이라는 정의와 덕의 원칙이 존재한다고 믿는다면 그것을 그저 되살리거나 일깨우면 되는 것이다. 이는 강제가 아닌 자유로운 방식, 즉 교육이나 종교를 통한 계몽의 방식으로 가능하다. 따라서 로베스피에르의 덕의 정치에 접근하기 위해 그가 인간을 어떻게 바라보았는지 살펴볼 필요가 있다. 그런데 우선 그에게 인간을 대변하는 것은 민중(peuple)이라는 계급적 범주였다.[14]

---

14 로베스피에르는 인간이란 말 대신 종종 민중을 사용했으며, 그와 대비되는 개념으로 특권층(privilégiés)이라는 말을 썼다. 그럼으로써 인간의 범주에서 사실상 특권층을 배제한 셈인데, 그 이유를 그의 논리에 따라 다음과 같이 추론해볼 수 있다. 특권층, 즉 소수의 부자와 권력자는 대

3. 덕과 민중

엘리트와 민중

아놀드 하우저는 루소가 나타나면서 처음으로 소시민 계급과 일반 빈민 대중, 피압박 계층 등이 '문학적 발언대에 오른다'고 하였는데[15], 여기서 '문학'을 '정치'로 바꾸면 이 말은 로베스피에르에게 해당하는 것이 된다. 실로 로베스피에르와 더불어 민중은 처음으로 진지한 정치적 논의의 대상이 되었다. 이에 대해 파리 시장을 지낸 동료 정치인 페티옹은 "로베스피에르는 항상 민중의 호의를 추구하면서 민중에게 아첨하고 그들의 박수갈채를 얻고자 한다."라고 지적했다.[16] 페티옹은 동료 정치인들이 로베스피에르에게 느꼈던 생소함과 반발심을 대변한 것으로 보인다.

국민의회 의원들은 자신들을 뽑아준 민중을 흔히 하층민, '천민' 혹은 '부랑자'로 지칭했다. 그들은 자유와 평등을 신봉했지만 그 의미는 자신들, 즉 중간 계급과 귀족 간의 평등이지 민중과의 평등은 애초부터 고려사항이 아니었다. 로베스피에르도 이를 지적했다.

"부유한 상점주로부터 지체 높은 법관까지, 변호사로부터 옛 공작과 귀족에 이르기까지 모두가 민중이란 이름의 인간들을 멸시하는 특권을 보존하고자

다수 인간, 즉 민중을 억압하는 존재이다. 그런데 인간이 스스로를 억압하는 것은 모순이므로 인간을 억압하는 특권층은 인간의 범주에 해당하지 않는 것이다.

15 아놀드 하우저, 『문학과 예술의 사회사』 3, 염무웅 외 역 (창비, 2016), p. 128.

16 Laurent Dingli, *Robespierre*, p. 293.

하는 것으로 보인다. 그들은 자신들과 동등한 사람들이 늘어나는 것보다는 차라리 주인들을 섬기기를 원한다."(4:113)

귀족은 물론 부르주아지까지도 민중을 포함한 만인이 동등하게 자유를 누리기보다는 민중을 지배하기 위해 차라리 특권과 예속을 존속시키고자 했다는 것이다.

로베스피에르와 민중

그렇다면 로베스피에르 본인은 어떠한가? 그는 우선 스스로 민중을 사랑한다고 하였다. 그는 1789년 아라스에서 위기에 처했을 때 민중이 자신을 삼부회 대표로 선출하여 구해주었다고 하면서[17] 그것은 민중과 자신이 서로를 사랑하기 때문이며 그 사랑은 이해관계에서 나온 것이 아니라고 하였다.

> "나는 우리의 적들이 민중에게 계략을 꾸미지 않고도 사랑받을 수 있으며 이해관계 없이도 민중에게 봉사할 수 있다는 생각을 하지 못한다는 것이 놀랍지 않다. 선천적 맹인들이 어찌 색깔에 대한 관념이 있을 것이며, 비천한 영혼이 어찌 인류애의 감정과 덕 있는 열정을 이해할 수 있을 것인가!"(8:311)

이해관계가 있어야만 민중에게 봉사할 수 있다고 생각하는 건 인류애

---

17 "Réponse de M. Robespierre aux discours de MM. Brissot et Guadet du 25 avril 1792" (27 avril 1792), *Oeuvres*, t. 4, p. 34.

와 덕을 이해하지 못한다는 증거이다. 실로 로베스피에르를 인민에게 끌어당긴 것은 이성적 판단이 아니라 약자에 대한 본능적 충동이었다.

그는 민중을 사랑하고 수호하는 것에 자신의 전부를 걸었다. 따라서 누가 그에게 민중의 수호자로서의 위상을 의심한다면 그것은 가장 큰 모욕이었다. 민중의 힘을 찬양하면서 전쟁을 주장하던 브리소가 전쟁에 반대하던 로베스피에르에게 이 점에 대해 도발을 하자 그는 자신이 민중에게 아첨하는 대신 그들을 지켜주었다고 일갈하였다.

> "나는 꽃으로 장식된 길을 따라 민중을 벼랑 끝으로 인도하는 기술을 모르는 것이 사실이다. 하지만 반대로 거의 홀로, 민중이 아닌 모든 자의 분노를 산 채 대다수의 입법자에게 맞서 가장 가난하고 가장 불행한 시민들의 권리를 수호한 것은 바로 나다. 납세액에 따른 모든 차별에 대해 권리 선언을 계속 내세운 것도 바로 나다.… 민중의 권리 뿐 아니라 민중의 성격과 덕을 수호한 것도 바로 나다.… 과장되고, 완고하고, 오만하게 비쳐지는 것을 감수하면서까지 공정하고자 했던 것이 바로 나다."(8:90)

민중을 추켜세워 전쟁의 위험으로 인도한 브리소파와 달리 자신은 위험을 경고했고 다수의 편견과 저주에 맞서 민중의 권리를 수호했음을 말한 것이다. 반대파도 이를 반박하기는 어려웠다.

그런데 이 발언에서 주목할 것은 '민중의 권리 뿐 아니라 민중의 성격과 덕을 수호'했다는 대목이다. 이는 그가 민중의 본성을 신뢰하고 도덕적 정당성을 부여했다는 뜻이다. 사실 로베스피에르의 인간관은 도식적이라 할 만큼 단순했다. 한편에는 박해자인 악인, 즉 부자, 귀족과 다른 한편에는 피박해자인 선인, 즉 빈자, 사회적 약자가 있었으며 민중은 후자를 총괄하는 범주였다. 그에게 민중은 사회적 범주이자 핍박받으면서 선을 갈망하는 도덕적 범주였다. 따라서 민중을 수호하는 것은 단지 약자의 권리를 수호하는 차원을 넘어 덕을 수호하는 것으로 도덕성과 정의의 징표인 반면 민중에게 등을 돌리는 것은 덕을 외면하는 것이었다. 특히 자신의 정체성을 덕에서 찾고 있던 로베스피에르에게는 민중을 수호한다는 건 곧 자신을 지키는 일로서 정치적 이해관계 혹은 동료 의원들과 보조를 맞추는 것과는 차원이 다른 문제였다.

제헌의회 의원들이 엘리트의 견해를 대변한 만큼 로베스피에르는 그들과 뚜렷이 대비되었다. 계몽사상가들의 민중관을 통해 살펴본 18세기 프랑스 엘리트들의 민중에 대한 시선은 경멸과 두려움이 결합한 것이었다.[18] 그들이 볼 때 민중이 빈곤하다면 그것은 게으르기 때문이었고, 게으른 것은 차례로 그들이 재산의 유지나 증식의 책임 혹은 필요를 느끼지 않았기 때문이다. 말하자면 민중, 특히 빈자들은 재산도 없고 애착도 없는 자들로서 사회의 질서를 유지하는데 전혀 관심이 없다는 것이다.

민중과 덕

민중을 비하하고 무시하는 엘리트적 관점은 혁명기 의회에서도 이어졌으며 로베스피에르는 거의 홀로 그에 맞섰다.[19] 제한선거제를 비판한

---

18 Benoît Garnot, *Le peuple au siècle des Lumières. Echec d'un dressage culturel* (Paris, Imago, 1990), pp. 79~88. 로베스피에르는 민중에 대해 18세기 지배층에서 유행했던 경멸적 시각과는 완전히 반대되는 입장을 취했다. Jean-Pierre Jessenne, "Robespierre, au défi de l'égalité et des politiques sociales," Michel Biard & Philippe Bourdin éd., *Robespierre. Portraits croisés* (Paris, Armand Colin, 2012), p. 150.

19 "로베스피에르는 의원들의 비웃음에도 불구하고 점점 국민의회에서 그리고 대중들 사이에서 '빈자를 위해 발언하는' 혁명 지도자로 인식될 것이었다. 당시만 하더라도 빈자들은 의회에서

1791년 3월의 의회 연설문에서 로베스피에르는 민중에 대한 동료 의원들의 편견을 반박했다. 의원들이 민중을 '아무 것도 가진 것 없는 자들! 부패할 위험이 있는 자들!'이라고 한데 대해 그는 "당신들은 진심으로 고되고 힘든 생활이 나태, 사치 그리고 야망보다 더 많은 해악을 낳는다고 생각하는가?"(7:166)라고 반문하면서 '민중이라는 감동적이고 신성한 이름'(7:165)을 타락의 관념과 연결해 더럽히지 말 것을 당부하였다. 그는 민중의 빈곤에서 나태와 무책임 대신 노동과 고난을 읽어냄으로써 부자들의 사치 및 야망과 대비시킨 것이다.

나아가 선거권 박탈의 근거로 제시된 '민중은 잃을 것이 없는 자들'이란 주장에 대해 로베스피에르는 반박하였다.

> "여러분은 말한다. '민중들! 잃을 것이 없는 자들! 그들이 우리처럼 시민의 모든 권리를 행사하다니!'라고. 아무 것도 잃을 것이 없는 자들이라고! 이 미친 오만의 언어는 진리의 눈으로 볼 때 얼마나 부당하고 잘못된 것인가! 내 몸을 덮는 투박한 의복, 내가 평화롭게 살 수 있는 초라한 오두막, 내 아내와 자녀들을 부양할 수 있는 보잘것없는 수입, 이 모든 것은 고백하건대 영지도 저택도 아니며 사치와 부의 관점에서는 그저 무라고 불릴 수도 있다. 하지만 그것은 인간의 관점에서는 그 무엇이며 부의 찬란한 영지 못지않게 신성한 재산이다."(7:164)

민중의 보잘것없는 재산도 그와 그 가족의 생존과 존엄성을 위해서는 소중한 것인데 잃을 것이 없다고 하면서 권리에서 배제하는 것은 부당

대변자를 갖지 못한 상태였다." Max Gallo, *L'homme Robespierre*, p. 75.

하고 오만한 주장이 아닐 수 없다. 그런데 여기서 인상적인 것은 로베스피에르가 다시 1인칭으로 말하고 있다는 점이다. 마치 자신이 민중인 것처럼 민중에 자아를 투사하는 이러한 화법은 앞에서 보았다시피 로베스피에르가 변호사 시절 약자를 변론할 때 썼던 방법이며 약자에 대한 동정을 넘어 동일시하는 것이었다.

나아가 로베스피에르는 빈자의 권리 역시 법의 보호를 필요로 하므로 그들이 법에 무관심할 이유가 없다고 강조하였다. 빈자의 자유, 생명, 안전, 억압을 물리칠 권리 등 자연이 인간에게 부여한 모든 권리는 부자들의 그것과 마찬가지로 법의 보호를 받아야 하는 것이다. 그럼에도 빈자들의 권리는 늘 무시된다. "여러분은 내가 이 법들에 관심이 없다고 하면서 공공행정에서 내가 가져야 할 몫을 내게서 박탈하고자 한다. 단지 여러분이 나보다 더 부유하다는 이유 하나만으로!"(7:165)

법의 저울은 공평해야 하지만 만약 불균형하다면 빈자와 약자를 위해 기울어야 한다. 그럼에도 불구하고 오히려 부자 쪽으로 향함으로써 법의 취지를 살리지 못하고 있다. "법, 공공의 권위, 그것은 불의와 억압에 대해 약자를 보호하기 위해 수립된 것이 아닌가? 따라서 그것을 전적으로 부자들의 수중에 두는 것은 사회의 원칙 모두를 훼손하는 것이다."(7:165)

또한 사회의 효용 면에서도 개별 이익을 추구하는 부자와 일반 이익을 지향하는 민중 사이에서 어느 쪽을 배려해야 할지는 자명하다.

> "민중은 필수적인 것만을 요구하며 정의와 평안만을 바랄 뿐이다. 부자들 그리고 권세가들의 이익과 바람은 야심, 거만함, 탐욕 그리고 가장 터무니없는 퇴폐 행위이다. 그것들은 사회의 행복을 해치는 열정일 뿐이다. 부자

> 들은 모든 것을 자기들의 소유라고 주장하며 모든 것을 침범하고 모두를 지배하고자 한다. 민중을 도탄에 빠뜨린 폐단들은 항상 그들의 작품이었다."(6:625)

민중의 필요는 생존과 안전이라는 자연적이고 단순한 것인 반면 부자들의 욕망은 탐욕과 오만을 채우기 위한 것으로 사회를 해치는 것이다. 부자가 바라는 탐욕과 퇴폐는 악덕과 결합하지만, 빈자가 바라는 생존과 정의 그리고 안전은 덕과 결부된다. "덕은 가난한 자들의 전유물이며 민중의 세습 재산이다. 악덕은 모든 부로 둘러싸여 있고 관능의 매력과 배신의 유혹으로 무장되어 있다."(10:278)

또한 로베스피에르는 민중은 본래 평화와 선을 갈망한다고 하였다. 그는 "선하고 참을성 있고 관대한 것은 민중이다. 우리의 혁명 그리고 적들의 범죄가 그것을 입증한다."(6:610)라고 하면서 민중이 봉기를 일으킨 다음 바로 평화 상태를 회복하는 것을 예로 들었다. "저항할 수 없는 무력을 갖추고도 그 대표자의 말에 따라 일시에 멈추고 평화 상태로 들어가는 그들의 모습만큼 자연적인 선함을 보여주는 경우가 또 있는가?"(7:167) 그는 민중이 욕심에 집착하거나 오만에 사로잡히지 않기 때문에 그들을 해치지만 않으면 분노하지 않는다고 하였다.

> "나는 보증컨대, 그들이 억압의 과도함으로 분노하지 않는 한 일반적으로 민중만큼, 정당하고 선한 사람들은 없다. 민중은 사람들이 그들에게 보내는 가장 사소한 존중, 최소한의 선, 그들에게 해만 끼치지 않아도 감사해한다."(7:166)

나아가 로베스피에르는 민중이 봉건제의 족쇄를 소멸시킨 것을 지적하면서 한 마디로 그들은 애국자이자 인류애의 동지라고 예찬하였다. "민중이 자유의 유일한 버팀목이란 사실을 이해하도록 하자. 프랑스와 당신들을 구한 이 고귀한 반란이 부자들 그리고 권력자들 덕분이란 말인가?"(7:167)

이처럼 현실 정치의 무대에서 빈자들을 정의롭고 선한 존재로 파악하고 빈곤의 미덕을 역설한 것은 당시만 해도 전례가 없는 일이었다.[20] 제3신분이 이끌어 간 국민의회에서도 민중을 비하하는 풍조가 만연했던 것이다. 로베스피에르는 그것이 군주정의 관념에서 유래했다고 하였다.[21]

> "여러분은 인간을 전제정과 봉건적 오만의 터무니없는 관념에 의해서만 판단했을 따름이다. 여러분은 전제정이 발명한 묘한 용어에 익숙해진 나머지 인간의 대다수를 천민, 불량배 등의 이름으로 비하해버리곤 했다."(7:166)

군주정 시절에 봉건적 관념을 교육받음으로서 민중을 비하하는 관념에 물든 중간계급의 편견이 혁명기에도 이어진 것이다. 반대로 대다수 민중이 덜 타락하고 더 선량하다면 그 이유는 비열함과 예속으로 점철된 전제 군주정의 교육을 받지 않았기 때문이다.[22]

그럼에도 불구하고 로베스피에르는 민중이 결함이 없다거나 늘 선을

---

20 Max Gallo, *L'homme Robespierre*, p. 96.

21 보수주의자들은 대중에 대해 '추잡한 다수'(버크), '난폭하고 파괴적인 금수'(이폴리트 텐느)라고 저주를 퍼부었다. Lynn Hunt, "The World We Have Gained: The Future of the French Revolution," *The American Historical Review*, Vol. 108, No. 1 (February 2003), p. 2.

22 "Observations sur les causes morales de notre situation actuelle" *Oeuvres*, t. 4, pp. 115~116.

따른다고 하지는 않았다. 그 이유는 '민중은 항상 선을 원하지만 늘 선을 보는 것은 아니기'(8:90) 때문이다. 다시 말해 민중은 공공의 선이 자신에게 이익이며 선량한 법이 자신을 지켜준다는 것을 알기에 항상 선을 원하지만, 민중 자신의 결함 때문에 선이 무엇인지 늘 알지는 못한다는 것이다. 이는 "민중의 수임자들은 종종 선을 보지만 항상 그것을 원하는 것은 아니다."(8:90)라는 것과 대비된다. 수임자들, 즉 의원들이나 관리들은 민중이 맡긴 권위를 일반 이익보다 자신들의 개별 이익에 쓰고자 하므로 항상 공공의 선을 원치는 않는다는 것이다.

로베스피에르는 민중의 결함과 관련하여, 민중은 너무 선량하고 너무 잘 믿기 때문에 종종 음모자들에게 속아 넘어간다고 하였다. 따라서 진정으로 민중을 위한다면 민중의 결함을 지적하고 바로잡아야 한다. "민중에 대한 존중을 입증하는 진정한 수단은 그의 힘과 자유를 찬양하여 도취시키는 것이 아니라 민중 자신의 결함에 대해 예방하여 그를 수호하는 것이다. 왜냐하면 민중 자신도 결함이 있기 때문이다."(8:90) 로베스피에르는 애국협회가 민중에 대한 계몽, 교육 그리고 설득을 통해 그들의 결함을 떨쳐버릴 의무가 있다고 하였다.

이상에서 본 로베스피에르의 민중관은 다음과 같이 요약할 수 있다. 구체제의 편견과 관습이 민중을 깎아내렸음에도 불구하고, 민중은 소박한 바람을 가진 선한 존재이며 그들의 이익은 일반 이익이다. 하지만 민중은 지배자들 혹은 음모자들에 의해 잘못 인도되어 종종 선을 알지 못하는 결함이 있으므로 민중을 계몽하여 미덕을 일깨우는 것은 꼭 필요한 일이다. 그리고 그 수단으로 로베스피에르가 생각한 것은 종교였다.

03
종교[1]

1817년 1월 10일 세인트헬레나에서 혁명기를 회상한 나폴레옹은 로베스피에르를 예찬했는데 특히 그의 '최고 존재에 관한 연설'(혁명력 2년 플로레알 18일)을 언급하면서 '종교와 도덕을 일으켜 세운 용기 있는 행동'이라고 하였다.[2] 나폴레옹이 로베스피에르의 업적으로 종교를 언급한 것은 언뜻 놀랍지만, 실로 본질을 간파한 것이었다. 로베스피에르는 혁명가로는 보기 드물게 도덕과 종교에 몰두했으며[3] 특히 그가 제창한 최고 존재 숭배는 혁명기의 종교, 도덕적 혼란과 분열을 딛고 사회 통합의 구심점이 될 새로운 시민 종교를 수립하고자 한 것이었다.

---

1 이 책 제3장 '종교' 부분은 필자가 발표한 논문에서 따온 부분과 새로 작성한 부분으로 구성됨. 두 부분이 섞여있는 관계로 따온 부분에 대한 별도의 표기는 생략함. 김경근, 「로베스피에르의 종교와 도덕관」, pp. 7~9; 20~21, 27~37 참조.

2 Général Bertrand éd., *Les Cahiers de Saint-Hélène,* t. I, p. 179, Roger Barny, "Robespierre, Rousseau et le problème religieux: de la 'religion civile' à l'époque révolutionnaire," *La Pensée,* 293 (1993), p. 97에서 재인용.

3 "로베스피에르가 집권했을 때 혁명에 대해 가장 개인적인 흔적을 남겼다면 그것은 종교문제였다." Jean Artarit, *Robespierre ou l'Impossible filiation,* p. 284.

종교란 인간보다 상위에 있는 힘이 불완전한 인간의 영혼에 도덕적 감정을 불어넣는 것이다. 말하자면 인간은 신을 믿으면서 도덕을 확고히 해나가는 것이다. 로베스피에르가 최고 존재 숭배 제전을 제안하여 국가적 행사로 수립한 것도 시민의 덕을 고취시키는 덕의 정치의 일환이었다. 그에게 종교의 의미는 무엇보다 국민과 사회의 필요에 봉사하는 것이었다.

1. 혁명 초기

카톨릭 교회 개혁

제헌의회(국민의회)는 혁명 초부터 카톨릭 교회 개혁에 주력했으며 로베스피에르도 이에 동참했다. 1789년 6월 6일 제3신분 대표들의 회의가 진행되고 있을 때 님므 대주교가 회의를 교란할 목적으로 갑자기 민중의 빈곤에 대한 대책을 촉구하자 로베스피에르는 부유한 고위 성직자가 민중의 비참한 처지를 정략적으로 이용하는 것에 분노하면서 교회의 사회적 소명을 일깨웠다. 그는 성직자들이 검소함을 실천하고 교회 재산을 처분하여 빈민 구호에 솔선수범할 것을 강조한 것이다.

"성직자들에게 초대 교회의 원칙을 상기시켜야 할 것이오. 옛 교회 법령은 빈자를 구호하기 위해 성스런 제기들을 팔 수 있다고 규정하고 있소. 하지만 지금은 그렇게까지 할 필요도 없소. 성직자들로 하여금 기독교의 검소함을 모독하는 사치를 포기하고, 화려한 마차와 말들을 내놓으며 필요하다면 교회 재산의 4분의 1을 처분하도록 촉구하면 되는 것이오. (이러한 행동이 뒷받침되지 않는) 성직자들의 제안은 선동에 불과한 것이오."(6:31)

1789년 11월 2일 의회가 교회 재산을 국가에 귀속시키기로 결정한 것을 감안하면 로베스피에르는 수개월 전부터 애국파 의원들과 함께 선구적으로 관련 문제를 제기한 셈이었다. 교회의 사치를 비판한 다음, 로베스피에르는 교회 조직 문제를 거론하였다. 그는 주교 선출권을 도의 성직자들과 지방의회 의원들에게 일임한다는 제안에 대해 주교를 예배 관리, 즉 공직자로 규정하고 다른 공무원들처럼 민중에 의해 선출되어야 한다고 주장하여 통과시켰다. "공무원 선임권, 즉 주교(예배 관리에 불과할 뿐인)를 임명할 권리는 주권자들, 말하자면 민중에게 속할 수밖에 없다. 여러분은 민중의 주권을 침해하지 않는 한 그것을 행정관들에게 이양할 수 없다. 행정관들은 행정적 기능만 수행할 따름이다."[4]

그는 일각에서 '타락하고 비천한 민중'이 주교 선출권을 갖는다는 것은 위험한 발상이라는 주장이 나오자 오히려 집단으로서의 민중이 도덕적이라고 반박하였다.

"명심할 것은 대부분 개인에게서 사라진 도덕성은 민중 집단 그리고 일반 이익에서 찾아질 뿐이라는 것이다. 민중의 여론은 일반의지를 나타내지만 한 단체의 의견은 그 단체의 이익을 나타낼 뿐이다."(6:399)

공적 대의나 정의에 헌신하는 것이 덕의 본질임을 감안할 때, 개별 이

4 "Sur le plan de constitution de clergé (suite)" (9 juin 1789), *Oeuvres*, t. 6, p. 398.

익을 추구하는 개인이나 단체보다는 민중 집단의 의지가 일반 의지, 나아가 덕에 가까운 것이다.

이어서 로베스피에르는 성직자의 처우와 관련하여, 부자는 타락하기 마련이므로 성직자가 부자가 되는 것은 신의 뜻이 아니라고 하였다.

> "신은 빈곤으로부터 떨어져 있는 사람은 그 비참함에 공감할 수 없다는 것을 알고 있었다. 이성과 진리를 바탕으로 생각해볼 때 빈자를 위로할 수 있는 진정한 수단은 소수의 성직자 수중에 막대한 금액을 안겨주는 것이 아니다."[5]

부유한 성직자는 빈자의 처지를 알지 못하기 때문에 공감하거나 동정하기 어렵다. 또한 그는 사람은 부자가 될수록 오히려 부를 더 욕망하게 되어 풍요 속에서 스스로 빈곤해진다고 하였다. 따라서 성직자를 부자로 만들어 자선에 앞장서도록 한다는 발상은 잘못된 것이다.[6]

교회와 성직자의 공공성을 강조한 것으로 미루어 로베스피에르가 원한 것이 카톨릭처럼 탈세속적 조직을 갖춘 신비적 계시 종교가 아니었음은 분명하다. 이러한 입장은 루소의 관점을 수용한 것이기도 했다. 루소는 『사회계약론』에서 기독교와 같은 계시 종교 대 시민 종교를 놓고 전자의 탈사회성과 후자의 국가에 대한 봉사를 대비시킨 바 있다.[7] 로베

---

5 "Sur le traitement des évêques" (16 juin 1790), *Oeuvres*, t. 6, p. 407.

6 "Sur les bénéfices ecclésiastiques" (18 janvier 1790), *Oeuvres*, t. 6, pp. 192~193; 408.

7 루소는 기독교가 너무 내세적이고 사회와 국가의 운명에 무관심하여 사회의 유대를 저해하고 민중들의 마음을 국가로부터 분리시킨다고 비판했다. 장 자크 루소, 『사회계약론』, 이환 역 (서울대학교 출판부, 1999), pp. 172~174.

스피에르는 교회의 탈사회성을 타파하기 위한 방안의 하나로 역시 루소가 『에밀』에서 언급한 바 있는[8] 성직자의 결혼을 공식 제안하면서 그것이 성직자가 사회라는 공적 이해관계에 결합하는데 좋은 동기가 된다고 하였다.[9] 이 제안에 대해 일반 사제들은 로베스피에르를 자신들의 대변자로 생각하고 그에게 격려의 편지를 보냈지만 미혼 신분을 권위의 원천으로 삼았던 고위 성직자들은 자존심을 침해당했다고 분노했고 급진적인 제안에 당황한 동료 의원들도 이를 거부했다.[10] 당시 고향 아라스에 있던 동생 오귀스탱은 "성직자 결혼에 관한 형의 제안은 아르투아의 식자들에게 형이 무신론자라는 평판을 안겨주었어. 형이 다시 한 번 이 제안을 하면 농민들의 지지마저 상실하게 될 거야."라고 하면서 다시는 그 문제를 거론하지 말 것을 당부했다.[11]

로베스피에르는 결혼 얘기는 더 이상 꺼내지 않았지만 성직자가 기본적으로 종교의 유지와 그 의식을 담당하는 행정관이란 생각을 버리지 않았다. 그는 '사회 내에서 유익하지 않은 기능과 공공의 필요가 요구하지 않는 대성당, 성직자 회의, 소교구, 주교구 등 목표가 없는 기관들은 사라져야 하며'(6:386) 오직 주교와 주임신부직만 유지해야 한다고 하였

8 『에밀』에서 사부아 보좌신부는 자신이 결혼이라는 신성한 제도를 따르려는 양심 때문에 파멸했다고 술회하였다. 장 자크 루소, 『에밀 또는 교육론』 2, p. 123.

9 "Sur le plan de constitution du clergé" (31 mai 1790), *Oeuvres*, t. 6, p. 387.

10 『시민의 벗』 이란 매체는 로베스피에르의 이 발언에 대한 반응을 다음과 같이 보도했다. *L'Ami des Citoyens*, no 10, pp. 126~127. "의회의 거의 모든 곳에서 발언중지를 외치는 고함이 터져 나왔다. 일부에서는 그것을 신성모독으로 비난하는가 하면 다른 일부에서는 적어도 성급한 것이라고 보았다. 그러나 성직자들 일각에서는 호의적인 평가가 나왔다." *Oeuvres*, t. 6, pp. 387~388에서 재인용.

11 "Sur le plan de constitution du clergé" (31 mai 1790), *Oeuvres*, t. 6, p. 388.

다. 이처럼 교회가 사회에 유용한 봉사를 해야 한다는 로베스피에르의 지론은 1790년 7월에 통과될 성직자 민사 기본법의 기본 정신을 이룰 것이었다.

종교의 자유

로베스피에르는 카톨릭 교회에 공공성을 부여했지만 종교의 자유를 존중했으며 그 입장은 혁명기 내내 변하지 않았다. 특히 비기독교화 운동이 국민공회와 자코뱅 클럽을 휩쓸다시피 한 1793년에 국민공회가 무신론을 법제화함으로써 종교의 자유를 억제하려 하자 로베스피에르는 "모든 철학자나 개인은 그(종교)에 관해 자신이 원하는 의견을 가질 수 있다. 그것을 범죄시하려는 자는 누구든 몰상식한 자이다."(10:196)라고 단호하게 선언했다. 자코뱅의 반대를 무릅쓴 이 주장은 종교의 자유에 대한 로베스피에르의 신념이 결코 정치적 유 불리에 따른 것이 아니었음을 보여준다.

이 신념은 종교 관행에 대한 브리소파의 공격을 막아낸 것에서도 드러났다.[12] 1791년 11월 29일 자코뱅 클럽에서 팔리쏘C. Palissot가 고해성사의 위험을 강조하자 그에 대해 로베스피에르는 민중들의 종교 관행을 법으로 금지해서는 안 된다고 하였다. 그는 시간이 흐르고 민중들이 성숙해짐으로써 자연스럽게 이런 관행들을 극복할 수 있도록 해야 한다고 하였다.(8:26) 그에 따르면 종교적 견해나 관행이 공공의 질서를 해치는 일은 없기 때문에[13] 종교적 실천의 자유를 법으로 규제하는 것은 현실적

---

12 "Sur un ouvrage de Palissot touchant la religion" (29 novembre 1791), *Oeuvres*, t. 8, p. 26.

13 "Discussion de la Déclaration des Droits de l'Homme (suite). Sur la liberté religieuse" (23 août

필요에 부합하지 않으며 단지 자유의 원칙을 저해할 따름이다.

로베스피에르의 신앙

종교의 자유를 옹호한 데 이어 로베스피에르는 1792년 3월 26일 자코뱅 클럽에서 결국 자신의 신앙을 드러내기에 이르렀다.[14] 그는 오스트리아 황제 레오폴드가 1792년 3월 1일 사망함으로써 프랑스에 적대적인 국가의 전쟁 계획이 차질을 빚은 것은 신의 보살핌 덕분이었다고 하였다.

> "내전이 점화되었고 외국과의 전쟁은 국가를 위협했습니다.… 아무리 단호한 사람도 공공의 안녕에 대해 절망할 수밖에 없었습니다. 그때 우리 자신의 지혜보다 항상 우리를 더 많이 굽어 살피는 섭리가 레오폴드를 쓰러뜨림으로서 일시적이나마 우리의 적들의 계획을 좌절시킨 것으로 나타났습니다.… 신의 호의는 지금까지 우리를 구원해주었습니다."(8:230)

로베스피에르가 혁명의 운명을 신의 섭리와 연관시킨 것을 볼 때 그의 신은 프랑스 국가와 민중을 굽어 살피는 국가적, 시민적 신이었다. 브리소파의 귀아데Guadet는 로베스피에르가 '섭리'란 말을 사용한 것은 민중을 미신에 속박시키는 것이라고 추궁하였다.[15] 그러자 로베스피에르는 그에 대한 답변을 자신의 종교관을 설명하는 기회로 삼았다.

1789), *Oeuvres*, t. 6, p. 59.

14 "Sur les circonstances actuelles" (26 mars 1792), *Oeuvres*, t. 8, pp. 229~237.

15 브리소파, 즉 미래의 지롱드파는 이때부터 '독재자 로베스피에르'라는 비판에 덧붙여 로베스를 광신도로 묘사하면서 '혁명의 제사장'이라는 신화의 기초를 놓았다. Paul Chopelin, "Le mythe du <<grand prêtre>> de la Révolution", p. 135

"신이란 단어를 말하는 것은 결코 시민들에게 미신을 조장하는 것이 아닙니다.… 나는 덕으로 나아가기 위해 인간의 허약함이 의지하는 이 영원한 원칙들을 지지합니다. 이는 결코 그냥 내뱉는 공허한 말이 아니라 신의 존재를 믿을 만큼 충분한 도덕성을 가졌던 모든 위대한 사람들이 의미했던 것과 다르지 않습니다."(8:233)

그에게 종교의 의미는 교리나 의식에 대한 맹신이 아니라, 약한 인간이 덕을 향해 나아가기 위해 의지할 수 있는 신적 존재에 대한 믿음이었다. 하지만 자코뱅 클럽 회원들 사이에서 '규칙위반'이란 외침이 들려왔다. 계시 종교에 대한 자코뱅파의 거부감이 표출된 것이다.

올라르는 로베스피에르의 고백에 대해, 그가 혁명 초기에 겪은 환멸과 자존심의 상처가 자연 종교나 양심의 관념으로 치유되지 않자 기독교의 신을 통해 위로를 모색하는 과정에서 나온 것으로 해석하였다.[16] 이 해석은 올라르가 섭리와 신을 기독교의 전유물로 간주하고 있음을 보여준다. 물론 섭리가 본래 기독교에서 '세상을 다스리는 신의 뜻'이란 의미이지만, 로베스피에르는 아래에서 볼 것처럼 다소 특수한 정치적 의미를 부여함으로써 자신의 신이 카톨릭 교회가 신봉하는 신이 아니라는 점을 암시했다.

어쨌든 로베스피에르가 자코뱅 클럽에서 경고를 받은 것은 이례적인 일이었으나 그는 굽히지 않고 신성에 대한 믿음을 거듭 피력했다.

"그렇소, 섭리라는 단어를 말하는 것 그리고 국가의 운명을 좌우하며, 특히

16 François A. Aulard, *Le culte de la raison*, pp. 259~260.

내게는 프랑스 혁명을 관장하는 것으로 보이는 영원한 존재에 대한 생각을 표명하는 것, 그것은 경솔한 생각이 아니라 내 마음속의 감정이며 나에게 필요한 감정이오. 나, 제헌의회에서 모든 저열한 음모에 휘말리고 수많은 적들에 둘러싸이면서도 스스로를 지탱해 온 나에게 그것이 왜 필요하지 않았겠소?"(8:234~235)

여기서 로베스피에르의 신은 우선 '혁명을 관장하고 국가의 운명을 굽어 살피는 신', 즉 시민 종교에서 말하는 일종의 국가 수호신인 것이다. 또한 동시에 그 신은 로베스피에르 같은 개인, 즉 정의와 덕을 지향하는 인간을 지켜주는 신이기도 하다.

그는 이러한 신의 존재를 믿고 민중에게 신(성)의 관념을 제공하는 것은 민중을 모독하거나 인간의 존엄성을 훼손하는 것이 아니라고 하였다. 오히려 민중이 적들, 즉 사악한 인간들에 의해 곤경에 처했을 때 신의 섭리는 민중을 격려하고 그로 하여금 선을 행하도록 고취한다.(8:235) 왜냐하면 신의 섭리는 선이 악을 누르고 승리한다는 확신을 심어주기 때문이다. 그러므로 신의 섭리는 인간을 예속시키는 것이 아니라 격려하고 용기를 주는 것이다.

2. 국민공회 시기

종교와 덕

군주정이 무너지고 공화정이 수립되는 등 혁명이 가속화 되자 구세력과 손잡았던 카톨릭교는 몰락이 불가피해 보였다. 그리하여 국민공회 하에서 새로운 종교나 운동이 등장할 기회가 도래했는데 이는 에베르파에게는 비기독교화 운동 그리고 로베스피에르에게는 최고 존재 숭배가 될 것이었다.

앞에서 보았듯이 로베스피에르는 혁명의 본질을 정치체제 변화가 아닌 국민정신의 개혁에서 찾고자 했다. 왜냐하면 왕정을 무너뜨리고 공화정을 수립하더라도 예속을 당연시하는 옛 편견과 관습이 사라지지 않는다면 민중의 자유는 보장하기 어렵기 때문이다. 따라서 그는 1792년 10월 '위임자들에게 보내는 편지'에서 '공화국의 영혼, 그것은 덕'이라고 하였다.[17] 조국에 헌신하는 시민의 덕이 공화국을 이끌어가는 정신이라는 것이다.

로베스피에르는 시민의 덕을 고취하는데 종교가 필수적이라고 보았다. 그 이유인 즉, 인간의 자연적 본성은 선하지만 사회 속의 인간은 취약하고 불안정하기 때문이다. 이러한 인간에게 종교, 즉 신을 믿는다는 것은 자신의 취약성, 즉 이기심과 정념을 억제하고 덕을 발휘하도록 해줄 것이었다.

그렇다면 어떤 신이 그 역할을 할 것인가? 덕을 영혼으로 삼는 덕의 공화국에서 숭배 대상이 있다면 그것은 당연히 덕을 관장하는 존재일 것이다. 1792년 12월 7일 '위임자들에게 보내는 편지'에서 로베스피에르는 자신의 신이 인간을 평등하게 창조하고 정의를 구현하는 존재, 즉 핍박받는 자를 보호하고 독재자를 쓰러뜨림으로써 행복을 가져다주는 존재

17 "Exposé des principes et but de cette publication" (19 Octobre 1792), *Oeuvres*, t. 5, p. 17.

라고 규정했다.[18] 이것만으로는 아직 그 신의 성격이 불분명하지만 적어도 그가 프랑스 혁명의 이상인 평등과 정의, 행복을 관장하는 존재임은 분명해 보인다.

그런데 같은 글에서 로베스피에르는 갑자기 예수를 거론하였다.

> "내가 보기에 종교적 여론은 대단히 성숙한 것으로 보인다.… 그리고 (사람들의) 마음속에는 마리아의 아들이 그 시민들에게 가르쳤던 도덕적 이념과 덕과 평등의 숭고하고 감동적인 원리를 지지하는 교리만이 남아있을 뿐이다.… 성직자와 교회는 마리아의 아들의 도덕적 가르침으로 돌아와야만 할 것이다. 마리아의 아들은 폭군과 지나친 부에 대해서는 파문을 내리고 비참과 절망에 빠진 자에게는 위로를 준다."(5:117)

그는 예수의 가르침에서 자신이 추구하던 신의 일면, 즉 불의와 사치에 반대하고 빈곤과 절망을 위로하는 존재, 다시 말해 도덕과 평등을 관장하는 존재의 모습을 보았던 것이다. 그렇다고 이를 카톨릭교를 옹호한 발언으로 보기는 어렵다. 왜냐하면 여기서 그는 예수를 일종의 도덕적 스승으로 파악하고 있기 때문이다. 따라서 비록 그가 생각한 신적 존재에 예수가 근접했을 지라도 그것은 도덕적 존재로서의 신이지 카톨릭교에서 말하는 신비적이며 계시적 존재로서의 신은 아닌 것이다.

이처럼 로베스피에르는 기독교의 도덕적 가르침은 인정했다. 말하자면 기독교 혹은 예수의 가르침에서 평등의 원리 같은 공적 미덕 그리고

18 "Observations sur le projet annoncé, au nom du Comité des Finances de supprimer les fonds affectés au culte, adressées à la Convention nationale" (7 décembre, 1792), *Oeuvres*, t. 5, p. 117.

인간의 도덕율과 같은 사적 미덕을 고취하는 가르침을 받아들인 것이다. 그리하여 19세기에 로베스피에르의 텍스트를 편찬한 공화적 사회주의자 라폰느레는 '예수와 루소와 로베스피에르는 평등과 우애를 구현한 숭고하고 성스러운 삼위일체'라고 하였으며[19] 또한 루이 블랑도 로베스피에르를 혁명의 우애정신을 대표하는 인물로 평가했는데 우애란 예수가 설파한 기독교 정신의 본질로서, 그 점에서 로베스피에르를 기독교 사회주의의 선구자라고 하였다.[20]

종교와 민중

로베스피에르가 기독교의 도덕적 원리를 수용한 배경, 즉 기존 종교를 선별적으로 받아들인 데에는 현실적 고려도 작용했다. 그것은 민중의 도덕성을 형성함에 있어 기존 종교의 중요성을 무시할 수 없기 때문이다. "철학의 심오한 명상과는 거리가 먼 사람들은 종교에 자신의 도덕관념의 적어도 일부를 연결한다."(5:117) 따라서 정부가 주도하여 기존 종교를 침해하거나 억압한다면 그것은 곧 민중의 도덕성을 침해하는 것이다. 특히 "민중의 도덕적 감정을 약화시키는 것은 혁명의 동력을 소진한다."(5:117)라고 강조한 로베스피에르에게 종교의 자유를 보장하는 것은 혁명과 무관하지 않은 일이었다.

이처럼 국민 대다수는 도덕관념, 즉 정신의 필요를 채우는데 종교에 크게 의존하기 때문에 예로부터 입법자들은 종교의 도움을 받고자 했다.

---

19 Jean-François Jacouty, "Robespierre selon Louis Blanc. Le prophète christique de la révolution française," *Annales Historiques de la Révolution Française,* no. 1 (2003), p. 111에서 재인용.

20 *Ibid.,* p. 105.

> “고대의 가장 위대한 입법자들이 얼마나 지혜롭게 인간 마음의 숨겨진 충동을 다룰 줄 알았는지 떠올려보시오. 당대인들의 취약함이나 편견을 배려하면서 그들은 자신들의 후견적 조치들에 대해 신의 재가를 받는 것에 동의했던 것이오.”(5:118)

그들은 법에 대해 신의 승인이란 절차를 거침으로써 민중들에게 법의 정당성에 대한 확신을 심어주고자 했다는 것이다. 이는 루소의 『사회계약론』의 입법자에 관한 대목에서도 언급된 내용으로 종교를 정치에 활용하는 시민 종교의 특징의 하나이다.[21]

특히 로베스피에르가 볼 때 사회 계층들 중에서 종교를 가장 필요로 하는 것은 민중, 즉 가장 힘없고 빈곤한 시민들이다. “그들은 종교 자체를 아무래도 좋은 제도라거나 정치의 계산에 좌우되는 것으로 간주하고 싶어 하지 않는다.”(5:117) 종교적 도덕관념에서 벗어나 있는 것은 부자들이다.[22] 실제로 종교는 강자와 부자들의 폭정과 사치에 대해 내세에서의 심판을 일깨움으로써 두려움을 안겨주는 한편 빈자들에게는 현세의 절망을 내세에서 보상받을 수 있다는 희망을 심어준다는 점에서 민중적이다.

이처럼 종교는 민중적이란 점만으로도 프랑스 혁명과 연결될 소지가

---

21 장 자크 루소, 『사회계약론』, pp. 57~58 참조.

22 햄슨에 따르면 이 관점은 루소에게서 따온 것이다. 루소는 내세에서 정의를 보상하고 불의를 처벌하는 신에 대한 믿음은 민중에게 필요한 반면, 무신론은 권세가들이나 부자들에게만 매력적인데, 왜냐하면 그것은 그들이 현세에서 저지른 악행에 대해 대가를 치러야한다는 염려를 덜어주기 때문이라고 하였다. Norman Hampson, “<<Je veux suivre ta trace vénérée>>. Robespierre as a reincarnation of Rousseau,” *Annuaire d'études européennes,* no. 9 (1996), pp. 23~24.

있다. 뿐만 아니라 로베스피에르는 종교가 인권선언의 정신, 특히 평등의 정신을 되살려 준다고 하였다. 왜냐하면 신 앞에서는 '적어도 부자와 빈자, 강자와 약자가 진정으로 평등하며 서로 섞이게 될 것'(5:118)이기 때문이다. 특히 로베스피에르는 그에 대해 '만약 시민들이 공동의 사원에서 최고 존재의 장엄한 관념 앞에 결집한다면' 평등의 원리가 되살아날거라는 기대를 품었다. 여기서 로베스피에르가 최고 존재라는 별도의 용어를 사용한 것을 놓고, 기독교의 신과 구별하기 위해서 쓴 것처럼 생각할 수 있지만, 사실 기독교의 교리나 도덕관도 민중적이며 평등적인 측면을 포함한다는 점에서 최고 존재는 기독교적 신과도 특징을 공유하는 포괄적 의미의 신으로 볼 수 있을 것이다.

비기독교화

카톨릭에 대한 로베스피에르의 대응이 부분적이고 간접적인 것이었다면 그에 대한 산악파와 급진파의 대응, 즉 비기독교화 운동은 전면적이고 직접적인 거부였다. 비기독교회 운동은 공화주의 투사들이 종교적 가장행렬, 기독교 성물 파괴, 교회폐쇄, 사제들에 대한 위협 등으로 기독교 신앙을 탄압한 것이다. 1793년 11월 10일에는 이성의 제전이 노트르담 대성당에서 열렸으며[23] 뒤이어 비기독교화가 파리의 지구들을 휩쓸었고 11월 23일에는 파리 코뮌도 교회의 폐쇄를 결정하는 등 기독교에 대한 심한 도발과 공격이 행해졌다.

---

23 이신론 혹은 이성교란 계시나 신비가 아니라 인간의 이성 혹은 인성을 통해 자연스럽게 얻을 수 있는 지식이나 신앙을 숭배하는 것을 의미한다. 이성의 제전에서 쇼메트는 "나는 자연이 우리에게 제시하는 것 외에 더 이상의 사제나 종교는 원치 않는다."라고 외쳤다. Michaël Culoma, *La religion civile*, p. 223.

폭력적 비기독교화에 대해 공안위원회는 우려를 표하면서도 감히 코뮌의 급진주의자들과 대립하려고 하지 않았지만 로베스피에르는 그를 대신하여 종교의 자유를 주장하였다.[24] "(국민)공회의 의도는 그가 선포한 종교의 자유를 유지하는 동시에 공공질서를 교란하기 위해 그를 남용하는 자를 모두 처벌하는 것이다."(10:196)

이어서 로베스피에르는 다시 한 번 자신의 경험에 비추어 종교의 필요성을 역설했다. 그는 자신이 어릴 적부터 도덕과 신의 관념을 가졌으며 '만약 신이 존재하지 않는다면 그를 만들어내기라도 해야 할 것'(10:197)이라는 말을 인용하면서 그 필요성을 강조했다. 그에게 신은 부당하게 핍박받는 자를 격려하는 존재였다. 따라서 음모자들의 비방과 공격에 시달렸던 자신에게 하늘의 복수와 신의 정의의 관념은 확신과 용기를 주었다.

> "그 많은 범죄에 상처를 입은 나는, 민중의 철퇴가 없는 상황에서 하늘의 복수를 언급함으로써 음모자들의 더러운 무리 밖으로 나를 끌어올리고자 했다. 이 감정은 언제나 자유의 가장 고결한 수호자들을 고무시켜 왔다. 비록 폭정이 우리 사이에 다시 태어난다 하더라도 고결한 사람이라면 어찌 그들의 신성 모독의 승리에 대해 사형선고를 내린 것으로 보이는 이 영원한 정의를 떠올리지 않겠는가?"(10:197)

로베스피에르는 민중들도 자신과 같은 감정을 느낀다고 하였다. "민중은 종교 자체, 즉 불가해한 권능, 범죄에 대한 두려움과 덕에 대한 지

24 "Pour la liberté des cultes" (1 frimaire an 2: 21 novembre 1793), *Oeuvres*, t. 10, pp. 193~201.

지의 관념에만 결합한다. 이 신성한 본능, 민중의 이 보편적 감정에 상처를 입히는 것을 삼가자. 사회질서와 모든 사회 덕목들을 관장하는 이 위대한 관념을 대신할 만한 것을 어떤 천재가 발명할 수 있겠는가?"(10:197) 민중 역시 종교가 정의와 덕을 지지해줄 것으로 믿는데, 종교적 감정이 행하는 이런 위대한 역할은 대체 불가능한 것이다.

로베스피에르가 볼 때 민중이 생각하는 종교의 본질은 도덕과 정의를 관장하는 신에 대한 숭배이며 그 외 종교의 교리나 의식, 성직자 등은 민중의 관심사가 아니었다. "프랑스 민중은 성직자, 미신, 종교적 의식과 결합하지 않으며 종교 자체에만 결합할 뿐이다."(10:196~197)

그는 이처럼 종교를 새롭게 규정함으로써 비기독교화 운동에 맞서 종교의 필요성을 국민공회에 납득시키고자 했다. 결국 국민공회는 로베스피에르에게 종교의 자유에 관한 법안작성을 일임했다. 혁명력 2년 프리메르 16일(1793년 12월 5일)의 법이 그 결과물로서 '종교의 자유를 해치는 모든 폭력과 위협을 금지'하는 것이었다.[25] 그런데 이는 카톨릭을 비롯한 기존의 종교를 보호하는 측면도 있지만 그보다는 새로운 시민 종교를 수립하기 위한 터전을 마련하는 조치였다. 당시 민중의 도덕적 감정을 순화하고 고취할 새로운 종교의 필요성이 절실했기 때문이다.

25 *Oeuvres*, t. 10, p. 239.

3. 최고 존재 숭배

정념과 덕

국민공회 시기에 카톨릭의 쇠퇴 및 비독교화 운동으로 종교적 공백이 발생하자 로베스피에르는 새로운 종교, 즉 최고 존재 숭배를 수립하여 그 공백을 메우고자 했다. 그는 혁명력 2년 플로레알 18일(1794년 5월 7일)에 국민공회 연설을 통해 최고 존재 숭배를 제창했다.

훗날 나폴레옹이 혁명기의 가장 중요한 문서라고 찬사를 보낼 그 연설문에서[26] 로베스피에르는 루소를 연상시키는 구절로 시작했다.

> "자연은 우리에게 말하기를, 인간은 자유롭게 태어났지만, 수세기의 경험은 인간이 노예가 되어 있음을 보여준다. 인간의 마음속에는 권리가 새겨졌지만, 역사 속에는 인간의 굴욕이 새겨져 있다. 시간과 공간은 범죄와 폭정이 공유했고 자유와 덕은 지구상에 한순간도 발붙이기 어려웠다."(10:443~444)

본성상 인간은 자유를 누리고 덕을 발휘하는 것이 마땅하지만, 실제 역사에서는 그것이 실현된 적이 없었는데 이는 인류가 '공적 미덕, 즉 권리와 의무에 대해 완전한 무지'상태에 있었음을 뜻한다.

> "유럽의 민중들은 소위 예술과 과학에서 놀라운 진보를 이루었지만 공적 미덕에 대해서는 그 기본 개념조차 무지한 것으로 보인다. 그들은 자신들의

---

26 "Sur les rapports des idées religieuses et morales avec les principes républicains, et sur les fêtes nationales" (18 floréal an 2: 7 mai 1794), *Oeuvres,* t. 10, pp. 442~465.

권리 및 의무만 제외하고는 모든 것을 알고 있다. 이 재능과 어리석음의 기묘한 혼합은 어디서 기인한 것인가? 그것은 기예(arts)에 능숙해지려면 자신의 정념을 따르기만 하면 되지만, 자신의 권리를 지키고 타인의 그것을 존중하려면 정념을 억제해야 한다는 점에 있다."(10:444)

인간의 정념, 즉 탐욕과 이기주의가 발휘됨으로써 물질과 기술 분야의 진보는 이룰 수 있었지만 덕은 오히려 후퇴하여 물질과 도덕 사이의 괴리가 생겨났다. 그 원인으로서 물질은 정념의 추구를 따르지만 덕은 정념의 억제를 요한다는 로베스피에르의 통찰은 탁월한 것이다.[27]

로베스피에르는 인간이 정념을 억제하고 덕을 발휘하기 위해 신과의 연결이 필요하다는 점을 재차 강조하였다. 비록 인간의 본성이 선하다 할지라도 사회 속에서 인간은 저절로 덕을 발휘하지 않으므로 도덕적 재생은 신의 섭리에 대한 믿음이 뒷받침되어야만 가능하다는 것이다. 이처럼 도덕관념이 인간적이고 수평적인 차원이 아니라 신적이며 수직적인 차원에서 가능하다는 것은 로크나 루소의 견해이기도 하였다.[28] 따라서 인간을 신과 연결하는 끈을 끊는 것, 즉 종교를 공격하는 것은 도

27 이에 관해서는 루소도 『에밀』에서 비슷한 언급을 한 바 있다. "인간의 본성에 대해 깊이 생각하면서 나는 거기서 서로 다른 두 개의 원리를 발견했다고 생각했다. 하나는 인간을 영원한 진리에 대한 탐구 및 정의와 도덕적 아름다움에 대한 사랑으로 고양시켰다. 그리고 다른 하나는 인간을 비천하게 끌어내려 감각의 지배를 받게끔 굴복시키고 그 도구인 정념의 노예로 만들었다." 장 자크 루소, 『에밀 또는 교육론』, 2, p. 145. 로베스피에르가 루소로부터 한 걸음 더 나아갔다면 그것은 정념의 추구와 억제를 각각 물질 및 덕과 결부시켰다는 점이다.

28 루소는 "도덕을 도출하는 사회계약은 수직적이어야만 한다."고 했으며 로크 역시 "시민사회의 기본인 약속과 선서는 무신론자에게는 지키도록 하기가 어렵다."고 함으로써 사회계약에 대한 종교적 후견의 필요성을 강조하였다. Christian Bruschi, "Préface," Michaël Culoma, *La religion civile,* pp. 7~8.

덕성을 소멸시키는 위험한 일인 것이다.(10:452~453)

카톨릭 교회

그런데 종교를 옹호하는 것은 로베스피에르에게 결코 정치적 이득이 아니었다. 그것은 자칫 보수파의 반혁명적 선전에 이용될 수 있으며 급진파로부터는 반동적이란 비판을 받을 수 있는 것이었다. 따라서 그는 자신이 내세우는 최고 존재 숭배가 카톨릭을 감싸는 것으로 보이지 않도록 교회와 성직자에 대한 비판도 빼놓지 않았다. 그는 특히 카톨릭 교회가 신과 도덕을 왜곡시켰다고 하였다.

> "성직자와 신 사이에는 무엇이 있는가? 성직자와 도덕의 관계는 돌팔이 의사와 의술의 관계와 같다. 자연의 신은 성직자들의 신과 얼마나 다른가! 최고 존재를 왜곡시킨 나머지 그들은 그것을 소멸시켜버렸다.… 성직자들은 자신들의 모습대로 신을 만들었으며 그를 질투심이 강하고 변덕스럽고 탐욕스럽고 잔인하며 가차 없는 것이 되게 하였다.… 최고 존재의 진정한 성직자, 그것은 자연이며 그 사원은 우주이고 그 숭배는 미덕이다."(10:457)

카톨릭 교회가 내세우는 신은 성직자들에 의해 본래의 모습이 변질되어 덕과 거리가 먼 존재가 되어버린 반면, 최고 존재는 자연의 신으로서 전 우주에 존재하며 덕을 표방한다. 로베스피에르에 의하면 기독교의 교리는 예수의 가르침으로부터 멀어졌다. 성직자들은 죄를 만들어냈고 종교를 처벌의 공포 위에 세웠다. 그들은 돌팔이 의사나 마찬가지인 것이다.

그는 카톨릭 교회에 대한 신봉은 미신적 요소를 담고 있으므로 그를 앞세워 종교의 이름으로 공적 질서를 어지럽히거나 정치적 수단으로 삼는 행위는 종교의 자유에 해당할 수 없는 것이라고 하였다. 그는 종교의 자유가 반혁명적 교회를 부활시키는 것이 아님을 분명히 했으며, 최고 존재 숭배는 이러한 광신주의와 반대되는 것이라고 하였다.(10:457)

결국 그는 기존의 종교에 대해 분명한 선을 그었고 기독교의 신 대신 최고 존재를 새로운 신으로 수립하고자 한 것이다. 그 점에서 우리는 로베스피에르가 최고 존재 숭배를 제시함으로써 기독교를 구제했다고 말한 올라르의 평가에 동의하기 어렵다.

국민 제전

로베스피에르가 최고 존재 숭배라는 새로운 종교를 전파하는 수단으로 제시한 것은 공공 집회 형태를 띤 국민 제전이었다. 그는 국민 제전의 효과에 관해 다음과 같이 말했다.

> "사람들을 한데 모으면 여러분은 그들을 더 낫게 만들 것이다. 왜냐하면 모인 사람들은 서로를 즐겁게 하려고 애쓸 것이며 사람들은 자신들을 존경스럽게 만드는 것들을 통해서만 서로 즐거워질 수 있기 때문이다."(10:458)

사람들을 한 곳에 모아 그 회합에 위대한 도덕적 정치적 동기를 부여하면 사람들은 선과 덕을 말하게 되고 그것을 마음속에 각인하는 효과를 누릴 수 있다는 것이다.

많은 종교가 집단의식을 채택하는 것처럼 최고 존재 숭배에도 이와 같은 집단 제전이 필요했던 것으로 보인다. 신은 본래 초월적 존재로서 개별 인간의 한정된 감각과 이성으로는 접근이나 소통이 어려운 대상이다. 의식이나 교리가 확립되지 않은 최고 존재 숭배의 경우는 더욱 그러하다. 따라서 이 경우 집단적 차원에서의 소통, 즉 집단의 공유된 감정은 개인 차원에서 갖기 어려운 확신을 부여할 것이었다.

역사에서 사례를 찾는다면 고대 그리스의 대규모 민중집회가 그것이었다. 아테네에서 사람들은 페르시아를 무찌르고 조국을 구한 민중들 자신의 덕과 인간의 존엄성을 기리는 제전을 거행했다.

> "고대 그리스의 국민 제전에서는 위대한 광경을 보았는데 그것은 참가자들 자신이었다. 그것은 아시아를 무찌른, 공화주의의 덕이 종종 인간을 넘어서게 한 민중들이었다. 사람들은 거기에서 조국을 구하고 빛낸 위대한 인물들을 보았고 그들의 존재만으로도 고결함, 정의 그리고 애국심의 산 교훈이었다."(10:458)

로베스피에르는 최고 존재 숭배 제전이 자유와 애국심을 일깨울 것이라고 하였다. 이를테면 전제군주나 반역자를 기억함으로써 폭정에 대한 증오를 일깨우고 자유의 영웅들을 기림으로써 자유의 소중함을 되새기는 것이다.(10:459) 그리하여 그는 제전에 '모든 덕을 초대하여' 최고 존재의 주관으로 축성하자고 외쳤다.(10:459)

또한 덕에는 영광만 포함되지는 않을 것이다. "불행의 제전을 세우자. 노예들은 재산과 권력을 열망하지만 우리는 불행을 기리는데 그것은 인류가 지상에서 완전히 추방할 수 없으며 서로 존중심을 가지고 위로하고 완화해야 할 것이다."(10:461) 제전은 이처럼 사회적 약자와 피억압자, 나아가 인간 존재의 불행에 대해 공감과 위로를 나누는 장이 될 것이다.

최고 존재 숭배

최고 존재 숭배 제전을 통해 로베스피에르의 종교관은 결국 모습을 드러냈다. 혁명 전 로베스피에르의 신앙이 자연과 우주의 질서로부터 신의 존재를 추론하는 일종의 이신론, 즉 『에밀』에 나오는 사부아 보좌신부의 신앙과 같은 것이었다면[29] 혁명기 특히 1794년에 로베스피에르가 수립한 최고 존재 숭배는 『사회계약론』에 소개된 것과 유사한 시민 종교였다. 루소의 시민 종교처럼 로베스피에르의 최고 존재 숭배도 교회 의식 대신에 국민 제전이라는 옥외 의식을 수립했으며[30] 매 십일마다 각기 정해진 덕목을 기리는 행사를 거행할 것이었다.

이렇듯 자연 종교에서 출발한 로베스피에르의 종교관이 시민 종교의 형태로 향한 것은 자연스러운 귀결로 보인다. 루소가 사회 계약을 고려할 때 자연 종교에서는 '사회 계약과 법의 성스러움의 교리'를 찾을 수 없으므로 시민 종교를 포함시킨 것처럼,[31] 로베스피에르 역시 덕의 공화국을 수립함에 있어 시민적 덕을 국가와 법이라는 틀 속에서 고취할 시민 종교를 비켜갈 수 없었을 것이다.

연설에서 로베스피에르는 새로운 종교의 원리와 그 수립 방안을 제시하였다. 법안 제1조는 "프랑스 민중은 최고 존재의 존재와 영혼의 불멸을 인정한다."라는 것이다. 제2조는 '최고 존재에 걸맞은 숭배는 인

---

29 『에밀』에서 보좌신부는 세계에 질서를 부여하는 어떤 지성의 존재를 믿는다고 하면서 이를 신이라고 불렀다. 나아가 보좌신부는 세상에 조화를 부여하고 인간에게 이성을 내려준 창조주의 자비에 대한 존경심이 생겨난다고 고백하였다. 장 자크 루소, 『에밀 또는 교육론』, 2, pp. 139~144.

30 루소가 정의한 시민의 종교란 한 나라에 적용된 것으로서 고유의 신을 제공하고 교리를 갖추며 법으로 제정된 옥외 의식을 거행하였다. 장 자크 루소, 『사회계약론』, p. 171.

31 Michaël Culoma, *La religion civile,* p. 217.

간의 의무를 실천하는 것'이라고 하면서 그 내용으로 제3조에서 "악의와 전제를 증오하고, 독재자와 반역자를 처벌하며, 불행한 자를 구제하고, 약자를 존중하며, 피억압자를 수호하고, 타인에게 할 수 있는 최상의 것을 행하며 누구에게도 부당하게 하지 않는 것을 의무의 제일로 삼는다."(10:462~463)라고 하였다. 결국 최고 존재 숭배의 취지는 악을 증오하고 선을 행하는 것으로서 인간의 덕을 실천하는 것이다. 특히 여기서 우리는 로베스피에르가 의미한 선, 즉 덕이 애국심과 같은 공적 덕목은 물론 일상에서 타인을 대하는 사적 덕목까지 포괄하고 있음을 알 수 있다. 불행한 자와 약자를 구제하고 타인을 존중하며 부당하게 대하지 않는 것은 사적 도덕의 영역에 해당한다고 볼 수 있기 때문이다.

법안의 제 5~7조에는 최고 존재가 주관하는 가치들, 즉 공적, 사적 미덕의 구체적 내용을 망라하고 있다. 그리하여 연중 매 10일마다 거행할 35개 제전의 명칭을 '혁명의 영광스러운 사건들, 인간에게 소중하고 유용한 덕목들 그리고 자연의 혜택들로부터 따올 것'이라고 하여 최고 존재 숭배의 실제 내용을 열거하고 있다. 혁명과 관련된 것으로는 '인류, 프랑스 민중, 인류의 시혜자들, 자유의 순교자들, 자유와 평등, 공화국, 세계의 자유, 조국애, 전제자와 반역자에 대한 증오'가 있으며 인간과 관련된 덕목은 '진리, 정의, 정숙함, 영광과 불멸성, 우애, 절약, 용기, 선의, 영웅주의, 무욕, 금욕주의, 사랑, 부부애, 부성애, 모성애, 효성, 아동, 청년, 장년, 노년, 조상, 후세, 행복 그리고 불행'이 있다. 끝으로 자연에 관해서는 '농업과 산업'이 포함되어 있다.(10:463~464) 이 명칭들을 통해 우리는 최고 존재 숭배가 혁명을 수호하는 국가 종교, 인간과 사회의 유대에 관한 시민 종교 그리고 자연 종교까지 포함하는 포괄적 성격을 띠고 있음을 알 수 있다.

로베스피에르가 제안한 법안은 국민공회에서 열광적 분위기 속에 반대 토론 없이 통과되었으며 대중들에게도 열렬한 환영을 받았고 공회와 자코뱅 클럽에는 축전이 쇄도하였다. 국민공회는 로베스피에르의 연설문을 모든 나라의 언어로 번역하여 프랑스인들이 진정으로 무엇을 믿고 있는가를 전 세계인들에게 알려야 한다고 했으며 20만 부를 인쇄하여 코뮌, 군대, 민중협회 등 공공장소에 게시하도록 하였다. 또한 국가의 대리인들이 공화국의 전당에서 30일 동안 연속 로베스피에르의 연설을 낭독하도록 하였다.

최고 존재 숭배와 혁명

그런데 혁명기에 새로운 종교를 수립하는 것은 미묘한 일이었다. 기독교가 왕정과 결합함으로서 증오의 대상이 되었고 나아가 비기독교화 운동의 기억도 채 가시지 않은 마당에 다시 공화정을 뒷받침할 새로운 종교를 세운다는 건 종교가 왕정과 결합하면 안 되지만 공화정과는 결합해도 된다는 논리적 이중성인 셈이었다. 또한 로베스피에르가 비기독교화 운동을 맹비난하고 종교의 자유를 선언한 다음 국가 주도로 종교를 수립하는 것이 과연 종교의 '자유'에 합치하는가라는 의심을 살 수도 있었다. 이 미묘한 배경은 최고 존재 숭배를 둘러싼 논쟁을 초래하기에 충분했다.

우선 로베스피에르가 최고 존재 숭배를 제창한 의도에 대해, 비판자들은 그것을 정치적 도구라고 깎아내리는 반면 옹호하는 측에서는 대중들의 정서를 반영한 것이라고 맞섰다.[32] 그런데 생각해보면 최고 존재 숭

---

32 올라르(F. A. Aulard)는 최고 존재 숭배는 로베스피에르가 '교황'이 되고자 창시한 것으로 종

배는 공화국과 혁명을 숭배 대상에 포함하는 시민 종교로서 정치적 의미를 띠지 않을 수 없었다. 특히 제전 수립 당시 애국파는 당통파와 에베르파 제거의 후유증으로, 민중들은 무신론과 비기독교화 운동의 여파로 각각 혼란에 처해있던 상태에서 혁명정부를 이끌던 로베스피에르가 그들을 결집할 수단으로 국민적 제전을 제시했다고 해서 이상할 것은 없었다.

또한 로베스피에르가 최고 존재 숭배를 창시했는지 여부가 문제가 되기도 한다. 이에 관해서는 우선 최고 존재란 용어는 이미 로베스피에르 이전에 사용되고 있었고[33] 또한 최고 존재는 이전부터 이성의 사원에서 자연, 자유, 조국 그리고 이성과 함께 숭배되었으며[34] 최고 존재 숭배 제전은 와즈도의 의원인 마이으Mahieu가 먼저 제안했다는 것이다. 이 점들을 감안할 때 로베스피에르는 최고 존재와 그 숭배를 자신이 창조했다기보다는 이미 존재하던 관념을 채택했다고 볼 수 있다. 하지만

교적 요소를 찾을 수 없는 정치적 수단에 불과한 것이었다고 비판하였다. François A. Aulard, *Le culte de la raison,* pp. viii, 217. 이에 대해 마티에즈(A. Mathiez)는 최고 존재 숭배가 비록 정치성을 띠었지만 인간을 헌신과 희생으로 고취하였다면, 종교성을 거부할 이유는 없다고 맞섰다. Albert Mathiez, *The Fall of Robespierre and Other Essays* (New York, 1968), pp. 86; 89. 훗날 보벨(M. Vovelle)은 이 논쟁에 대해 "최종 결론은 모호하다."라고 하였다. Michel Vovelle, *La Révolution contre l'Eglise. de la raison à l'Etre suprême* (Bruxelles, 1989), pp. 184~185, 189~191. 그 외에 절충적 관점으로 탤릿은 최고 존재 숭배는 로베스피에르의 내적 신념을 나타낸 것이지만 그 도입 시점을 고려할 때 정치적 수단의 의미도 띠었다고 하였다. Frank Tallet, "Robespierre and religion," Colin Haydon and William Doyle, ed, *Robespierre* (Cambridge, 1999), p. 103.

33 이성교 숭배자들이 남긴 기록에는 '최고 존재의 순수한 발현인 신성한 이성', '최고 존재가 우리를 인도하도록 내려준 지팡이가 바로 이성'이라는 표현들이 나온다. Michel Vovelle, *La Révolution contre l'Eglise,* pp. 183~185.

34 Albert Mathiez, *Etudes sur Robespierre,* p. 148. 로베스피에르는 이성 숭배 제전의 극단적 성격과 그 폭력적 소란을 개탄했으며 그의 보고서는 이성 숭배의 단점을 보완하기 위해 마련되었다. 마르크 불와조, 『로베스피에르』, p. 174.

기존 관념에 의미와 목표를 부여하고 법안으로 발의하며 국가적 행사로 수립한 것은 로베스피에르였다는 점에서 그를 최고 존재 숭배제전의 창시자로 보기에 부족함이 없을 것이다.

반면 로베스피에르가 교황으로 군림하거나 지배 권력의 수단으로 삼기 위해 최고 존재 숭배를 도입했다는 공화주의자들의 주장은 터무니없어 보인다. 최고 존재 숭배는 기존 종교와 달리 교회도 성직자도 없는 종교로서 어떤 권력의 틀도 갖추지 못했으며 단지 최고 존재의 후견 하에서 공화주의의 덕을 기리고 함양하는 공적 집회일 따름이었다.

따라서 최고 존재 숭배는 그를 통해 로베스피에르 개인의 권력을 강화할 여지가 없는 것이었다. 만약 지배권 강화를 위한 것이었다면 그는 최고 존재 숭배를 법으로 강요하자는 쥘리앙Julien의 탄원서 등 일각의 제안에 찬성했을 것이다. 하지만 로베스피에르는 그 제안에 반대하면서 종교적 관용과 자유의 원칙을 고수했다.

> "우리는 공회가 각 개인의 마음속에 들어가 개인의 생각에까지 개입해야 한다고 주장했는가? 아니다.… 우리는 위대한 원칙을 세웠는데 그것은 신학적 논쟁 속으로 스스로를 끌어들이는 것이 아니라 단지 공적 미덕을 축성하고 악당들을 쓰러뜨리는 것이다."(10:467)

그는 국가가 덕의 원칙을 수호하고 천명할 수 있지만 그것을 시민들에게 강제로 주입할 수는 없다고 한 것이다. 이 점에서 최고 존재 숭배는 민중을 덕과 공화국의 가치에 결합하도록 고취한다는 정치적 의미를 띠었을 뿐 개인 혹은 집단의 권력 강화를 위한 수단으로 보기는 어렵다.

또한 짚고 넘어갈 것은 최고 존재 숭배가 국민공회와 공안위원회 구성원의 압도적 찬성으로 수립되었다는 점이다. 그들 역시 이미 연맹제, 이성의 제전 등 그 이전의 선례들을 통해 애국심을 고취하는 제전에 익숙한 상태였다. 따라서 제전은 로베스피에르가 부과했다기보다 국민공회와 공안위원회가 공감하는 바탕 위에서 그가 주도했다고 보아야 할 것이다.

로베스피에르에게 있어 최고 존재 숭배란 일생에 걸친 종교와 도덕관의 귀결이었다. 앞에서 보았다시피 그는 변호사 시절부터 종교와 도덕을 중시했으며 혁명기에도 무신론과 비기독교화를 비판하였다. 이 점에서 역사가들도 로베스피에르의 도덕적 진지함과 열정을 인정하고 있다.[35]

최고 존재 숭배와 종교

그렇다면 최고 존재 숭배를 종교로 볼 수 있을까? 일반적으로 역사가들은 그 종교성을 인정하기보다 일종의 정치적 수단으로 간주하였다.[36] 그것이 정치적 목적을 띠었을 뿐 아니라 전통 종교와 달리 성직자라든가 예배 수단을 갖지 못했다는 점에서 종교성을 의심하는 것도 무리는 아니다.

---

35 "점차 연구자들 사이에서는 최고 존재에 대한 종래의 업신여김 대신, 로베스피에르의 믿음의 진지함과 덕의 온전함에 의심의 여지가 없다는 데 동의가 이루어지고 있다." Charles Lyttle, "Deistic Piety in the Cult of the French Revolution," *Church History*, vol 2, no 1 (March 1933) p. 30. "로베스피에르가 최고 존재 숭배를 특별히 열정을 가지고 추진한 것은 확실하다. 공안위원회의 일부 성원들이 생각했던 정치적 방편을 넘어서서 혁명의 정신적 의미에 대한 믿음을 진정으로 선언한 것이었다." Laurent Dingli, *Robespierre*, pp. 488~489.

36 한명숙, 「M. 로베스피에르의 종교사상과 종교정책」, 『경희대학교 대학원, 박사학위논문』 (1994), p. 57

하지만 최고 존재 숭배에는 계시 종교의 교리와 닮은 측면들이 있다. 우선 그것은 신의 존재와 영혼의 불멸성을 인정하여 내세에서 신의 정의와 섭리가 작용한다는 믿음을 천명했다. 또한 최고 존재 숭배는 민중을 위로하고 도덕성을 고취하는 종교 본연의 역할을 수행할 것이었다. 10일마다 거행되는 제전의 이름이 혁명의 사건들뿐 아니라 '진리', '정의', '정숙함', '우정', '사랑', '행복' 등 인간성과 덕을 표방했다는 점은 그것이 종교의 덕목들을 기렸다는 것을 보여준다.[37] 나아가 이 행사들은 혁명이 폐지한 바 있는 카톨릭의 주일 축제와 수호성인 축제를 대체하면서 국민적 축제라는 형태로 기존 종교의 전통을 이어간다는 의미를 띠었다고 볼 수 있다.

당시 프랑스인들도 최고 존재 숭배를 신과 도덕의 관점에서 받아들인 것으로 보인다. 올라르는 파리 코뮌과 자코뱅 클럽이 최고 존재 숭배에 대해 나타낸 반응을 소개했는데 그들은 공히 도덕성의 고취를 강조했다. 파리 코뮌은 "그대들(국민공회 의원들)은 신의 존재와 영혼의 불멸의 원칙이 덕을 위한 자극이자 범죄에 대한 억제라는 것을 알았습니다. 인간은 신이 그의 마음을 읽고 그의 행동을 보면서 지혜로운 인간과 사악한 인간을 가려낸다는 것을 알고 있습니다."라고 하였으며[38] 자코뱅 클럽 역시 "진정한 자코뱅은 사적인 덕이 공적인 덕에 대해 확실한 보증을 제공하는 사람들입니다.… 신의 존재, 내세, 사회 계약과 법의 신성함,

---

37 마티에즈는 혁명적 숭배에는 종교적 행위의 속성들, 즉 의무적인 신념과 예배, 외부에 표현되는 의식 등이 보인다고 하였다. 다시 말해 의무적인 도그마(인권선언), 신비적 숭배물(삼색기, 자유의 나무, 형제애의 제단 등), 의식(시민축제), 기도자, 찬송을 갖춘 종교였다는 것이다. 한명숙, 「M. 로베스피에르의 종교사상과 종교정책」, p. 57, 각주 147.

38 François A. Aulard, *Le culte de la raison*, p. 285.

이러한 공적인 도덕의 부동의 기초 위에 우리의 공화국이 자리해야 할 것입니다."라고 선언하였다. 이들의 전문에 대해 국민공회 의장이던 카르노Carnot 역시 덕의 예찬으로 화답했다. "우애가 존재하지 않는다고? 영혼의 평화, 감미로운 평등, 어머니의 상냥함, 부모에 대한 효성이 망상에 지나지 않는다고? 정의, 인간성, 조국애, 위로, 희망, 이들이 모두 최고 존재를 만드는 것들입니다. 인간의 행복을 만드는 것은 이들 모두의 집합입니다."[39]

이렇듯 프랑스인들이 받아들인 최고 존재 숭배의 교리는 계시 종교의 신비주의적 교리와 구별되는 사적·공적 미덕의 원칙들이었다. 최고 존재가 선호하는 숭배는 인간이 선을 행하는 것이었고 그의 보호를 얻기 위해서는 시민이 각자의 의무를 이행하면 되는 것이었다. 로베스피에르가 최고 존재 숭배에서 바랐던 것은 기존 종교에 비해 단순하고 정화된 이러한 면이었다.

결국 최고 존재 숭배를 자리매김한다면 그것은 이성교와 기독교 사이에 있는 것으로, 이성교와는 자연 종교라는 기원을 공유하고 또한 단순하고 정화된 교리와 의식이란 점에서 조직과 의식을 앞세운 기독교와 구별되었다고 할 수 있다. 하지만 이성교 숭배자들이 신의 존재에 대해 추상적 관념의 차원에 머문 반면, 로베스피에르는 최고 존재를 민중을 위로하고 정의를 구현하는 신으로 삼은 동시에 혁명을 관장하고 덕을 고취하는 시민 종교의 신으로 규정함으로써 기독교의 인격신의 개념을 따왔던 것이다.

최고 존재 제전은 혁명력 2년 프레리알 20일(1794년 6월 8일)에 파리와

39 *Ibid.*, pp. 291~293.

대도시들에서 동시에 거행되었으며 로베스피에르는 국민공회 의장 자격으로 제전을 주관했다. 그는 산과 암굴, 가시덤불 등 자연의 풍광으로 장식된 샹 드 마르스 광장에서 최고 존재의 업적을 기리는 연설을 하였다.[40]

첫 번째 연설에서 로베스피에르는 최고 존재가 '인간의 마음속에 정의와 평등의 코드를 새겨놓고 전제군주들에게 사형선고를 내림으로써' 프랑스 혁명을 굽어 살피는 존재임을 각인시켰으며 "그(최고 존재)는 자신의 권능을 드러내기 위해 우주를 창조했고 서로 사랑하고 덕의 길을 통해 행복에 도달하도록 인간을 창조했다."(10:481)라고 함으로서 창조주로서 최고 존재의 권능이 인간 개개인의 덕과 행복에 미치는 것임을 강조하였다.

두 번째 연설에서 그는 각 개인이 존엄성을 자각하고 영혼의 불멸의 관념을 가질 것을 권장했다. 그럼으로써 인간은 허무주의에 빠지는 대신 덕을 발휘할 수 있게 되는 것이다.

> "인간, 그대가 누구일지라도 그대는 자신에 대한 고매한 생각을 가질 수 있고 덧없는 그대의 생을 신과 불멸에 연결할 수 있다. 우리는 지혜를 우리의 모든 과업과 결합하고 선한 자에게 관대하며 불쌍한 자에게 동정하지만 악인에게 냉혹하고 모든 이에게 정의롭게 대하자. 장애물 없는 성공을 기대하지 말 것이며 운이나 타인의 역경에 기댄 것을 기대하지 말자. 우리의 노력과 우리의 덕에만 의존하자."(10:482~3)

---

40 "Discours au peuple réuni pour la fête de l'Etre suprême" (20 prairial an 2: 8 juin 1794), *Oeuvres*, t. 10, pp. 479~483.

그는 마지막으로 폭정에 대한 증오가 곧 최고 존재에게 바치는 기도라고 하였다. 왜냐하면 '국왕들은 범죄와 함께 군림하기 위해 신을 추방하기' 때문이다. 결론적으로 악을 증오하고 정의와 조국을 사랑하며 인류의 대의를 위해 피를 흘리는 것, 이것이 최고 존재에게 드리는 제물이며 숭배인 것이다.(10:483)

제전은 파리뿐 아니라 카톨릭 신앙이 깊었던 지방 도시들에서도 열정적으로 거행되었으며 국민공회에 축하가 쇄도했다.[41] 여러 도시에서 시 당국은 로베스피에르가 말한 "프랑스 민중은 최고 존재의 존재와 영혼의 불멸을 승인한다."라는 문구를 교회의 정면 현관에 부착하였다.

하지만 영광의 순간은 짧았고 이내 질시와 비방 그리고 음모가 로베스피에르를 위협하였다. 그가 소환한 부패한 파견 위원들 그리고 그의 엄격함에 위협을 느낀 자들은 그가 위장한 카톨릭으로서 선서파 성직자를 부활시켜 지배의 도구로 삼으려 한다는 비방을 퍼부었다.[42] 나아가 보안위원회는 로베스피에르를 카트린 테오라는 카톨릭 신봉자와 연루시킴으로써 최고 존재 숭배를 광신으로 비치게 하는 등 최고 존재 제전은 로베스피에르에게 정치적으로 불리하게 작용하였다.[43] 열광한 민중

---

41 보벨에 따르면 최고 존재 제전을 지지하는 전문이 4개월 동안에 1200개 이상 국민공회에 도달했다. Michel Vovelle, *La Révolution contre l'Eglise,* p. 186. 올라르 역시 최고 존재 제전이 여론의 최고의 관심을 불러 일으켰다고 하였다. François A. Aulard, *Le culte de la raison,* p. 323. 스위스 저널리스트 말레 뒤 팡은 "최고 존재는 외국에도 놀라운 영향을 미쳤다. 사람들은 로베스피에르가 혁명의 분열을 막아낼 수 있으리라고 믿었다."라고 썼으며 파리 코뮌의 대표였던 파용(Payon)은 최고 존재 숭배로 인해 화해와 단결이 이루어졌다고 하였다. 한명숙, 「M. 로베스피에르의 종교사상과 종교정책」, p. 137.

42 David P. Jordan, *The Revolutionary Career,* p. 202.

43 "최고 존재 숭배는 로베스피에르를 파멸에 좀 더 가까이 가게 하였다. 특히 공안위원회에 계속 적대적이었던 보안위원회는 로베스피에르의 '광신주의'를 증오하였다." David P. Jordan, *The*

들과 달리 정치인들은 자신들이 동의했던 최고 존재 숭배를 공화주의적 세속화를 내세워 탄핵할 준비가 되어 있었다. 역설적이지만 이 역시 최고 존재 숭배가 로베스피에르 개인의 권력 강화를 위한 수단이 아니었다는 방증일 것이다.[44]

로베스피에르는 혁명력 2년 테르미도르 8일(1794년 7월 26일)에 마지막 연설을 하였다.[45] 거기에서 로베스피에르는 자신을 노리는 음모에 직면하여 '죽음은 영원한 잠이 아니라 영원한 삶의 시작'(10:575)이라고 하면서 양심과 영혼의 불멸에서 위로를 찾고자 했다. 사실상 유언이라 할 수 있는 이 최후의 연설에서 그는 신이 양심적인 자를 사후에도 영원히 지켜 준다는 것, 다시 말해 덕이 있는 자는 내세에서 영생의 보상을 누릴 것이란 믿음을 피력하였다.

최고 존재 숭배는 로베스피에르의 몰락에도 불구하고 살아남아 10일제는 계속 최고 존재의 주관으로 열렸다.[46] 또한 나폴레옹의 집권까지 5년 동안 경신박애교(Théophilanthropie)라는 일종의 자연신교가 유행했는데 그 교리 역시 최고 존재 숭배의 변형이었다고 할 정도로[47] 최고 존

Revolutionary Career, p. 202.

44 마티에즈에 따르면 구 에베르파나 구 당통파 등 로베스피에르의 적들은 테르미도르를 정당화하기 위해 로베스피에르의 종교적 이념을 지배의 수단인 것처럼 이용했다. '교황 로베스피에르'란 말을 처음으로 한 것도 바로 그들이었다. Albert Mathiez, "Robespierre et le culte," p. 148.

45 "Contre les factions nouvelles et les députés corrompus" (8 thermidor an 2: 26 juillet 1794), *Oeuvres,* t. 10, pp. 542~587.

46 François A. Aulard, *Le culte de la raison,* p. 367.

47 경신박애교는 종교를 통해 도덕을 성립시키고 시민들로 하여금 조국을 사랑하도록 설파했다는 점에서 시민 종교에 수렴하였다. Michaël Culoma, *La religion civile,* p. 265.

재 숭배는 혁명기 프랑스 시민 종교 수립의 이정표 역할을 하였다.

일찍이 프랑스 혁명이 종교적 혁명의 경로를 따랐다고 한 토크빌을 필두로 프랑스 혁명에서 종교의 중요성을 강조한 사람들은 적지 않았다.[48] 최고 존재 숭배는 프랑스 혁명의 종교성을 잘 드러낸 사례였다. 특히 대다수 혁명가가 정치적 관점에 매몰되어 있을 때 로베스피에르가 최고 존재 숭배라는 종교적 해결책을 제시한 것은 나폴레옹이 지적했다시피 용기 있고 비범한 일이었다.[49]

덕의 정치에서 덕과 종교가 관건이라면 여기서 생기는 의문은 그것이 혁명기 정치의 현안인 자유와 법 등 정치 고유의 영역과는 어떤 관계인가 하는 것이다. 덕은 인간의 정신에 속하는 요소이므로 시민 개개인이 자유나 법과 관계를 맺음에 있어서 그 정신과 태도를 결정하는 것이라 할 수 있다. 몽테스키외는 다음과 같이 말했다. "덕성이 소멸할 때 야심과 탐욕은 사람의 마음속에 들어간다. 인간은 법에 따라 자유로웠지만 이제는 법에 반항함으로써 자유로워지려고 한다. 각 시민은 주인의 집에서 도망쳐 나온 노예와 같다."[50] 덕은 준법을 포함하므로 유덕한 사람

---

48 Christopher Dawson, *The Gods of Revolution*, pp. 146~147. 크레인 브린튼은 자코뱅파를 '일종의 종교적 광신자들'이라고 하였다. Clarence Crane Brinton, *The Jacobins*, p. 238. 또한 헌트는 "프랑스 혁명은 그 보편성 그리고 전체 인류의 개인적, 정치적 갱생이라는 점에서 종교적 운동을 닮았다."라고 하였다. Lynn Hunt, "The World We Have Gained," p. 10.

49 베르트랑 장군의 비망록에 의하면 1819년 2월 3일 나폴레옹은 "로베스피에르가 혁명을 멈추고자 했던 것은 확실하다. 그의 최고 존재 제전은 이를 입증한다. 그에 대해 뭐라고 하든지 간에 그것은 이롭고 용기 있는 행동이었다. 그것은 파리에서 무신론의 관념들이 범람하는 것을 멈추고자 한 것이었다."라고 하였다. Roger Barny, "Robespierre, Rousseau et le problème religieux," p. 97.

50 샤를 루이 몽테스키외, 『법의 정신』, p. 53.

은 법을 준수함으로써 자유를 찾고자 하지만 덕이 소멸하면 야심과 탐욕이 대신하므로 법은 구속일 따름이며 법을 어김으로서 자유로워지고자 한다는 것이다. 다시 말해 덕의 유무에 따라 자유의 의미가 달라지는 것이다. 이는 덕과 자유가 연결되어 있음을 말하는 것이며 로베스피에르의 자유관 역시 이를 반영하고 있다. 그의 자유관을 살펴보자.

Ⅱ. 자유와 평등

04
자유[1]

1. 사적 자유

로베스피에르는 언뜻 자유와는 거리가 멀어 보인다. 특권 계급에 맞서 민중의 권익을 수호한 그는 자유주의자보다는 평등주의자로 분류되는 편이 자연스러운 것 같다. 하지만 로베스피에르는 실로 생애 최후까지 자유에 역점을 두었으며 평등을 배제한 것은 아니지만 자유를 실현하기 위한 전제 조건으로 삼았다. 또한 그를 증명이라도 하듯 로베스피에르는 소극적이거나 타협적인 자유가 아니라 절대적이며 무제한적인 자유를 주장했다. 그 점에서 로베스피에르를 단순히 자유주의자로 표현하는 것이 미흡하다는 생각이 들 정도이다.

문제는 그가 어떻게 절대적이며 무제한적인 자유를 주장할 수 있었을

1 이 책 제4장 '자유'는 필자가 기존에 발표한 논문에서 따온 부분과 새로 작성한 부분으로 구성됨. 두 부분이 혼재한 관계로 따온 부분에 대한 별도의 표기는 생략함. 김경근, 「로베스피에르와 자유」, 『서양사론』 123(2014. 12), pp. 12~24; 26~27 참조.

까 하는 점이다. 왜냐하면 사람은 본래 자유를 희구하면서도 그에 대한 불안감을 가지기 때문이다. 특히 정치인의 경우 자유에 수반한다고 여겨지는 혼란과 무질서가 사회의 평화와 질서에 미치는 영향을 고려하지 않을 수 없다. 그렇다면 그의 동료 정치인들이 자유를 제한하거나 단서를 달고자 했을 때 로베스피에르는 어떤 논리로 맞섰는가?

자유의 속성

1789년 프랑스 인권선언은 자유를 '타인에게 해를 끼치지 않는 한 모든 것을 행할 수 있는' 권리로 정의했다(제4조). 로베스피에르는 자유가 '모든 인간의 마음속에서 일어나는 자연스러운 소망'으로서 '인간의 자연권이자 영혼의 필요'라고 하였다.[2] 흔히 천부의 권리라고 일컬어지는 자연권은 신이 인간을 창조함과 동시에 부여한 것으로서 영원히 소멸할 수 없는 불멸의 권리이다.

이처럼 인간의 천성이라고도 할 수 있는 자유를 어떻게 보존하고 누릴 것인가? 로베스피에르에 의하면 자유는 무조건적이고 절대적이어야 한다. 1789년 8월 인권선언 수립과정에서 종교의 자유에 관해 "그 표현이 법질서를 어지럽히지 않으면 누구도 종교적 견해에 의해 박해를 받지 않는다."라는 초안이 제시되자 로베스피에르는 '법질서…'라는 단서 조항을 문제 삼았다. 그는 "종교의 자유와 같은 단순한 원칙에 단서 조항을 첨가하는 것은 많은 새로운 해석들을 낳아 자유를 없앨 소지가 있다."라고 반대하면서 종교의 절대적 자유를 옹호했다.[3] 그가 볼 때 자유의 원

---

2 "Sur la liberté de la presse" (9 mai 1791), *Oeuvres*, t. 7, p. 319.

3 "Discussion de la Déclaration des Droits de l'Homme (suite) Sur la liberté religieuse" (23 août

칙은 단순 명료해야 하며 단서가 붙을 경우 자유를 약화시키고 나아가 소멸시킬 수 있다는 것이다.

의사 표현의 자유도 마찬가지였다. 역시 인권선언 수립 과정에서 "모든 시민은 법으로 정해진 자유의 남용에 해당하지 않는 한 자유롭게 말하고 쓰고 인쇄할 수 있다."라는 초안이 제시되자 로베스피에르는 다시 단서 조항을 문제 삼으면서 "사상의 자유로운 전달은 인간의 소멸할 수 없는 권리 중 하나이며 독재에 대항하는 가장 강력한 보루이므로 결코 제한할 수 없다."라고 하였다.[4]

이러한 초超 자유주의자로서의 면모를 각인시키듯 로베스피에르는 자유는 완전하지 않으면 없는 것, 즉 노예 상태나 다를 바 없다는 주장을 폈다.

> "여러분이 자유를 위해 진력하지 않으면 여러분은 아무것도 하지 않는 것과 같다. 자유로울 수 있는 데에는 여러 단계가 있지 않다. 완전히 자유롭거나 아니면 노예가 되는 것이다. 왜냐하면 전세정에 소금의 수단이라도 남겨놓으면 곧 그 권세를 회복할 것이기 때문이다."[5]

자유란 타협이나 절충의 대상이 아니라 '전부 아니면 무'와 같은 것이

1789), *Oeuvres,* t. 6, p. 59.

4 "Discussion de la Déclaration des Droits de l'Homme (suite) Sur la liberté de la presse" (24 août 1789), *Oeuvres,* t. 6, p. 61.

5 "Sur la nécessité de révoquer les décrets qui attachent l'exercice des droits du citoyen à la contribution du marc d'argent ou d'un nombre déterminé de journées d'ouvriers" (avril 1791), *Oeuvres,* t. 7, p. 164.

라는 로베스피에르의 입장은 너무 극단적이지 않은가? 이 물음에 답하려면 잠시 자유의 속성을 생각해볼 필요가 있다. 우리는 흔히 자유는 법으로 보장하거나 제도적으로 정해 놓으면 안전하다고 여기는 경향이 있다. 하지만 생각해보면 시민의 자유는 진공상태에 홀로 존재하는 것이 아니라 현실 속에서 그를 억제하려는 주체-흔히 권력기관-와의 역학관계 속에서 형성된다. 일반 이익보다는 사적 이익을 앞세우기 마련인 권력기관 혹은 권력자는 늘 시민의 자유를 침해하여 자신의 영역을 넓히려는 경향이 있으므로 시민에게 자유란 그들의 시도를 억제함으로서만 보장될 수 있다. 그 점에서 자유를 절대시함으로써 처음부터 그들이 시민의 자유를 침해할 여지를 차단하는 것이 중요하다는 로베스피에르의 주장을 납득할 수 있게 된다. 요컨대 자유는, 역설적이게도 상대적이기 때문에 절대시할 필요가 있는 것이다.

질서와 자유

그런데 자유의 절대성을 앞세울 때 제기되는 문제는 그것이 흔히 법질서와 충돌한다는 점이다. 실제로 로베스피에르의 소신은 민중의 소요가 일어나자 시험대에 오르게 되었다. 실정법과 충돌하는 소요나 봉기의 자유까지도 인정할 것인가라는 문제가 대두되었기 때문이다.

바스티유 습격 이후 파리에서 소요가 격화되자 1789년 7월 20일 제헌의회에는 "자치시 당국에 군대 동원권을 부여하고 질서와 준법의 의무를 위배하는 자를 체포하여 재판에 회부한다."는 법안이 상정되었다. 이에 대해 로베스피에르는 반대 발언을 하였다.[6]

---

6 "Sur la motion de Lally-Tolendal" (20 juillet 1789), *Oeuvres*, t. 6, pp. 39~42.

"질서를 사랑해야 함은 물론이지만 자유를 해쳐서도 안 된다. 톨랑달 씨의 제안은 소란을 일으킬 수 있는 사람을 무차별적으로 폭도로 선언하는 것인데… 가장 용감한 자유의 수호자들에게 혐의를 덮어씌우고 그들을 위협하는 이 제안은… 자유에 대한 사랑까지 질식시킬 수 있는 것으로서 결국 국민을 독재에 넘겨주는 결과를 초래할 것이다."(6:40)

그는 약탈이나 살인 같은 명백한 법 위반에 해당하지 않는 봉기나 소요는 '용감한 자유'에 해당하는 것으로서 그를 탄압하는 것은 결국 독재를 초래하는 것이라고 본 것이다.

나아가 로베스피에르는 소요 자체를 적극적으로 두둔하기에 이른다.

"파리의 소요로 어떤 결과가 나타났는가? 공적인 자유, 약간의 유혈사태 그러나 범죄자들의 목숨… 의원 여러분, 국민들이 자유를 얻은 것은 바로 이런 소요 덕분입니다.… 우리의 안녕을 위해 무장한 시민들을 폭도로 규정해버린다면 누가 반혁명세력을 물리쳐 줄 것입니까?"(6:39~40)

그는 바스티유 습격을 비롯한 파리 민중의 봉기가 전제정에 맞서 국민에게 자유를 가져다주었음을 상기시키면서 민중의 직접 행동을 옹호하고 그에 대한 탄압에 반대한 것이다.

자유의 대가로서 다소의 혼란과 무질서는 감수해야 한다는 로베스피에르의 신념은 갈수록 확고해졌다. 약 2년 후인 1791년 5월 31일 그는 제헌의회에서 연설하였다.[7]

---

7 "Sur une lettre de l'abbé Raynal" (31 mai 1791), *Oeuvres*, t. 7, pp. 446~9.

"무정부 상태와 혼란은 모든 혁명의 자연스러운 귀결이자 자유의 필연적인 결과이다.… 이 명예로운 혁명의 주인인 민중은 세상을 재생시키기 위해 그것을 흔들어야 한다."(7:448~449)

모름지기 혁명이란 세상을 바꾸는 것인데, 흔들지 않고는 바꿀 수 없다는 점에서 소요와 혼란은 자유를 얻기 위해 불가피한 대가로 보아야 한다는 것이다.

나아가 로베스피에르는 자유를 획득하고 수호함에 있어 민중의 자발적이고 열성적인 노력이 가장 중요하다고 역설했다. "민중의 용기와 에너지만이 오직 자유를 보존할 수 있음을 생각하시오. 민중은 그가 잠들 때부터 속박당하며 더 이상 두려움의 대상이 되지 못하면 멸시 당한다."(7:456~457) 자유란 법과 제도가 보장해주는 것이 아니라 그것을 침해하려는 독재세력을 물리치고 쟁취하는 것이기 때문에 민중은 늘 힘과 용기로 무장하고 깨어있어야 한다는 것이다.

"노예 상태가 평온함인가?"

소요와 혼란을 혁명과 자유의 필연적 대가로 보았던 로베스피에르에게 소위 '사회적 평화'란 의심스러운 것이었다. 1790년 2월 제헌의회가 농촌의 소요 지역에 대해 계엄령을 선포하고 군대를 파견하려 하자 그는 "평온함에 대한 추구가 자유를 압살하는 수단이 되지 않도록 합시다. 이 혼란이 자유를 향해 총부리를 겨눌 수 있는 자들의 수중에 끔찍한 무기를 쥐어주는 핑계가 되지 않도록 합시다."라고 하였다.[8] 앞에서 보았

8 "Sur les troubles des campagnes" (9 février 1790), *Oeuvres*, t. 6, p. 227~231.

다시피 자유란 약간의 혼란을 수반하므로 사회의 질서나 평화를 이유로 혼란을 용납하지 않겠다는 것은 사실상 자유를 용납하지 않고 예속 상태로 만들겠다는 것이다.(6:243) 실제로 고금의 역사에서 사회적 평화와 안정을 내세워 국민의 자유를 억압한 사례가 얼마나 많았던가!

그런가 하면 그는 1792년 6월의 기고문에서[9] 더욱 분명하게 외쳤다.

> "평온함이라고! 물론 도적들과도 평화를 유지할 수 있는데 그들이 빼앗고자 하는 부를 그들에게 내어주면 된다. 하지만 노예 상태가 평온함인가? 아니, 그것은 죽음이다. (진정한) 평온함은 공공의 질서이며 사회의 조화이다."(4:149)

그는 예속적이며 굴종적인 평온함이 아닌 진정한 평온함과 질서는 "정의, 자유, 행복 없이 존재할 수 없다."라고 본 것이다.

로베스피에르는 진정으로 사회의 평화와 질서를 바라는 계층은 민중이라고 하였다. 그들은 사회가 혼란과 무질서에 빠지면 당장 일자리와 생계에 위협을 받기 때문이다. 따라서 민중에게 자유와 생존을 보장하면 민중은 행동에 나설 필요를 느끼지 않을 것이며 그럼으로써 진정한 사회적 평화와 평온함이 달성될 수 있는 것이다. 그 점에서 사회의 질서와 평온함을 해치는 것은 자유를 갈구하는 민중이 아니라 민중을 노예로 삼으려는 폭군들인 것이다.

이처럼 계엄령에 반대하면서 소요 민중을 옹호한 로베스피에르에 대한 동료 의원들의 시선은 대체로 냉소적이었다. 1789년 10월 21일 파리

---

9 "Sur le respect dû aux lois et aux autorités constituées" (juin 1792), *Oeuvres*, t. 4, pp. 144~149.

제빵업자 피살 사건을 계기로 상정된 계엄령에 반대한 로베스피에르에 대해 동료 의원 뒤크누아Duquesnoy는 다음과 같이 썼다. "그는 공공의 자유에 대한 음모라고 하면서 계엄령에 강력하게 반대했는데, 그의 연설에 대한 내 느낌을 말한다면, 그것은 포부르 생-탕투안(혁명기 파리의 빈민 거주 구역) 주민들의 마음에 들고 그들의 보호를 받기 위한 것이지 전혀 의회를 위한 것이 아니다. 물론 의회가 대표하는 국민을 위한 것은 더더욱 아니다."[10] 의회는 결국 압도적 다수로 계엄법을 통과시켰고 그 결과 라파예트로 하여금 샹 드 마르스의 학살을 가능케 하였다. 동료 의원들은 로베스피에르의 연설을 파리의 빈민층에게 아첨하여 그들의 지지를 확보하려는 포퓰리즘에서 나온 것이지, 의회가 대표하는 '선량한' 국민을 위한 것은 아니라고 본 것이다.

그렇다면 로베스피에르는 민중의 소요를 진정시키기 위해 어떤 방안을 제시했는가? 그는 계엄령이 소요를 더욱 악화시킬 뿐이라고 하면서 "소요는 자유와 유사한 수단을 통해 예방해야 한다."(6:243)라고 하였다. 그는 군사력을 동원하기에 앞서 지자체로 하여금 타협과 설득 및 교화의 수단을 다하도록 국민의회가 명령을 내릴 것을 당부하였다.(6:228)

그런데 여기서 짚고 넘어갈 것은 로베스피에르가 대체로 폭동이나 소요를 선호하지 않았으며 선동과는 더더욱 거리가 멀었다는 사실이다. 조르주 르페브르도 말했다시피 그는 항상 청중들에게 평화를 설파했으며 직접 행동보다는 여론이나 청원으로 의회에 압력을 넣는 방법을 선호했다.[11] 다만 이미 발생한 민중 폭동이나 소요에 대해서는 그것을 서

10 "Journal de Duquesnoy" t. 1, p. 454. *Oeuvres,* t. 6, p. 122에서 재인용.

11 르페브르는 로베스피에르가 적군의 침입이 임박했거나 음모자들이 산악파의 추방을 모의하

둘러 무력 진압하기보다 설득과 타협을 통한 교화를 시도할 것을 촉구했을 따름이다.

평화적 해결을 앞세우는 로베스피에르의 입장은 근본적으로 민중의 미덕에 대한 신뢰를 전제로 하는 것이었다. 앞에서 보았다시피 민중에게도 비록 보잘것없지만 지켜야 할 재산과 가족이 있으므로 그들이 법과 질서에 무관심할 이유가 없으며, 민중은 또한 본래 평화적이고 관대하여 최소한의 요구 충족 혹은 설득만으로 곧 평화 상태로 돌아간다는 것이다. 이처럼 덕의 주체이자 공화국의 주인인 민중은 자신의 권리와 의무를 인식하기 때문에 자유를 부여하더라도 그것을 남용할 가능성이 없다는 것이 로베스피에르의 인식이다.

언론의 자유

자유의 절대성에 관한 로베스피에르의 신념은 개인의 자유에서도 마찬가지였다. 혁명 초 로베스피에르가 중시한 개인의 자유 중 하나로서 의사전달 혹은 언론의 자유를 살펴보자.[12] 그는 의회가 언론의 자유를 분명하게 선언하는데 주저하지 말 것을 촉구하면서 자유인들은 그 권리를 모호하게 표현해서는 안 된다고 하였다. 그는 "독재정만이 제한을 생각해냈고 그럼으로써 모든 권리를 약화하기에 이르렀다."(6:62)라고 하

는 등 예외적인 상황이 아닌 한 늘 신중하고 온건하게 대응한 지혜로운 정치가라고 하였다. Georges Lefebvre, "Remarks on Robespierre," p. 8. 예컨대 전쟁에 관한 토론에서 브리소파에게 밀리고 있던 1792년 1월 마라가 민중봉기를 일으킬 것을 제안했지만 로베스피에르는 거부하였다.

12 "Discussion de la Déclaration des Droits de l'Homme (suite) Sur la liberté de la presse" (24 août 1789), *Oeuvres,* t. 6, p. 61~63.

였다. 나아가 로베스피에르는 미국에서는 모든 주가 무조건적인 언론의 자유를 천명했다고 하였다.(6:61)

로베스피에르에게 언론 혹은 의사표현의 자유란 곧 말의 자유와 같은 자연권일 뿐 아니라 자아실현이라는 인간 고유의 속성이기도 하였다.

> "사고 능력 다음으로 동료들에게 자기 생각을 전달하는 능력은 인간을 동물과 구별하는 가장 두드러진 속성이다. 언론의 자유는 말의 자유와 구별될 수 없으며 둘 다 자연처럼 신성하고 사회 자체와 마찬가지로 필요한 것이다. 인간이 자신의 생각을 자유롭게 전달할 때 자신의 능력을 완성하고 권리를 자각하며 자연이 허락한 수준까지 덕을 고양할 수 있다."(7:320)

이처럼 인간의 본능이자 자아실현에 해당하는 의사표현의 자유를 법으로 구속하는 것은 법의 존재 의미에 어긋나는 것이다. '법은 인간의 능력의 자유로운 발전을 보장하기 위해 만들었지, 그것을 구속하기 위한 것은 아니기' 때문에 타인의 권리를 침해하지 않는 한, 법으로 인간의 능력의 발휘를 구속해서는 안 되는 것이다.

뿐만 아니라 로베스피에르는 언론의 자유가 폭정을 타도하는 수단이 된다고 하였다. "인간의 존엄성을 인식한 모든 사람이 전제정의 사악한 음모를 폭로할 수 있다면, 예속과 비참에 대해 민중 주권을 내세울 수 있다면… (권력자의) 야심은 장애물을 만날 것이고 전제정은 뒤로 물러나거나 아니면 공공 여론과 일반의지의 무적의 힘에 부딪혀 분쇄될 것이다."(7:321) 공공 여론은 전제정에 맞서 일반의지를 결집시키는 역할을 하기 때문이다. 로베스피에르는 '법은 군주들이 만드는 것인데 전제군주들에게는 언론의 자유가 가장 두려운 재앙'(7:321)이기 때문에 그것을 침해하는 법들이 늘 적용되어 왔다고 하였다.

언론 혹은 의사표현의 자유에 관해 로베스피에르는 지속적으로 관심을 기울였다. 그는 1791년 헌법 초안 토론에서도[13] 의견의 가치는 상황에 따라 달라지므로 그를 단죄하는 법은 신중히 적용할 것을 주문했다. 그는 역사에서 어떤 문건이나 의견이 당대에는 처벌받았으나 훗날에 존경받는 사례를 얼마든지 찾을 수 있다고 하였다.

> "동료 시민들에게 위대한 진리를 밝히는 천재는 그 시대의 여론을 앞질러간 사람이다. 그의 관념의 철저한 혁신은 사람들의 허약함과 무지를 거스르는 것으로 나타난다. 항상 편견과 질투가 결합하여 그를 가증스럽거나 가소로운 존재로 여기게 될 것이다. 바로 그 때문에 위대한 사람들의 운명은 동시대인들의 배은망덕 그리고 후대의 뒤늦은 존경이었다. 그 때문에 미신이 갈릴레이를 가두었고 데카르트를 조국에서 추방했다."(7:324)

천재란 대중의 여론과 다른 생각을 발하는 사람이고 그 때문에 동시대인들에게 몰이해의 대상이 되기 십상인데, 이 점을 감안할 때 과연 한 의견에 대해 당대인들이 심판을 내리는 것이 가능한지 고민하지 않을 수 없게 된다. 거기에다 법적 처벌까지 더해진다면 그것이야말로 창조적 혁신을 가로막는 장애물이다.

하물며 아직 계몽되지 않은 당대인들에게 자유와 인간의 존엄을 설파하는 사람은 어떤 운명을 맞게 될까?

---

13 "Discussion du projet de Constitution (suite). Sur la liberté de la presse" (22 août 1791), *Oeuvres*, t. 7, pp. 646~652.

> "그들은 그들이 폭로하는 독재자뿐 아니라 그들이 계몽하는 예속민들에게도 거의 비슷하게 경계심을 불러일으킬 것이다. 독재자들은 이 정신의 성향을 이용하여 얼마나 쉽게 법의 이름으로 그들을 박해할 것인가! 박해는 웅변적이고 덕 있는 제네바 출신 철학자를 무사히 두었던가?"(7:324)

로베스피에르는 루소의 경우를 예로 들어 자유를 설파하는 사람은 권력자는 물론 동료 시민들에게도 쉽게 박해의 대상이 된다고 하였다. 따라서 그는 명백한 범죄 혹은 법에 대한 불복종을 유발하는 경우가 아니면 의견의 표현에 대해 법으로 규제할 수 없도록 해야 한다고 강조했다.(7:647~648)

그렇다면 언론 자유의 남용에 대한 법적 판단은 사실상 없어야 하는 것인가? 로베스피에르는 설사 민중의 적들이 비방문을 유포했다 하더라도 그것이 언론의 자유를 희생시키는 구실이 되지 않아야 한다고 하였다. 왜냐하면 나쁜 의견은 시간이 흐르면서 자연스럽게 도태될 것이기 때문이다.

> "여러분은 사물의 필연적인 흐름에 있어 시간이 오류를 추방하고 진리를 승인하게 한다는 것을 알지 못하는가? 좋든 나쁘든 여론이 자유롭게 작용하도록 하라. 왜냐하면 오직 좋은 여론만이 살아남을 운명이기 때문이다."(7:325)

따라서 의견에 대한 판단은 여론으로 하여금 자연스럽게 행하도록 해야 하지 법 적용자들의 권위에 의지해서는 안 된다는 것이다.

명예훼손

끝으로 로베스피에르는 명예훼손의 문제를 거론했는데, 그것을 인정하게 되면 권력자의 권한 남용을 견제할 수 없다고 하였다.

> "미약하고 고립된 한 시민과 높은 명망과 큰 권위가 부여한 엄청난 자원으로 무장한 그 상대자 사이의 투쟁이 얼마나 불균등한 것인지 보지 못할 사람이 누구인가? 거기에다 그들의 총애로 인한 혜택을 포기할 뿐 아니라 은밀한 억압의 위험 그리고 거기에 파탄을 가져오는 굴욕적인 재판의 불행이 추가된다면 누가 민중을 위해 권세자들의 비위를 거스르려 하겠는가?"(7:329)

권력자가 개별 시민을 고소할 수 있게 하면 비판자는 위축될 수밖에 없다. 로베스피에르는 비록 명예훼손죄가 정직한 한 관리를 보호할 수 있다손 치더라도 결국은 다수의 타락한 관리들을 비호하는 역할을 할 것이므로 공직자의 명예훼손죄를 적용하는 것은 결과적으로 국민의 자유를 침해한다고 하였다. 이는 공직자 개인의 인권 문제가 아니라 '국민의 이익과 공복의 이익 사이에 판가름해야 하는'(7:658) 문제라는 것이다.

나아가 그는 공인을 비판하는 사람에게 법적 증거의 제시를 요구하는 것은 사실상 비판을 금지하는 처사라고 하였다. "이러한 증거들을 갖는 것이 얼마나 어려운 일인지, 반대로 권력자에게는 자신들의 야망을 공공의 선이라는 핑계로 덮는 것이 얼마나 쉬운 일인지 모를 사람이 누구겠는가?"(7:329) 실제로 시민들이 위험을 알리기 위한 증거들을 수집하다 보면 권력자들의 행위는 이미 실행되고 난 다음이다. 따라서 로베스피에르는 권력에 대한 견제가 실효성을 띠려면 각 시민은 어떤 법적 소추에도 노출되지 않고 공인의 행실에 대해 생각을 밝히고 글을 쓸 권리를 가져야 한다고 하였다.

언론의 자유와 덕

그렇다면 언론의 자유야말로 시민의 권익을 보호하는 것인데 정작 시민들 스스로 종종 그에 대해 거부감을 나타내는 이유는 무엇인가? 로베스피에르는 답한다.

> "말하건대, 우리의 편견, 우리의 부패가 이 절실한 체제(언론의 자유)의 부작용을 과장하게 만드는 것이다. 항상 이기주의가 팽배하고 통치자 혹은 대다수의 시민들이 스스로 내면에서 관용뿐 아니라 공적 사면이 필요하다고 말하는 곳에서는 언론의 자유는 필연적으로 공포를 일으키며 그것을 억제하고자 하는 체제는 신봉자들을 발견할 것인 바, 그들은 선량한 질서와 공공이익이라는 가면을 쓰고 그것을 묘사할 것이 분명하다."(7:331)

이기심 혹은 두려움으로 나약해진 시민들은 관리들에 대한 고발이 사회 질서와 공공의 이익을 해친다는 핑계를 대면서 언론의 자유를 스스로 꺼리게 된다는 것이다. 내부 고발자들에 대한 사람들의 시선이 늘 호의적이지만은 않은 것도 마찬가지 이유일 것이다. 특기할 것은 로베스피에르가 시민들 스스로 위축되는 현상에 대해 '부패', 즉 부도덕하다는 용어를 썼다는 점인데, 이는 반대로 자유를 주장하고 향유하는 것이 곧 덕이라는 의미로서, 뒤에서 볼 것처럼 자유와 덕의 결합, 즉 덕을 갖춘 시민이 자유를 누릴 수 있다는 생각의 일부를 드러낸 것이다.

결국 로베스피에르는, 다른 자유와 마찬가지로 언론의 자유도 '완전하고 무제한적이어야 하며 그렇지 않으면 존재하지 않는 것'이므로 "자유를 포기하든지 아니면 언론의 무한정한 자유를 인정해야 한다."(7:332)라고 하였다. 또한 공인에 대해서는 명예훼손죄가 없어져야 하지만 일반 시민의 경우에는 "비방에 의해 공격받은 개인들이 그들에게 가해진 잘못에 대한 시정을 추구할 수 있다는 것은 물론 정당하다."(7:333)라고 하여 공인과 사인을 구별하고자 하였다.

결론적으로 로베스피에르는 1791년 헌법에 관한 토의에서 '명백히 법에 대한 불복종을 유발하는 경우가 아닌 한 모든 시민은 어떤 기소도 당할 염려 없이 자신의 견해를 발표할 권리가 있다는 조항을 삽입할 것'(7:650)을 제헌의회에 요구함으로써 방청석의 박수를 끌어냈다. 나아가 그는 '법에 대한 불복종'과 관련하여, 행정과 법을 맹신하는 판사들의 성향, 다시 말해 행정의 폐해를 고발한 문건을 곧 법에 대한 불복종을 유발한다고 간주하는 사법부의 성향을 감안할 때 그 사유는 극히 예외적으로 적용되어야 한다고 강조했다.

그런데 언론의 자유와 여론이 중요한 만큼 그에 대한 통제는 통치자들의 주요 관심사이기도 하다. 특히 로베스피에르에 의하면 전제정은 국민에게 노예 정신 혹은 자유에 반대하는 정신을 불어넣기 위해 여론을 왜곡시키거나 언론의 자유를 탄압하는데 그는 이것이 '아직 어떤 정치 저술가도 다룬 바 없는 주제'(9:44)라고 하였다.

여론의 통제

로베스피에르는 통치자들이 매체와 여론을 장악할 경우 민중은 주인의 지위를 박탈당하는 신세가 된다고 하였다.[14] "민중이 그들을 속이고

---

14 "Article sur papier publics" (23 novembre 1792), *Oeuvres,* t. 5, pp. 75~77.

자 하는 자들에 의해 세뇌당하고 그로 인해 대리인들이 민중의 주인이 될 때 민중의 처지는 가련한 것이다."(5:75) 통치자들은 여론을 장악 및 조작함으로써 민중으로 하여금 자신의 권리와 이익에 대해 무지한 상태에 머무르게 하므로 민중은 자신의 종복들이 주인으로 군림하는 사태를 당연시하게 되는 것이다.

이러한 여론 통제는 일단 반정부 여론에 대한 억압으로 시작한다. "정부는 민중을 가르치는 일을 자신의 전유물로 삼고자 하며 자신과 경쟁하려는 모든 자를 탄압함으로써 반대 여론을 억압한다. 그로부터 언론의 자유를 억압하는 법이 나오고…"(5:75) 반정부 여론에 대한 탄압은 두 갈래로 행해지는데 하나는 공공의 이익을 핑계로 법적 탄압을 하는 것이며 다른 하나는 중도파나 원로들이 등장하여 여론을 왜곡시키는 것이다.

> "모든 편견과 해악이 진실을 공격하기 위해 모여든다. 위선적인 중도파는 그것을 선동적 과장이라고 부르고 허위적인 원로들은 그것을 경솔하고 지나친 것으로 취급하며 강도와 같은 폭정은 그것이 법을 훼손한다고 비난한다."(5:76)

사실 인권에 대한 옹호를 선동으로 부르고 그것에 대한 무관심은 신중하다고 평가하며 복종에 대해서는 준법이라고 칭찬하는 것은 권력 편에 선 사람들이 공통적으로 사용하는 언어로서 오늘날에도 낯설지 않은 모습이다.

로베스피에르는 언론의 자유란 정부의 권력 남용을 억제하는 것이 목적인데 오히려 정부가 여론을 장악함으로써 시민의 자유를 탄압하고 공공 정신을 타락시키는데 이용한다고 지적하였다. 그것은 이를테면 '음모자들이 민중의 수호자들을 비방하는데 그치지 않고 자유 자체를 비방하는' 것으로서 자유를 마치 혼란과 불법을 부추기는 해악인 양 과장하는 것이다. "그리하여 전제정을 전복시키는 것을 무정부 상태라고 명명하고 혁명운동을 소요, 혼란이라고 부르며 민중의 권리에 관한 주장을 선동으로 매도하는 것이다."(9:44) 이는 모두 시민들의 마음속에 자유와 권리에 대한 불안과 거부감을 주입하고자 하는 것이다.

로베스피에르는 이에 맞서 여론을 계몽할 것을 역설했다. "폭정의 비결이 인간을 무지 상태에 묶어 두는 데 있듯이 자유의 비결은 인간을 계몽하는 것이다. 자신들의 권리와 이익을 아는 민중은 결코 속아 넘어가는 일이 없으므로 항상 잘 다스려질 것이다."(5:75) 민중을 계몽하는 것이 곧 자유와 권리에 대한 인식을 일깨우는 것이라면, 후자는 공적 미덕을 의미하므로, 계몽이란 곧 덕을 고취하는 것이다.

출판의 자유

언론의 자유를 말할 때 빼놓을 수 없는 것은 출판의 자유이다.[15] 여기서도 로베스피에르는 특유의 통찰력을 보여주는데, 공권력이 출판의 자유를 억압할 경우 출판물에 대한 여론의 평가를 왜곡시킨다고 한 점이다.

> "전제정에서는 그 출판물이 당한 억압의 정도에 따라 가치가 매겨짐으로써 공정한 판단이 어려워진다. 방종한 저작들의 성공은 억압에 기인하는

15 "Sur la liberté de la presse" (9 mai 1791), *Oeuvres*, t. 7, pp. 319~334.

데 여론은 독재가 불러일으킨 증오에 비례해서 그 가치를 매기기 때문이다."(7:325)

출판물이 정권의 탄압을 받았다는 이유만으로 여론의 인기를 끄는 경우는 후대에도 종종 볼 수 있다. 탄압이 사라지면 여론은 출판물을 객관적으로 판단할 수 있다는 점에서 출판의 자유에 대한 탄압은 올바른 여론의 형성을 방해하는 셈이다.

그렇다면 출판의 자유의 한계는 어디까지인가? 출판물이 법에 반대하거나 실정법을 비판하는 경우라도 관용의 대상인가? 이에 대해 로베스피에르는 일단 법에 대한 복종은 모든 시민의 의무임을 인정하지만 법의 악과 선에 대해 자기 생각을 자유롭게 발표하는 것은 인간의 권리이자 사회의 이익이라고 하였다. 왜냐하면 '법이란 시민의 의지의 총합, 즉 일반의지의 표현으로서 시민은 거기에 각자 자신의 몫과 이익을 가지기 때문'(7:326)이다.

로베스피에르는 출판물이 시민들을 선동할 수 있다는 지적에 대해서도 그것을 염려할 필요가 없다고 하였다.

"어떤 국가에서도 문건들이 시민들을 쉽게 움직인다거나 사물의 질서를 전복시키도록 한다고 생각하지 말자.… 이 영향을 결정하는 것은 시간과 이성이다. 그들이 다수의 여론과 이익에 어긋나면 그들은 무력하고 공공의 비난과 멸시를 초래하므로 달라질 건 없다. (반대로) 그들이 일반적 바람을 나타내거나 공공 여론을 일깨울 뿐이라면 누가 그것을 범죄로 간주할 수 있겠는가?"(7:327)

그는 출판물이 여론 자체를 만들거나 여론을 주도할 수 있다고 보지 않았다. 출판물은 다수의 생각과 다르면 무시되고 다수의 바람과 일치하면 여론을 일깨울 뿐이다. 사실 여론 선동이란 말 자체가 민중 스스로는 의견을 가지지 못하며 외부 요소에 휘둘릴 뿐이라고 하는 것으로서, 민중을 폄하하는 것일 뿐 아니라 여론을 민중의 의사와 무관한 것으로 간주하여 무시하려는 기만인 것이다.

집회와 청원의 자유

이어서 로베스피에르는 집회와 청원의 자유도 언급하였다.[16] 그는 청원권이 기본적으로 약자의 몫임을 고려해야 한다고 하였다.

> "의원들이여, 청원권은 그를 행사하는 사람들에게 어떤 권력도 없음을 가정한다는 사실을 유념하시오. 그것은 열등함과 종속성을 가정하는데, 왜냐하면 어떤 권위나 권력을 갖는 사람은 명령하고 실행하기 때문이다. 권력이 없거나 종속된 사람은 희구하고 요청하고 자신의 바람을 전달하고 청원을 전달한다. (박수) 나는 청원에 대한 이 규정이 반박될 수 있는 것인지 묻고자 한다."(7:335)

이 발언은 수동 시민의 청원권을 제한하는 법 초안에 반대한 것으로서 이치상 빈자나 약자일수록 청원의 필요가 더 큰 법인데 이들의 청원권을 금지하는 것이 얼마나 법과 권리의 취지에 어긋나는지 강조한 것이다. 그의 연설은 헛되지 않았다. 비록 집단적 청원은 금지되었을지언정

---

16 "Sur le droit de pétition (suite)" (10 mai 1791), *Oeuvres*, pp. 334~345.

빈자와 약자의 개인적 청원권은 보존되었고 방을 부칠 권리도 허용되었기 때문이다.

나아가 로베스피에르는 애국협회와 정치 클럽들의 활동을 제한하는 법 초안에 맞서 집회의 자유를 옹호하였다.[17] "나는 확실히 기억하건대 의원으로 선출된 사람 중 대다수가 이 협회들로부터 나왔다는 것입니다(방청석과 좌익에서 박수)."(7:744) 제헌의회 의원의 다수가 애국협회 소속이었는데 자신들을 배출한 협회들의 활동을 제한하고자 하는 것은 자기모순인 것이다. 또한 그는, 프랑스 헌법은 타인에게 해를 끼치지 않는 한 자기 생각을 자유롭게 전달할 수 있는 권리, 즉 비무장 평화 집회를 열 수 있는 권한을 부여했는데 과연 협회의 활동에 비헌법적 요소가 있는지 반문하였다.

나아가 로베스피에르는 혁명이 끝났기 때문에 협회들이 필요치 않다는 의견을 반박하였다. "혁명이 끝났다고? 나도 여러분처럼 그렇게 생각하고 싶다. 하지만 이 가정을 받아들인다 하더라도 그것이 없이는 헌법이 존속할 수 없는 헌법 및 공공 정신의 원리와 그에 대한 인식을 전파하는 것이 필요치 않단 말인가?"(7:746) 그는 아직 헌법이 확립되지 않은 상황에서 혁명이 끝났다고 보지 않았다. 설사 끝났다 하더라도 시민들이 모여 헌법의 원리에 대해 토론하고 전파하는 효율적 수단으로서 협회는 존재 이유가 충분한 것이다. 그는 이것이 자유 시민에게 가장 필요한 임무라고 보았다.

그는 협회와 클럽을 억압하는 법안은 부패한 관리나 수임자들을 기쁘게 할 뿐이라고 하였다. "왜냐하면 부패할 수 있는 모든 사람은 교육받은

---

17 "Sur les droits des sociétés et des clubs" (29 septembre 1791), *Oeuvres,* t. 7, pp. 743~752.

시민들의 감시를 두려워하기 때문이다. 마치 악당들이 자신들의 범행을 비추는 밝은 빛을 두려워하듯이. 애국협회들에 대한 이러한 음모를 좌절시킬 수 있는 것은 덕 밖에 없다."(7:747) 결국 권력자나 관리들을 감시하는 애국협회를 지키는 것은 곧 시민들 자신의 이익을 지키는 동시에 의무를 수행하는 것이다.

뿐만 아니라 음모자들은 애국협회들이 법과 공권력을 침해했다고 주장하면서 집회 자체를 금지하고자 하는데 이에 대해 로베스피에르는, 만약 일부 협회들이 법을 어겼다면 그 개별적 일탈을 법으로 처벌하면 된다고 하였다. 그럼에도 불구하고 "그들은 몇몇 개별적 사실들로부터 추론하여 자유에 본질적 기여를 한 하나의 제도를 전체적으로 파괴하고 마비시켜야 한다는 결과를 도출하고자 한다."(7:748)라는 것이다. 이는 개별적 위법 행위가 마치 자유의 원칙 때문인 양 둘을 한데 섞어 자유의 원칙 자체를 부정하고자 하는 시도를 비판하는 것으로 로베스피에르는 그 둘을 구분하였고 이를 자신이 옹호한 다른 자유에도 적용하였다.[18]

예술과 표현의 자유

로베스피에르는 예술과 표현의 자유에도 관심을 기울였다.[19] 연극 공연을 지자체 당국의 감독 아래 둔다는 법안이 상정되자 그는 당국이 공연의 내용을 판단할 권한이 없다고 하였다. "그 무엇도 연극의 자유를 공

---

18 제헌의회가 일부 성직자들의 민중 선동을 구실로 성직자의 자유를 제한하는 법안을 상정한 데 대해 로베스피에르는 "사안들이 아무리 중대해 보이더라도 그것이 법을 가져오는 구실이 되어서는 안 된다.… 왜냐하면 개별 사실을 핑계로 자유의 원칙들을 소멸시킬 수는 없으니까."라고 하였다. "Sur les troubles de Douai" (19 mars 1791), *Oeuvres,* t. 7, p. 138.

19 "Sur le réglement des théâtres" (13 janvier 1791), *Oeuvres,* t. 7, pp. 18~19.

격해서는 안 된다.… 공연이 선의 기준에 부합하는지를 판정하는 유일한 주체는 공공 여론이다."(7:19) 그는 지자체 관리가 감독권을 가지면 일반 이익이 아닌 개별적 이해관계에 좌우될 것이라고 하면서, 이런 생각은 지나친 의심이 아니라 시민의 자유를 지키는데 필요한 건전한 상식이라고 하였다.

나아가 로베스피에르는 자유의 원칙은 모든 예술에 균등하게 적용되어야 하므로 외설적 그림도 예외가 아니라는 의견을 나타내었다.[20]

> "법은 균일해야 하고 법은 자유의 신성한 원리에 영향을 미치므로 하나 또는 다른 구실 하에 개별법으로 원칙을 침해하지 않도록 해야 한다.… 나는 결론적으로 국민의회는 이 시점에서 소위 외설적 그림들에 관한 법을 (별도로) 제정해서는 안 된다고 말하는 바이다."(7:543)

외양이나 몸가짐에 있어 보수적이며 근엄했으며 사생활에 있어서도 지극히 청교도적이었던[21] 로베스피에르가 자칫 거부하거나 무시하기 쉬운 외설적 표현의 자유에 대해서도 예외를 인정하지 않았다는 것은 자유의 절대성에 대한 그의 확고한 신념을 보여주는 것이다.

---

20 "Sur l'exposition et la vente d'images obscènes" (7 juillet 1791), *Oeuvres*, t. 7, pp. 542~543

21 로베스피에르를 가까이에서 지켜본 의사이자 혁명재판소 배심원이었던 수베르비엘(Souberbielle)은 "로베스피에르는 가식적인 태도가 아니라 (진심으로) 외설적인 얘기들을 피하거나 중단시키곤 하였다."라고 증언했다. Henri Guillemin, *Robespierre, politique et mystique* (Paris, Seuil, 1987), p. 31.

인신의 자유

끝으로 로베스피에르는 개인의 신체, 즉 인신의 자유도 소홀히 하지 않았다.[22] 그는 이를테면 공공의 안전 같은 모호하고 일반적인 구실을 내세워 개인의 신변의 안전을 침해하는 행위에 반대했다.

> "예컨대 한 상인이 부정한 저울을 사용했을 때 사기 행위의 피해자는 상인을 고발할 수 있으며 이 경우 경찰은 상인의 집 안으로 들어갈 수 있다. 하지만 모호하고 일반적인 방식으로 경찰에게 가택의 비밀을 침해할 권리를 부여할 수는 없다. 나는 일반 시민이 가택수색을 당하는 순간이 한 번이라도 있어서는 안 된다는 것을 여러분이 고려하도록 간곡히 청하는 바이다."(7:540)

가택수색처럼 인신의 안전을 침해하는 것은 명백한 범죄 행위가 발생한 경우가 아니면 허용될 수 없다는 것이다. 그럼에도 불구하고 공권력이 적법한 수단을 통하지 않고 시민의 인신의 자유를 침해할 경우, 로베스피에르는 그에 대한 방어권을 인정하였다.[23] 그는 파리 앙리 4세 지구의 치안판사가 세 명의 의원들을 무단 체포 및 신문한 사건을 언급하면서 영국의 인신의 자유의 원리를 프랑스에 도입하고자 한 것이다.

> "영국인들에게 법은 치안관이 자신의 자유를 (불법적으로) 침범하면 그를

---

22 "Sur la police municipale" (5 juillet 1791), *Oeuvres*, t. 7, pp. 539~540.

23 "Nouvel attentat contre la liberté individuelle et contre les droits du peuple" *Oeuvres*, t. 4, pp. 61~65.

죽일 수 있도록 허락한다. 그 법은 인간에게 스스로의 보존을 마련하도록 명령하는 자연권의 결과이다. 그 법의 정신에 따르면 치안관에 의해 불법적으로 체포된 세 명의 시민은 스스로의 힘으로 치안관을 물리칠 권리를 갖는다."(4:62)

로베스피에르는 인권선언이 선포된 프랑스에서 사람들이 "공적 자유와 개인적 자유에 대한 공격이 매 순간 나타나는 것을 보고도 전혀 질겁하지 않는다."(4:62)라고 한탄하면서 "시민적 자유가 없는 정치적 자유는 망령에 불과하다."(4:64)라고 하였다. 그가 볼 때 시민의 사적 자유를 소홀히 한 채 정치적 자유 운운하는 건 부질없는 일이었다.

자유주의자 로베스피에르

이상에서 열거한 것 외에도 로베스피에르는 서신의 자유[24]를 보장하기 위한 연설을 하는 등 기회 있을 때마다 개인의 자유 수립에 노력을 기울였다. 사실 개인의 자유는 1789년 인권선언의 기본 정신이기도 하였다. 인권선언에서 자유는 자연권이자(제1항) 기본권(제2항)으로 선언되었고 타인에게 해를 끼치지 않는 한 모든 것을 행할 수 있는 권리로 규정되었으며(제4항) 제헌의회 의원들도 원칙적으로 자유에 반대하지 않았다. 다만 그들에게 자유란 사회의 안녕과 법질서 유지, 그리고 계급적으로 민중에 대한 통제를 유지할 수 있는 한에서만 인정할 수 있는 상대적

24 반애국적 통신물에 대한 검열을 둘러싼 논의에서 로베스피에르는 통신의 비밀 보장을 주장했다. "귀족적 혹은 반애국적 서신으로 의심되는 우편물이라는 이유로 서신의 비밀을 침해하는 것은 대단히 위험한 선례이며 귀족들의 서신을 압류한다면 애국파의 서신도 압류되지 말란 법이 없다. 나는 서신을 원래 주인에게 돌려줄 것을 요구하는 바이다." "Sur le secret de la correspondance" (28 février 1791), *Oeuvres*, t. 7, p. 85.

가치인 반면,[25] 로베스피에르에게는 절대적 가치였다. 따라서 자유에 관한 로베스피에르의 주장들은 제헌의회에서 대체로 받아들여지지 않았으며[26] 제헌의회 의원들은 인권선언이나 헌법의 개별 조항에 자유를 제한하는 단서들을 다는 데 주저하지 않았다. 의회 내에서 거의 홀로 민중의 자유를 대변한 로베스피에르는 종종 발언 기회가 차단되었고 동료 의원들의 야유로 인해 발언이 중단된 적도 있었다.[27]

사실 로베스피에르는 공포정치의 이미지 때문에 자유주의자로서의 모습은 종종 무시되어왔다. 하지만 앞에서 보았다시피 혁명 초기 로베스피에르는 의회 안에서는 다수 의원에게 맞서고 의회 밖에서는 공권력에 맞서 개인의 절대적 자유를 수호한 열혈 자유주의자였다. 이에 대해 코반도 같은 결론을 내리고 있다. "혁명 초기 모든 권위에 대한 근본적 적대는 로베스피에르의 연설과 저술의 두드러진 특징이다. 만약 정부 권력에 대한 깊은 의심이 자유주의의 상징이라면 반대파 시절 로베스피에르는 제일가는 불굴의 자유주의자였다."[28]

---

25 당시 제헌의회의 의원들은 대부분 부르주아 출신이며 직업적으로는 다수가 법률가들이었다. 그들에게 자유는 신중히 행사되어야 하며 특히 법적 제한과 규제가 수반되어야 하는 것이었다. 그들에게 중요한 것은 구체제의 가장 두드러진 폐단을 없애는 것일 뿐 그 이상의 단계, 즉 자유의 완전한 실현은 고려 사항이 아니었다. 따라서 로베스피에르의 제안들은 너무 대담하거나 무책임한 선동으로 비쳐졌을 것이다. David P. Jordan, *The Revolutionary Career*, p. 46.

26 종교의 자유에 대한 로베스피에르의 주장은 기각되었고 언론의 자유에 관한 주장은 전체 의원 중 세 명의 찬성을 받았을 뿐이다. 명예훼손에 관한 주장과 집회의 자유 그리고 외설적 그림에 관한 주장 역시 받아들여지지 않았다. 이를 두고 1791년 2월 카미유 데물랭은 약간 과장하여 "그는 인권선언의 산 주석이다. 그러나 그가 제안한 법안 중 실제로 채택된 것은 하나도 없다고 생각한다."라고 하였다. Gerard Walter, *Maximilien de Robespierre*, p. 80.

27 장 마생, 『로베스피에르, 혁명의 탄생』, pp. 90~92.

28 Alfred Cobban, "The Political Ideas of Maximilien Robespierre," p. 159.

자유에 대한 로베스피에르의 옹호는 1793년 공포정치가 시작될 무렵까지도 이어졌다. 그가 작성 및 제출하여 국민공회에서 채택된 1793년 인권선언은 민주주의자인 동시에 자유주의자로서 로베스피에르의 면모를 잘 드러내고 있다. 1793년 인권선언 제2조에서 로베스피에르는 "인권의 으뜸은 생존과 자유를 보존하는 권리이다."라고 하여 자유가 생존권과 함께 인간의 양대 권리임을 선언하였다. 제4조에서는 "자유의 한계는 타인의 권리이고 그 수호자는 법이다."라고 하여 자유가 타인의 권리를 침해하지 않는 한 개인의 자유는 억압될 수 없다고 하였다. 이는 그저 원론적 진술이 아니라 자유에 대한 그의 신념을 반영하는 것이며, 그를 확인하듯 로베스피에르는 제18조에서 "법은 사회를 해치는 것만을 금지할 수 있을 따름이며 무엇이 사회에 유용한 것인지는 결정할 수 없다."라고 하였다. 이는 법의 개입이 소극적이어야 한다는 것, 다시 말해 법은 악을 금지할 수 있을 뿐 선을 요구할 수는 없다는 주장으로 개인의 자유에 대한 간섭을 최소화하는 정통 자유주의의 기준에서 보더라도 부족함이 없는 것이다.

그리하여 불와조M. Bouloiseau는 로베스피에르를 기본적으로 뿌리 깊은 개인주의자로 분류했거니와[29] 로베스피에르 자신도 혁명력 2년 니보즈 16일(1794년 1월 5일)[30] "나는 개인은 아무것도 아니라는 격언을 승인하는 것과는 거리가 멀다.… 나는 특수한 이해관계를 무시하는 것이 인간의 위신이라는 생각과도 거리가 멀다."(10:297)라고 하였다. 사람들

---

29 마르크 불와조, 『로베스피에르』, p. 71.

30 "Contre les discussions particulières et pour que Philippeaux soit entendu" (5 janvier 1794), *Oeuvres*, t. 10, pp. 296~300.

은 흔히 로베스피에르를 그 반대로 생각하는데 익숙하지만 사실 개인의 행복과 자유를 우선시했다는 점에서 그는 개인주의자였다.

그럼에도 불구하고 로베스피에르를 개인의 사적 자유에만 치중한 개인주의적 자유주의자로 규정하는 것은 잘못이다. 왜냐하면 그는 공적 자유의 수호에도 힘을 쏟았기 때문이다. 혁명이 진행되면서 로베스피에르는 국왕의 거부권에 맞서 민중 주권을 옹호했고 민중의 참정권과 무장권을 수장함으로써 공적 자유 혹은 적극적 자유의 신봉자로 거듭났다.

2. 공적 자유

개인이 일상생활에서 자신의 신체와 정신을 마음대로 사용하는 것을 사적 혹은 소극적 자유라고 한다면, 공동체 구성원으로서 공적 사항을 결정하는데 참여할 권리, 즉 참정권은 공적 혹은 적극적 자유라고 할 수 있다. 고전적 자유주의에서는 공적 자유를 자유에 포함하지 않기도 하며[31] 사실 자유라기보다는 정치적 권리로 볼 수 있는 면도 있지만, 로베스피에르는 확고하게 자유에 포함시켰다. 그는 "자유란 스스로 부여한 법에 복종하는 데 있으며 예속이란 타율의 의지에 복종하지 않을 수 없는 것이다."(7:162)라고 하였는데 스스로 법을 부여한다는 것은 대의 민주주의에서 자신을 대신하여 법을 제정할 대표를 뽑는 것을 뜻하므로

---

31 벌린은 적극적 자유를 '지위와 인정을 향한 갈망'으로 규정하면서 "그것은 자유의 친척일망정 자유 그 자체는 아니다."라고 하였다. 아이사야 벌린, "자유의 두 개념", 『자유론』, 박동천 역 (아카넷, 2006), pp. 399~401.

대표를 선출할 권리, 즉 참정권을 말한다. 따라서 로베스피에르는 '자유란 참정권에 있으며…'라고 말한 셈이다. 그 근거는 무엇인가?

참정권과 자유

프랑스처럼 규모가 큰 나라에서는 민중이 직접 법 제정에 참여하는 대신 국회의원을 선출하는 참정권을 행사한다. 하지만 제헌의회는 1789년 12월 22일의 법령으로 유산자에게만 선거권을 부여했고 그 결과 프랑스 성인 남성 중 약 3백만 명이 선거권을 박탈당했다.

로베스피에르는 1789년의 인권선언 제6조, "모든 시민은 법의 제정에 참여할 권리를 가진다."를 위반한 이 법령에 대해 '시민에게 참정권을 박탈하는 것은 굴종과 억압의 상태에 두는 것'(6:168)이라고 했으며[32], 특히 '타인이 지정한 사람들을 신뢰하도록 법이 강요한다면 그것은 공적 자유는커녕 개인적 자유의 기초까지 무너뜨리는 것'(6:660)이라고 하였다. 시민이 자신에게 적용될 법을 만들 사람을 자기 손으로 뽑지 못하고 다른 사람이 뽑도록 한다면, 그건 마치 노예가 자신에 관한 결정을 주인의 손에 맡기는 것과 같은 것으로서 그 시민은 정치적 노예 상태, 즉 정치적 자유를 박탈당한 상태가 되는 것이다. 로베스피에르는 다른 연설에서도 '공직자를 자유로이 임명하는 권한은 민중의 자유에 속하는 것'(6:203)이라고 선언함으로써 참정권이 자유의 범주에 속하는 것임을 분명히 하였다. 따라서 제한선거제는 그 많은 사람의 정치적 자유를 박탈하는 것이다. 또한 그는 공적 자유를 박탈당한 사람은 수동 시민으로 분류되어 개인적, 사적 자유를 행사할 때도 어려움을 겪을 것이므로 공적 자유와 사

32 "Sur le droit de vote des comédiens et des juifs" (23 décembre 1789), *Oeuvres,* t. 6, p. 167.

적 자유는 별개로 취급할 수 있는 것이 아니라고 하였다.

식민지 유색인

로베스피에르는 여러 번에 걸쳐 소위 수동 시민, 즉 납세액이 기준에 미달하는 시민 그리고 식민지 자유 유색인들에게 참정권을 박탈하는 법안에 대한 비판을 쏟아냈다. 프랑스령 서인도 제도 식민지 사회에서 백인과 노예 사이 중간 등급을 차지한 자유 유색인은 사실상 흑백 혼혈인들로서 경제적 자유를 누렸지만 참정권과 일부 사회적 권리를 박탈당한 상태였다. 로베스피에르는 1790년 1월 25일에 행한 연설에서[33] 정치적 자유를 박탈당하는 것이 얼마나 비참한 일인지 강조하였다.

> "사람들은 말하고 있다. (자유) 유색인들에게 민사적 권리는 남겨두었고 지금 문제 되는 것은 거의 중요하지 않은 정치적 권리일 뿐이라고… 하지만 백인 지배하의 식민지에서 능동 시민의 권리를 빼앗긴 시민은 어떤 상태일까? 그는 어떤 식으로도 토론할 수 없고 그 선출에 지신이 관여하지 못한 행성관들 그리고 자신을 억누르는 법의 지배를 받아야 하는 사람이다. 그는 자신의 운명이 우월한 신분의 이해관계, 변덕, 정념에 내맡겨진 비천한 인간이다."(7:737)

요컨대 정치적 자유가 없으면, 비록 민사적 혹은 경제적 권리가 있다고 해도 예속 상태를 면할 수 없는 것이다. 로베스피에르는 같은 사안을

---

33 "Sur les droits politiques des hommes de couleur" (24 septembre 1791), *Oeuvres,* t. 7, pp. 727~743.

다룬 후속 연설에서도 정치적 자유의 필요성을 재차 강조했다.

> "우리가 인간에게 평온함과 빵만 있으면 되고 가장 신성한 재산이자 최고의 이익인 자유는 없어도 지낼 수 있는 잉여로 간주한다면 이렇게 생각하는 것이 놀랍지 않다. 하지만 자유를 우상시하는 나, 자유 없이는 행복, 번영, 도덕을 생각할 수 없는 나는 이런 체제를 증오하며, 자유 유색인을 위한 정의에 국민의 관심을 요구하는 바이다."(7:738)

그에게 자유란 행복과 정의, 즉 인간의 최고 이익이자 권리와 직결되는 것으로 결코 안락함이나 부와 맞바꿀 수 없는 것이었다.

로베스피에르는 한 걸음 더 나아가 자유의 원칙이 무너진다면 차라리 식민지가 없는 편이 낫다고 하였다.

> "국민과 식민지의 최고의 이익은 여러분이 자유로운 상태로 남아있으며 여러분 스스로 자유의 기반들을 무너뜨리지 않는 것이다. 그것이 여러분의 행복과 명예와 자유를 대가로 치르게 한다면 식민지는 없어져야 할지니(격한 웅성거림)."(7:362~363)

본국 의회가 식민지에서 자유의 원칙을 지켜내지 못한다면 프랑스인의 행복과 명예와 자유를 손상시키는 것이라는 로베스피에르의 발언은 언뜻 비약처럼 들리기도 한다. 하지만 자유의 원칙이 무너지기 시작하면 프랑스 본토에서도 자유의 지속을 보장받을 수 없다는 점에서 이는 식민지에 국한된 문제가 아닌 것이다. 그러나 식민지 인구의 6%에 불과한 자유 유색인의 정치적 자유가 식민지의 존재만큼 중요하다는 언급은 식민지를 국익과 동일시하던 의원들에게 격한 웅성거림을 초래하기에 충분했을 것이다. 그럼에도 불구하고 식민지의 정치적 자유에 관한 로베스피에르의 일련의 노력은 결실을 거두었다.[34]

수동 시민

식민지에서 자유 유색인의 공적 자유가 이슈였다면 본국에서는 수동 시민으로 분류된 빈사들의 공적 자유가 현안이었다. 로베스피에르는 빈자들에게 참정권을 박탈한 법안에 대해 항의했다. 그는 1791년 4월 「시민의 권리 행사를 은화 1마르크 혹은 며칠간의 일당 금액 조세납부와 결부시키는 법령의 폐지 필요성에 관해」라는 긴 제목의 연설문에서[35] 우선 의회의 존재 이유부터 거론했다.

> "우리는 왜 이 법의 전당에 모여 있는가? 물론 프랑스 국민에게 모든 인간이 가지는 불멸의 권리 행사를 가능케 하기 위함이다. 그것이 모든 정치체제의 목적이다. 만약 체제가 그 목표를 충족하면 그 체제는 정당하고 자유로우며, 그를 어기면 인류에 대한 범죄이다."(7:161)

한 마디로 의회가 국민의 권리를 지켜주는지가 체제의 정당성의 기준

---

34 로베스피에르는 1791년 5월 11일에도 백인과 자유 유색인의 권리의 평등을 주장하는 연설을 했으며, 결국 제헌의회는 그 나흘 후 5월 15일에 부모 양친이 모두 자유인인 자유 유색인에게 정치적 권리를 부여하는 법령을 가결했다. 다만 이 법령은 식민지 백인들의 격렬한 반발을 초래하여 1791년 9월 24일에 폐지되는 등 우여곡절을 거쳤으나 결국 1792년 3월 28일의 법으로 자유 유색인의 권리의 평등이 확립되었다. 프레데릭 레장, 「식민지를 통해 보는 프랑스 혁명사」, 피에르 세르나 외, 『끝나지 않은 프랑스 혁명』, 김민철 외 역 (두더지, 2013), pp. 90~94.

35 "Sur le marc d'argent" (avril 1791), *Oeuvres,* 7, pp. 158~174.

인 것이다. 이어 로베스피에르는 권리의 내용으로 의회가 선언한 자유, 평등 그리고 국민주권을 들었으며 특히 법은 '일반 의지의 표현'이라고 함으로써 주권자 국민의 총체적 의사가 결집한 것임을 상기시켰다.

그럼에도 불구하고 제헌의회는 국민 다수를 법의 형성 과정에서 배제하여 법이 국민의 총체적 의사를 반영할 수 없도록 했다.

> "민중의 다수가 어떤 식으로도 법의 형성에 참여할 수 없다면 그 법이 일반 의지의 표현인가? 아니다. 그럼에도 노동자 3일분 일당에 해당하는 액수의 조세를 납부하지 않은 사람에게 입법의회 의원 선거인단 선출권 자체를 거부하는 것, 그것이 프랑스인 다수를 법의 형성에 절대적 이방인으로 만드는 것이 아니라면 무엇이겠는가? 따라서 이 조항은 본질적으로 반헌법적이며 반사회적이다."(7:161)

그는 일반의지를 반영하지 않고 헌법을 해치며 사회의 평화를 어지럽히는 제한선거제 법안은 권리의 평등도 침해한다고 하였다. "일부는 입법기구의 성원으로 선출될 수 있는 권리를 배타적으로 누리고 다른 자들은 그들을 선출할 수 있는 권리만 누리며 다른 자들은 이 모든 권리를 동시에 박탈당하는 상태에 처할 때 인간은 권리에 있어서 평등한가?"(7:161) 두 단계의 자격 제한으로 시민을 입법의원 피선거권자, 입법의원 선거권자 그리고 무자격자, 즉 수동시민으로 분류하는 법안이 권리의 평등에 위배됨은 분명하다.

로베스피에르는 1791년 8월 11일 제헌의회에서 동일 사안을 다시 다루면서[36] 이는 봉건적 신분제보다 더 심한 차별이라고 비판하였다. 봉건적 신분제가 불합리하고 굴욕적이지만 제한선거제 법안은 국민의 행복을 좌우할 대표 선출권에 관한 것이므로 시민의 권리와 운명에 훨씬 더 실질적 영향을 끼치는 새로운 차별이라는 것이다.(7:619)

나아가 로베스피에르는 참정권의 기준이 납세와 재산이 되는 것도 옳지 않다고 하였다. 정직성과 재능은 재산과 무관한 것이기 때문이다. 뿐만 아니라 빈자들이 독립적 판단을 하기 어렵다는 주장에 대해 그는 장인이나 자영농이 부자보다 더 독립적인데 왜냐하면 "그들의 소망과 필요는 호사가 낳는 파괴적인 정념에 짓눌리지 않았기 때문이다."(7:620)라고 하였다. 오히려 사치나 호사에 사로잡힌 부자일수록 독립적 판단을 하기 어렵다는 것이다.

그는 부자가 주변과 사회에 더 큰 관심과 애착을 갖는다는 말도 진실이 아니라고 하였다. 왜냐하면 사람들이 동료나 사회에 관심을 갖는 것은 순수한 동료애 혹은 인간애에서 나오기 때문이다. 그리고 주변에 대한 관심은 오히려 재산이 적은 사람이 더 큰 법이다. "장인은 자신의 급료, 자신의 작은 저축에 애착을 느끼고 자신을 가족과 함께 살아가게 하는 수단들에 애착을 느끼는 반면, 부자는 엄청난 영지에 애착을 두기 때문이다."(7:621~622) 부자들은 자신의 재산에만 신경을 쓰면 되므로 외부에 대해 무관심하지만, 재산이 적은 사람들은 오히려 급료, 저축 그리고 일자리 등 사회적 수단들에 관심을 두지 않을 수 없는 것이다.

뿐만 아니라 제한선거제는 약자 보호라는 법의 취지에도 어긋난다.

---

36 "Discussion du projet de constitution (suite). Sur le marc d'argent et sur le cens électoral" (11 août 1791) *Oeuvres*, t. 7, pp. 617~631.

"법은 가장 약한 자를 보호하기 위해 만들어지고 가장 약한 자는 법의 보호를 가장 필요로 하는 자이며 부유한 자는 법의 보호가 없이도 살아갈 수 있다."(7:622) 그럼에도 불구하고 법의 보호가 필요 없는 사람들이 법을 가장 필요로 하는 사람들보다 더 법에 큰 영향을 행사한다는 건 난센스인 것이다.

특히나 민중들은 입법부를 선출한 사람들인데 그들을 배제하는 건 입법부의 자기 부정이 아닐 수 없다. "스스로 여러분을 이 의회에 보낸 것이 누구인지, 여러분의 성격과 자격이 무엇인지를 떠올려 보시오. 그들은 2분의 1마르크, 1마르크 은화로 계산된 선거인들인가?(아니, 아니)… 여러분 중 다수는 여러분이 부과한 조건에 미달하는 사람들로부터 권력을 부여받은 사람들인데 그러한 여러분이 그들이 위탁한 권력을 사용할 수 있는지 묻고자 한다."(7:622) 제헌의회는 국민의 보통선거로 선출된 삼부회가 이름만 바꾼 것이므로 제헌의회 의원들 중 특히 평민대표들은 제한선거제 대로라면 무자격자들에 의해 선출된 셈인데 이 경우 자신들의 권리 행사가 가능하다고 생각하는지 추궁한 것이다.

이처럼 로베스피에르는 제한선거제에 대한 비판을 이어가면서 모든 성인 남성에게 투표권을 부여하는 보통선거제 수립을 주장했는데 이는 결국 1792년 9월 국민공회 선거에서 실현됨으로써 결실을 맺게 되었다.

사회적 약자와 자유

자유 유색인과 수동 시민에 이어 로베스피에르는 배우, 유대인, 개신교도 등 차별받는 소수 집단의 공적 자유, 즉 그들의 시민권에 대해 발언하였다.[37] 그는 사회적 편견에 의해 공직 피선거권에서 사실상 배제된 배우들의 권리를 인정하고 존중하면 그들이 사회에 기여할 수 있다고 하였다.

> "불합리한 편견이 더 이상 그들의 권리에 반대하지 않는다면 배우들은 공적 존중을 받을 것이며, 그럼으로써 그들의 덕은 공연과 연극을 정화시키는데 이바지하고 좋은 행실의 원칙과 애국심을 가르치는 공공의 학교가 될 것이다."(6:167)

배우는 공공정신을 인도하는 중요한 위치에 있는 만큼 그들이 공적 존중을 받으면 시민들의 덕을 고취하는데 앞장설 수 있다는 것이다.

또한 로베스피에르는 차별받던 유대인의 처지에도 공감하면서, 흔히 지적되는 유대인의 악폐는 그들의 잘못이 아니라 '다른 시민들이 누릴 수 있는 이점을 박탈함으로써 그들이 공공의 이익에 어긋나도록 자극한 것'(6:169)에서 유래했다고 하였다. "우리는 그들을 모든 명예, 공적 존중을 받을 수 있는 권리로부터 배제해버린 다음 투기적 돈벌이 밖에 남겨주지 않았던가?"(6:168) 이는 유대인이 일반 생업에 종사하는 것이 금지된 까닭에 고리대금업으로 몰릴 수밖에 없었던 역사를 말하는 것이다.

따라서 유대인의 악폐를 이유로 들어 차별한다면 이는 그들이 박해의 희생자였기 때문에 다시 한 번 차별받아야 한다는 부당하고 냉혹한 논리인 것이다.

---

37 "Sur le droit de vote des comédiens et des juifs" (23 décembre 1789), *Oeuvres,* t. 6, pp. 167~170.

"그것(박해)은 오히려 인간 불멸의 권리를 그들에게 부여함으로써 우리가 속죄해야 할 국민적 범죄가 아니던가.… 그들에게 인간과 시민의 존엄성을 부여함으로써 행복과 조국 그리고 덕성을 돌려주도록 하자. 무어라 말하든 간에 우리와 함께 살고 있는 다수의 사람을 굴종과 억압의 상태에 처하게 하는 것은 결코 정치가 되지 못 한다."(6:168)

한마디로 유대인에게도 시민권 부여를 통해 존엄성을 인정함으로써 덕을 발휘할 기회를 주어야 한다는 것이다.[38] 여기서 주목할 것은 로베스피에르가 덕의 조건으로 자유와 권리를 강조했다는 점이다. 배우나 유대인 모두 자유와 권리가 인정되지 않았기 때문에 덕을 발휘할 수 없었다. 자유와 덕은 연결되는 것이다.

자유의 한계

로베스피에르는 자유의 절대성을 옹호하면서 "법의 권능은 각자에게 타인의 권리를 침해하는 것을 금지하는데 국한된다."(7:321)라고 하였다. 이는 물론 법의 한계를 강조한 것이지만 동시에 자유에도 한계가 있다면 타인의 권리가 그것이라는 말이다. 로베스피에르가 자유의 한계를 언급한 것은 주로 경제적 자유의 경우였다.

경제적 자유에서 그는 특히 곡물 거래의 자유를 문제시했는데[39] 그

38 1787년 '관용칙령'이 발표됨으로서 개신교도들의 시민권이 복권되었지만, 유대인 처우 문제는 로베스피에르의 주장에도 불구하고 계속 보류되었으며 1791년 9월 27일에 비로소 유대인을 완전한 프랑스 시민으로 인정하는 법령이 통과되었다. 한명숙, 「M. 로베스피에르의 종교사상과 종교정책」, p. 32, 각주 89.

39 "Sur les subsistances" (2 décembre 1792), *Oeuvres*, t. 9, pp. 109-120.

이유는 곡물, 즉 식량의 특수성 때문이다.

> "(곡물) 거래의 자유 이론을 만든 사람들은 생명에 가장 필요한 식량을 일반 상품으로만 생각했을 따름이다. 예컨대 밀과 면화 사이에 어떤 차별도 두지 않았다. 그런데 내가 화려한 직물을 꼭 살 필요는 없지만 나와 자식들을 위해 빵을 살 수는 있어야 한다. 도매상은 사치와 허영이 탐하는 상품들을 가장 높은 가격에 팔 수 있을 때까지 자신의 창고에 보관할 수 있지만 기근으로 죽어가는 동료 시민들 곁에 밀 포대를 쌓아둘 권리란 없는 것이다."(9:111~112)

요컨대 생존에 꼭 필요치 않은 일반 상품의 경우 거래의 자유가 인정되지만, 밀의 경우 팔지 않고 쌓아 둘 자유로 인해 시민들의 생명이 위협받는다면 그 자유는 인정할 수 없다는 것이다.[40] 나아가 그는 '동료 시민들의 생명을 희생시켜 행하는 모든 상업적 투기는 결코 거래가 아니라 강도질이며 동료 살해'(9:112)이므로 시민의 생존을 위태롭게 하는 독점 상인을 살인자로 처벌해야 한다고 하였다. 그는 시장경제의 요소들, 즉 사유재산과 거래의 자유를 문제 삼지 않았으나 식량의 경우는 예외로 한 것이다.

이를 재산권 침해라고 항의하는 사람들에게 로베스피에르는 반문한다. "곡물 상인에게 생산물을 시장에 팔도록 강제하고 야간 운반을 금지하는 조치가 적법한 것이냐고 따지는가? 사회의 이익이 요구하는 일반

---

40 국민공회는 1793년 7월 26일에 매점단속법을 가결함으로써 로베스피에르가 이전부터 주장해 온 바를 실행했다.

치안의 조치들을 재산권에 대한 침해로 간주하는가? 사회가 시민들의 생계에 필요한 부분을 요구하는 것은 사회의 권리이자 성스러운 의무이다."(9:114) 그는 시민의 생존은 개인의 재산보다 우선하며 사회가 담당할 의무라고 하였다.

> "사회의 으뜸가는 목표는 무엇인가? 인간 불멸의 권리를 유지하는 것이다. 이 권리 중 으뜸은 무엇인가? 생존권이다. 사회의 제일의 법칙은 모든 구성원에게 생존 수단을 보장하는 것이며 다른 모든 것은 이 법칙에 종속된다. 재산권은 그것을 확고히 하기 위해 제정되거나 보장될 따름이다."(9:112)

한마디로 재산권도 생존을 위해 존재한다는 것이다. 이처럼 생존권을 재산권의 상위범주로 분류한 로베스피에르에 대해 뎅글리는 "당시 아무도 그것을 제기하지 않았을 때 로베스피에르는 생존권을 사회적 우선순위로 제시하였다."라고 평가했다.[41]

그럼에도 불구하고 로베스피에르가 볼 때 곡물거래의 자유가 흔히 불가침의 영역으로 인식되는 이유는 의원들의 이해관계와 경제적 자유에 대한 맹신 때문이다. 그는 곡물 거래에 관한 제헌의회의 입법은 이익과 편견에 입각해 탄생했다고 하였다. "민중의 흡혈귀들을 위한 수백만 리브르, 교역의 무제한의 자유,… 이러한 것이 최초 입법자들이 자랑해 마지않던 정책이었다."(9:111) 교역 자유론자들은 도매상이나 지주의 이익을 고려할 뿐 일반인의 생계는 거의 관심을 두지 않았다. 결국 제헌의회가 제정하고 입법의회에서도 신성시된 교역의 자유는 그저 민중을 착취

41 Laurent Dingli, *Robespierre*, p. 296.

하는 자유였던 것이다.

그러나 의원들은 곡물 거래의 자유가 민중의 생존을 위협한다는 사실을 인정하려 들지 않았다. 그들은 식량 부족으로 민중 소요가 발생한 경우에도 그것을 흔히 외부 세력의 선동 탓으로 돌리곤 했다.

> "나는 사람들이 종종 소요의 상황에 대해 외부 세력의 개입을 주장한다는 것을 알고 있다.… 하지만 민중은 항상 순수한 의도에 의해 인도되며 악의를 품은 자들이라 할지라도 민중의 눈에 강력하고 정당한 동기를 제시하지 않는 한 그들을 움직일 수 없다. 그들이 식량이라는 핑계로 불만을 지나친 행동으로 이끈다 할지라도 그것은 민중이 억압과 빈곤의 결과 그 주장을 받아들일 마음이 있기 때문이다. 행복한 민중이 난폭한 적은 한 번도 없었다."(9:116)

민중은 순수하며 정당하고 강력한 동기가 있을 때만 움직이므로 민중이 행동에 나섰다면 그것은 외부세력 개입 여부를 막론하고 상황이 그만큼 비참하고 불행했다는 증거이다. 따라서 외부 세력 운운하는 것은 민중의 비참을 외면하고 왜곡하는 것이다.

결론적으로 로베스피에르는, 식량 관련 입법의 원칙은 사회의 모든 구성원들에게 생존에 필요한 식량의 확보를 보장하고 지주와 경작자들에게는 노력의 대가를 보장하며 잉여분을 거래의 자유로 넘기는 것이라고 하였다. 그런데 여기서도 로베스피에르는 입법자의 역할과 관련하여 덕의 개념을 강조했다.

> "입법자가 인간에게 베풀 수 있는 가장 큰 봉사는 그들이 정직한 인간이 되

도록 하는 것이다. 인간의 가장 큰 이익은 재화를 쌓는 것이 아니고 재산의 가장 큰 즐거움은 백 개의 가난한 가족의 식량을 빼앗는 것이 아니다. 동료 시민들의 고통을 덜어주는 즐거움과 조국에 봉사하는 영광은 이 한탄스러운 이점보다 훨씬 더 가치 있는 것이다."(9:117)

입법자가 법 제정을 통해 상인이나 지주들로 하여금 동료 시민들의 생존을 도와주고 국가에 봉사하도록 이끈다면 우선 상인이나 지주들 스스로 즐거움과 영광을 느끼게 될 것이며, 입법자 또한 그들을 선한 인간이 되게 하였으므로 가장 값진 봉사를 한 셈이다. 앞에서 로베스피에르는 덕을 자유 및 권리와 연결시킨 바 있는데 여기서는 그것을 인간의 행복과 즐거움의 필수 요소로 강조하고 있다.

로베스피에르와 자유

로베스피에르는 혁명 경력의 시작부터 끝까지 자유의 실현을 제일의 목표로 삼았다. 그가 주장한 자유는 1789년 인권선언의 정신을 구현한 것으로서 자신이 작성한 1793년의 인권선언에서도 강조되었다. 이처럼 로베스피에르가 혁명기 내내 자유를 역설했다는 것은 국민의회와 입법의회 의원들이 인권선언의 취지에 충실하지 않았다는 반증이기도 하다. 그나마 로베스피에르가 없었다면 어떻게 되었을까? 그것은 그가 사라진 지 1년도 안 되어 공화주의자들이 제출한 1795년의 권리선언이 자유와 평등을 자연권으로 인정하지 않는 등 그 이전의 선언들에 비해 명백한 후퇴로 나타난 것에서 짐작할 수 있을 것이다.[42]

42 "1795년의 선언은 자연권에 대해 침묵했고 저항권, 국민주권, 표현의 자유, 언론 출판의 자유,

로베스피에르의 자유주의는 개인의 사적 자유에 머무르지 않고 공적 자유까지 포괄했다는 점에서 부르주아적 자유주의보다는 민주주의의 계보에 위치시킬 수 있다. 수정주의 역사인식의 선구자였던 코반도 로베스피에르의 이념이 18세기 말에 발달하기 시작한 민주주의 이론의 역사에서 중요한 위치를 차지한다고 말했다시피[43] 실로 그가 제시한 자유의 이념은 민주주의 역사의 이정표가 된다고 할 것이다.

나아가 로베스피에르의 자유관은 자유를 둘러싼 논쟁에도 시사점을 던져준다. 알다시피 20세기 말 신자유주의가 출현하면서 다시 활기를 띠게 된 자유의 본질과 범위에 관한 논의는[44] 주로 소극적 혹은 사적 자유 대 적극적 혹은 공적 자유의 대립으로 이루어지고 있으며 보수와 진보의 대립만큼이나 긴 역사를 가진다.[45] 이토록 긴 논의의 역사에서 로베스피에르가 새로운 차원을 제시한다면 그것은 그가 자유의 이름으로 사적 자유와 공적 자유를 포괄함으로써 영·미의 이분법적 인식을 뛰어넘는 시도를 했기 때문이다. 그의 자유주의 이념을 적극 반영한 1793년의 프랑스 인권선언은 '프랑스적' 자유주의의 현장이라 할 것이다.

청원권, 봉기권 등 혁명의 주요 쟁취물들을 삭제했다.", 최갑수, 「1789년의 『인권선언』과 혁명기의 담론」, 『프랑스사 연구』, 4 (2001), p. 27.

43 Alfred Cobban, "The Fundamental Ideas of Robespierre," p.156.

44 현재의 자유주의 논의에 관해서는 사이토 준이치, 『자유란 무엇인가』, 이혜진 외 역 (한울 아카데미, 2011), pp. 15~27.

45 이 논의는 가깝게는 20세기 후반 벌린이 제시한 소극적 자유 대 적극적 자유의 대립으로 거슬러 올라가며, 멀리는 17세기 영국혁명기 왕당파 대 공화파의 대립까지 거슬러 올라간다. 아이사야 벌린, 「자유의 두 개념」, pp. 339~422; 퀜틴 스키너, 『자유주의 이전의 자유』, 조승래 역 (푸른역사, 2007), pp. 12~17.

자유에 관한 검토를 마치기 전에 짚고 넘어갈 것은 로베스피에르의 자유가 절대적 개념이지만 다른 모든 요소로부터 독립된 개념은 아니라는 점이다. 곡물 거래의 자유에서 보다시피 자유는 타인의 권리를 위협할 경우 한계를 맞게 된다. 물론 그 한계는 사회 질서 혹은 공공의 안녕 같은 추상적이고 모호한, 그리하여 남용되기 쉬운 것이 아니라 타인의 권리와 같은 구체적이고 분명한 경우에 해당한다. 이처럼 로베스피에르의 자유는 권력에 대해서는 절대적이지만 인권에 대해서는 상대적이라는 점에서 공동체적 자유의 측면을 띠고 있다. 이를테면 나의 자유는 동료 시민들을 나와 평등한 존재로 인정하고 그들의 권리와 자유를 존중함으로써만 성립하는 것이다. 한마디로 자유란 평등을 전제로 하는 것이다.

05 평등

근대 민주주의는 평등이란 난제에 대해 다소간 절충을 취한 것으로 보인다. 불평등은 바람직하지 않지만 그렇다고 완전한 평등, 즉 경제적 평등은 보장하기 어려운 현실에서 권리의 평등이란 타협점을 찾아낸 것이다. 그럼으로써 부의 균등은 아니더라도 만인이 적어도 기회의 균등을 보장받는 것이다.

그런데 이러한 절충적 평등마저도 그것이 수립되는 과정은 순조롭지 않았다. 프랑스 혁명기 제헌의회는, 권리의 평등을 규정한 1789년 인권선언에도 불구하고, 경제적 불평등은 물론 제한선거제에서 보듯이 권리의 불평등까지 당연시하였다. 혁명 초기의 평등은 부르주아지와 특권계급 사이의 평등이었지 부르주아지와 민중, 즉 부자와 빈자 사이의 평등은 아니었던 것이다. 이러한 추세에 저항하면서 만인의 권리의 평등을 주장했던 로베스피에르는 혁명기 의회에서 외로운 투쟁을 한 셈이며 그 노력은, 돌이켜보면, 근대 민주주의의 기초를 닦은 것이었다.

1. 재산과 평등

부의 평등

앞 장에서 본 것처럼 1791년 헌법을 수립하는 과정에서 제헌의회는 제한선거제를 채택하여 빈자의 참정권을 박탈하였다. 로베스피에르는 이를 비판한 연설에서[1] 우선 차별의 근거가 되는 조세 납부, 다시 말해 재산 소유는 개인의 능력이기보다 사회가 부여한 혜택이라고 하였다.

> "여러분이 국고에 나보다 더 많은 세금을 납부한다면, 그것은 사회가 여러분에게 더 큰 금전적 혜택을 부여했기 때문이 아닌가? 그리고 이 생각을 조금 더 밀고 나가, 모든 부를 소수의 수중에 집중시키는 이 부의 극단적인 불평등의 원천은 무엇인가? 그것은 잘못된 법, 잘못된 정부 그리고 결국 부패한 사회의 해악이 아니겠는가? 그런데 왜 이 폐단의 희생자들이 다시 한 번 그들의 불행으로 인해 시민적 존엄성의 박탈이라는 벌을 받아야 한단 말인가?"(7:165)

잘못된 법과 부패한 사회의 희생자인 빈자들에게 권리까지 박탈한다면 그들을 이중 처벌하는 것이다. 이처럼 부의 지나친 불평등이 개인이 아니라 사회의 책임이라면 그 해결책은 법과 제도에서 찾아야 한다.

그럼에도 불구하고 로베스피에르는 부를 공격하거나 법을 통한 부의 재분배를 주장하지 않았다.

---

1 "Sur le marc d'argent" (avril 1791), *Oeuvres*, t. 7, pp. 158~174.

"나는 여러분이 받은 유리한 몫을 질투하지 않는다. 왜냐하면 이(재산의) 불평등은 필요악이거나 치유할 수 없는 악이기 때문이다. 하지만 적어도 어떤 인간의 법으로도 내게서 앗아갈 수 없는 불멸의 재산들을 빼앗아가지는 말지어다."(7:165)

로베스피에르는 두 가지를 강조하고 있는데 하나는 부의 불평등은 피할 수 없다는 점, 다른 하나는 그럼에도 불구하고 빈자들의 권리는 부자들의 그것과 동등하게 보장해야 한다는 것이다. 그것은 하늘이 내려준 불멸의 재산으로써 인간이 박탈할 수 없는 것이므로.

실로 로베스피에르는 마치 부자들을 안심시키려는 듯 "재산의 평등은 시민사회에서 근본적으로 불가능하다. 그것은 분명히 공상적인 (재산) 공동체를 필연적인 전제로 하기 때문"(4:117)이라고 하여 재산의 평등이나 공유는 현실에서 실현될 수 없다는 입장을 고수하였다. 이렇듯 부에 관한 로베스피에르의 입장은 뜻밖에 보수적인 편이었는데, 그렇다고 이를 혁명 초 비교적 온건한 제헌의회의 분위기에 맞춘 일시적 입장으로 보기는 어렵다. 왜냐하면 그는 혁명이 진전된 국민공회에서도 같은 입장을 유지했기 때문이다. 1793년 4월 24일 로베스피에르는 새로운 인권선언의 수립을 제안하면서 "농지법이란 바보들을 겁주기 위해 사기꾼들이 만들어낸 망령에 지나지 않는다. 우리는 재산의 평등이 환상일 뿐이라는 것을 잘 납득하고 있다."(9:459)라고 하였다. 토지의 균등분배를 주장하는 농지법이나 재산의 평등이 비현실적이라는 입장은 제헌의회 시절과 달라지지 않은 것이다.

나아가 로베스피에르는 '실현 불가능한' 부의 재분배를 주장하는 자들을 비난하고 나섰다. "우리는 그들이 이 혁명의 시작부터 터무니없는 공갈인 농지법 관념을 통해 모든 부자를 겁주려 했던 것을 보지 않았는가? 그들은 마치 자유의 수호자들이 그만큼 위험하고 부당하며 실행 불가능한 계획(농지법)을 생각하는 몰상식한 자들인 것처럼 그것을 고집스레 재생산했다."(4:116~117) 그에 따르면 농지법을 주장한 자들은 재산의 평등이 현실에서 불가능하다는 것을 알고 있으면서도 마치 혁명파가 비현실적 계획을 추진하는 것처럼 보이게 함으로써 혁명파의 평판을 훼손시키려는 정치적 의도를 띠었다는 것이다. 분명 로베스피에르의 발언에는 사유재산을 공격할 경우 애국파 부르주아지를 분열시킬 것에 대한 우려도 작용했을 것이다. 하지만 이는 그가 내심으로 재산의 평등론자라는 말은 아니다.

권리의 평등

뒤에서 볼 것처럼 로베스피에르는 재산의 극단적 불평등을 방관하지 않았으며 그를 완화할 상속이나 세제 등 구체적 제안을 내놓기도 했다. 그러나 그가 역점을 두었던 것은 부의 평등보다는 권리의 평등이었다.

> "우리는 권리의 평등을 원하는데 왜냐하면 그것이 없이는 자유도 사회적 행복도 없기 때문이다. 재산에 관해 말한다면 일단 사회가 그 성원들에게 노동을 통해 필수품과 식량을 보장하는 의무를 이행했을 때 자유의 벗들은 재산을 바라지 않는다. 타락으로 인도하는 부는 그것을 박탈당한 사람들보다는 그를 소유한 자들에게 더욱 해로운 것이다."(4:117)

자유와 행복을 위해서는 권리의 평등이 우선이고 재산의 경우, 지나친 부는 오히려 사람을 타락으로 인도하므로 생계유지 수준만 되면 충분하다는 로베스피에르의 주장은 관념적으로 보이는 것이 사실이다. 그럼에도 불구하고 그것은 아래에서 볼 것처럼 덕의 정치와 관련하여 나름의 근거와 논리를 갖춘 것이었다. 또한 주목할 것은 "권리의 평등이 없이는 자유도 없다."고 말한 대목으로서 이 역시 뒤에서 보겠지만, 자유가 평등을 전제로 한다는 점을 시사하고 있다.

2. 덕과 평등

부와 빈곤

로베스피에르는 부를 도덕적 관점에서 접근하였다. 그는 부자들을 '황금에만 눈이 팔린 비열한 심성들'이라고 비난했으며 "큰 부는 그것을 소유한 자들이나 부러워하는 자들을 타락시키게 마련이다."라고 저주하였다. 하지만 "나는 그대들의 금은보화를 손대지 않을지니. 그 출처가 아무리 더러운 것이라 할지라도."(9:459)라고 말한 것처럼 그는 부자들이 재산에 관심을 두기보다는 그것을 악으로 단정하여 무시하거나 거리를 두는 입장을 취했다.

따라서 빈부 격차에 대해 로베스피에르가 제시한 해법도 도덕적 차원의 것으로서, 이를테면 가난을 명예로운 것으로 칭송하는 일이었다.

> "나는 사적인 행복보다 공적인 행복이 더 필요하다고 생각한다. 사치를 추방하기보다는 가난을 명예로운 것으로 만드는 일이 그에 해당할 것이다. 궁전의 진흙탕 속에서 태어난 크세르크세스의 후계자이기보다는 공화국

이 돈을 대어 프리타네에서 길러진 아리스티데스의 아들이 되고자 할 것이다."(9:459~460)

자신은 페르시아 제국 왕자의 호사를 부러워하기보다는 검소한 아테네 애국시민의 명예를 선호한다는 것이다.

이처럼 로베스피에르에게 진정한 행복은 공적이며 정신적인 것, 이를테면 시민들이 수여한 명예와 같은 것이었으며 물질적 부는 오히려 타락의 원천이었다.[2]

"민중의 수호자 중 일부는 타락으로 빠져들었다. 나 역시 부와 내 영혼을 맞바꿀 수 있었을 것이다. 하지만 나는 부를 범죄의 대가일 뿐 아니라 범죄에 대한 형벌로 간주하며 불행하지 않기 위해 가난하기를 원한다(박수)."(9:488)

부를 얻는 건 범죄 행위이고 부에 수반된 호사는 범죄에 대한 형벌이므로 불행해지지 않기 위해 가난을 원한다는 로베스피에르의 말에 얼마나 많은 민중이 공감했을지 의문이다. 그들은 빈곤을 미덕보다는 그냥 고통으로 인식하지 않았을까?

이는 충분히 품어볼 수 있는 의심이지만 그렇다고 로베스피에르의 발언을 민중의 처지나 바람과 동떨어진 공허한 설교라고 단정해버리는 건 성급하다는 생각이 든다. 왜냐하면 로베스피에르가 의미한 '민중'과 '가

2 실제로 당통이 로베스피에르에 대해 "사람들은 아마 그가 돈에 겁을 먹고 있다고 할 것이다." 라고 말할 정도로 그는 실생활에서도 부와 사치에 대해 마치 악을 대하듯 거리를 두었다. Henri Guillemin, *Robespierre, politique et mystique*, p. 28.

난'은 근대 민중의 전형인 19세기 프롤레타리아와 그들의 빈곤, 즉 도시 빈민가에서 비참한 생활을 영위한 무산대중의 빈곤과는 조금 달랐기 때문이다. 로베스피에르가 민중에 대해 묘사한 대목을 보면 "상-퀼로트는 노동자와 장인과 봉급생활자와 시골의 소지주와 소작인들의 계급이다. 그들은 재산의 평등을 주장한 적이 결코 없으며 권리와 행복의 평등을 주장했다."(9:488)라고 하였다. 그가 염두에 둔 민중은 상-퀼로트, 즉 소박하고 검소하지만 독립적인 생활을 영위하는 숙련 노동자, 장인 그리고 소농들로서 프롤레타리아와는 거리가 있다.

그의 민중, 즉 상-퀼로트의 행복이 어떤 형태인지 알기는 어렵다. 그는 이들의 생활이나 이상에 대해 묘사한 바가 없기 때문이다. 한 가지 방법으로 로베스피에르의 스승이었던 루소가 『고백록』에서 묘사한 민중의 이상적 생활을 들여다봄으로써 로베스피에르의 생각을 유추해볼 수 있을 것이다.[3] 루소는 만약 자신이 평온하고 남의 눈에 띄지 않는 솜씨 좋은 장인의 - 제네바의 조각공 같은 - 직업을 가졌다면 행복했을 것이라고 말했다. 이러한 직업은 궁색하지 않은 생활을 유지할 만큼 충분한 돈벌이가 되지만 치부를 하기는 충분치 않아서 사는 동안 다른 야심을 갖는 것을 제한할 것이다. 루소는 만약 자신이 그런 직업을 가졌다면 조국과 가족과 친구들에게 둘러싸여 평화롭고 안락한 삶을 보냈을 것이라고 하였다. 로베스피에르도 바로 이런 생활, 즉 독립적 생계유지가 가능하지만 재산을 모으기는 어려운 상태, 그리하여 평화롭고 안락한 삶 말고는 다른 야심은 가질 수 없는 상태를 민중의 이상적인 생활로 보지 않았을까 싶다. 그것이 또한 그가 말한 덕을 발휘하고 행복해지는데 가장 적

3 장 자크 루소, 『고백록』 1, 이용철 역 (나남, 2012), pp. 74~75.

합한 상태였을 것이다.

불평등 상속

그런데 앞에서 말했다시피 로베스피에르는 재산상의 지나친 불평등에 대해 방관하거나 무관심한 것은 아니었다. 그는 특히 불평등을 조장하는 제도를 개선하는 것이 필요하다고 보았고 그를 위해 실질적인 노력을 기울였는데, 그 중 대표적인 것이 유언장이라는 불평등 상속 관행을 금지시키고자 한 것이다.

일찍이 몽테스키외는 평등 분할 상속법이 공화국에 좋은 법이라고 하면서, 그 이유는 분할 상속을 하면 자식들은 늘 그 아버지보다 가난한 까닭에 사치를 피하고 근면하게 일하게 되기 때문이라고 하였다.[4] 평등 분할 상속이 자식들에게 덕을 일깨우는 역할을 한다는 것이다.

로베스피에르도 1791년 헌법의 상속 관련 조항 토론에서[5] 최소한 법으로 불평등을 조장해서는 안 된다고 못 박았다. "여러분, 나는 재산 분배의 완전한 평등을 수립하는 것이 불가능하다는 걸 잘 알고 있습니다. 하지만 말하건대 법의 목적은 사물의 이치가 허락하는 한, 평등을 유지하는 것이어야 하며 법 자체가 그를 위태롭게 한다면 법은 이성의 모든 원칙을 침해하는 것입니다."(7:181)

왜냐하면 지나친 불평등이 해악이라는 건 부정할 수 없기 때문이다. "평등은 모든 선의 원천이며 극도의 불평등은 모든 악의 근원입니다. 불평등에는 독재자와 노예 그리고 억압자와 피억압자가 이어지며 그것에

---

4 샤를 루이 몽테스키외, 『법의 정신』, pp. 73-74.

5 "Sur les inégalités dans les successions" (5 avril 1791), *Oeuvres,* t. 7, pp. 181~194.

의해 인간이 인간을 예속시키고 동료 시민을 자신의 자만심의 도구로 만듭니다."(7:181) 로베스피에르는 경제적 불평등이 초래되면 빈자는 부자의 노예이자 도구가 됨으로써 인간의 자유가 침해된다는 점을 강조한 것이다.

그는 또한 지나친 부가 사람들을 타락시킨다고 하였다.

> "커다란 부는 지나친 사치와 관능을 낳는데 그것은 그를 소유한 자와 동시에 그를 부러워하는 자도 타락시키며 그 때 덕은 멸시받고 오직 부만이 명예로운 것이 됩니다. 인간은 자신의 권리에 대한 관념과 자신의 존엄에 대한 느낌을 상실합니다. 정의와 자연의 영원한 법은 더 이상 망령에 지나지 않는 것으로 간주하며 감히 그것을 주장하는 사람은 선동분자 아니면 미친 사람으로 여겨집니다."(7:181~182)

요컨대 부는 사치를 낳고 사치는 부를 제일의 덕목으로 삼게 하는 반면 인간의 존엄성과 권리의식은 망각하게 함으로써 정의와 자연법이 소멸되는 세상이 된다는 것이다. 몽테스키외도 말했다시피 '사치란 남의 노동에 의해 획득되는 안락에 토대를 두고서만 성립되는 것'이기 때문에[6] 타인을 부릴 수 있는 거대한 부가 사치를 낳는 것은 자명하다 할 것이다. 또한 사치가 덕을 소멸시킨다는 점에 대해서도 몽테스키외는, 생필품 외에 필요한 것이 없는 사람은 조국애와 영광만을 바라지만 사치에 물든 정신은 다양한 욕망과 개인적 야심을 가지게 된다고 하였다.[7]

---

6 샤를 루이 몽테스키외, 『법의 정신』, p. 114.

7 샤를 루이 몽테스키외, 같은 책, p. 116.

로베스피에르는 이를 시정하기 위한 입법자의 노력을 촉구했다. “입법자들이여, 만약 여러분의 법이 재산의 극단적 불평등을 줄이는 것을 지향하지 않는다면 여러분은 자유를 위해 아무것도 하지 않은 것입니다. 이 목표에 직결되는 것은 상속의 평등을 규정하는 법입니다.”(7:182) 그는 재산의 불평등이 자유를 저해한다고 주장한 것인데, 그 이유는 재산의 불평등이 빈자의 예속을 낳고 예속이란 곧 자유가 없는 상태이기 때문이다. 따라서 재산의 불평등을 줄이는 것은 자유를 수호하는 것이기도 하다.

로베스피에르는 유언자의 의지가 평등상속법보다 더 지혜롭다고 보는 것은 착각이라고 하였다. 왜냐하면 유언자, 즉 대개 죽음이 임박한 사람은 편견이나 정념 그리고 변덕에 휘둘리는 것이 일반적이기 때문이다. 또한 유언자들은 측근들, 즉 이미 재산에 있어 가장 혜택을 받은 사람들을 선호하므로 무명의 가난한 친척들을 상속에서 배제하는 결과를 초래한다. 결국 유언장 상속 관행은 불평등을 심화시킬 뿐 아니라 이성적이라고 보기도 어렵다. 따라서 로베스피에르는 “누구도 직계 혹은 방계로 피상속자들 사이에 수립된 평등 분할의 원칙을 어떤 유언장 조항을 통해서도 위배할 수 없다.”(7:184)라는 법안을 제안하였다.

재산권의 한계

로베스피에르는 유언장 관행에 이어 재산권의 한계, 즉 재산권이 타인의 권리를 침해하는 문제를 제기했다.

> “자유를 인간이 자연으로부터 받은 권리 중 가장 성스러운 것으로 규정하면서 여러분은 그것이 타인의 권리를 한계로 한다고 올바르게 말한 바 있다.

> 그렇다면 여러분은 왜 이 원칙을 하나의 사회 제도인 재산에는 적용하지 않는가? 마치 자연의 영속적인 법칙이 인간의 협약보다도 덜 불가침하다는 듯이."(9:461)

그는 의원들이 자연권인 자유에 대해서는 늘 한계를 설정하면서, 그보다 하위 개념인 재산권은 마치 신성불가침한 권리인 양 받드는 모순을 지적한 것이다.

로베스피에르는 자신이 작성한 1793년 인권선언 제2조에서 "재산권은 다른 모든 권리와 마찬가지로 타인의 권리를 존중하는 의무에 의해 한계가 지어진다."라고 선언했으며 제3조에서는 "재산권은 동료 시민들의 안정, 자유, 생존 그리고 재산을 침해할 수 없다."라고 하였고 제4조에서는 "이 원칙을 위배하는 모든 소유나 거래는 불법적이며 부도덕한 것이다."(9:461)라고 함으로써 재산권의 행사로 인해 타인의 생존과 자유 및 재산을 침해할 소지를 차단하고자 하였다.

나아가 로베스피에르는 불평등을 완화하고 빈자의 생존을 보장할 책임을 부자와 국가에 지웠다. 제11조에서 그는 '잉여분을 소유한 사람은 필수품이 없는 사람에게 채무를 지며…'(9:466)라고 함으로써 가난을 구제하는 것은 부자가 빈자에게 진 빚이며 그를 이행할 방식은 법으로 정한다고 하였다. 이와 관련하여 그는 1793년 인권선언 초안에서 "그것은 일자리를 부여하거나 일할 상태가 아닌 사람에게 생계수단들을 제공함으로써이다."(9:456)라고 한 바 있다. 하지만 그는 이에 관해 부자들에게 특별한 책임을 지우기보다는 누진세라는 조세부담을 제시하였다.

이상에서 본 로베스피에르의 재산권 개념은 국가와 부자의 책임과 의무를 적시함으로써 민주주의적인 것이었다고 할 수 있다. 하지만 그것은 재산 평등의 강령과는 다른 것으로 급진적이거나 특별한 것이 아니었고 재산가들도 로베스피에르의 주장으로부터 위협을 느끼지 않았다. 사실상 재산의 불평등에 대한 로베스피에르의 비난은 주로 도덕적 차원의 분노였고 그를 바로잡기 위한 실제 입법 조치로 이어지지 않았던 것이다.

결국 평등에 관한 로베스피에르의 시도는 재산의 불평등을 비껴가는 방향으로 행해졌는데 그 하나는 위에서 본 미덕의 영역이었다. 말하자면 부와 사치를 해악으로 규정하고 소박함과 독립성을 예찬하는 것이다. 이는 가난을 바로잡기보다는 빈자들이 그것을 견딜 만하고 부끄럽지 않은 것으로 만들고자 한 것이다. 다른 하나는 부의 평등이 아닌 권리의 평등을 강조한 것이다.

3. 권리의 평등

실제로 평등과 관련하여 로베스피에르가 역점을 둔 것은 권리의 평등이었다. 그는 1793년 인권선언 제3조에서 "권리의 평등은 자연에 의해 수립되므로 사회는 그를 침해하는 힘의 남용에 맞서 보장할 따름"(9:464~465)이라고 하였다. '자연에 의해 수립'되었다는 말은 평등권이 천부적이고 불멸한 것이어서 인간의 법이나 권력으로 침해할 수 없다는 뜻이다. 아울러 권리의 평등이란 권리를 행사할 기회의 균등을 의미하는 것인데 그것이 가장 먼저 강조된 것은 역시 제한선거제 관련 연설에서였다.

제한선거제

로베스피에르는 빈자들에게 참정권을 박탈한 1791년의 제한선거제 법안을 비판하면서 "각 개인이 자신이 지켜야 할 법을 만드는데 이바지할 권리가 있지 않다면 모든 인간이 권리에서 평등하다는 명제는 진실이 아니다."(6:131)라고 하였다. 여기서 '법을 만드는데 이바지할 권리'란 시민 각자가 지켜야 하는 법을 수립할 입법부 의원 선거인단 선출권 및 의원 피선거권을 의미하는 것으로 그 권리, 즉 참정권이 보장되지 않으면 권리의 평등은 무의미해진다는 것이다.

로베스피에르는 빈자에 대한 참정권 박탈이 인권선언에 어긋난다고 하였다. "당신들에게 빈자들을 배제할 권리가 있는가? 그렇다면 당신들은 스스로를 어떻게 인간과 시민의 권리선언과 양립시킬 수 있다고 보는가? "모든 인간은 권리에 있어서 동등하다."는 이 장엄한 원칙을 여러분은 가장 불쾌하기 짝이 없는 부당한 원칙으로 대신하려 한다는 것을 생각하시오."(6:131)

그럼에도 불구하고 로베스피에르의 주장에 대해 동료 의원들은 이를 비현실적이며 무책임한 선동으로 간주했다.[8] 동료 의원 중 한 사람이었던 뒤크누아Duquesnoy가 적어놓은 내용을 보면 "(참정권의 조건인) 3일간의 일당에 해당하는 금액은 소액으로서 확실히 너무 약소한 금액이다. 따라서 로베스피에르 같은 의원이 전력을 다해 그것에 반대하는 것을 보고 분노의 감정을 갖지 않을 수 없다. 비천하고 저주받을 선동자 같

---

8 의회는 그의 발언을 중단시켰으며 의원들은 그에게 욕설을 퍼붓고 소리를 질렀다. 그가 "나는 여러분의 주목을 받을 권리가 있습니다."라고 소리쳤지만 허사였다. 좌파와 우파, 입헌주의자와 귀족 할 것 없이 의원 누구도 보통선거를 원치 않았던 것이다. Max Gallo, *L'homme Robespierre*, p. 79.

으니라고, 민중의 대의를 수호한답시고 그들의 보호자에게 맞서 싸우게 하다니! 모든 인간이 입법에 있어 동등한 권리를 갖는다는 그의 이론은 물론 멋지고 숭고하다. 하지만 현실과 동떨어져 있는 것 아닌가!"[9] 당시 부르주아들은 자신들이 민중의 보호자이지 결코 민중과 동등한 계층이라고 생각하지 않았다. 따라서 민중의 편에 서서 권리의 평등을 주장한 로베스피에르 같은 인물은 가증스러운 선동자로 비쳐진 것이다.[10]

부르주아지가 인간의 공적 권리를 재산이라는 자격의 측면에서 접근했다면 로베스피에르는 필요의 측면에서 접근했다. 수동 시민에게 청원권을 박탈하는 법 초안에 관한 토의에서[11] 로베스피에르는 약자일수록 더 많은 권리가 필요하다고 하였다.

> "여러분, 청원권은 비 능동 시민들에게 더 특별히 보장되어야 하지 않겠는가? 어떤 사람이 취약하고 불행할수록 그에게는 모자란 것이 더 많고, 더 많은 기도가 필요하다.… 신은 사람들의 바람을 잘 받아들인다. 가장 불행한 사람들뿐 아니라 가장 죄 많은 사람의 바람까지도. 그런데 여러분은 누구인가? 여러분은 빈자의 보호자, 영원한 입법자의 법을 선포하는 자가 아니던가?"(7:313)

9 "Journal de Duquesnoy" (22 octobre 1789), t. 1, p. 468, *Oeuvres,* t. 6, p. 131에서 재인용.

10 로베스피에르 역시 이를 의식하고 다음과 같이 말했다. "그들은 다음과 같은 옛 격언, 즉 민중은 길들지 않은 괴물로서 쇠사슬로 묶고 가끔 처형하지 않으면 항상 신사들을 잡아먹을 준비가 되어있다는 격언을 깊이 새기고 있으므로 민중의 권리를 주장하는 사람은 모두 반도이자 선동의 주모자일 따름이다."(4:114)

11 "Sur le droit de pétition" (9 mai 1791), *Oeuvres,* t. 7, pp. 312~318.

입법자는 최고 입법자인 신의 법을 선포하는 존재이고, 신의 법은 인간성, 정의, 자연의 법으로서 약자의 바람을 받아들이는 것이므로 그 원칙을 따르지 않는 입법자는 민중을 억압할 뿐 아니라 입법자로서 자격이 없는 것이다.

권리의 평등과 자유

로베스피에르는 자유에 관해 '자유란 개별적 자유들이 모여 이루어진 것'이라는 입장을 취했는데 그것은 평등에 관해서도 마찬가지였다. 그리하여 로베스피에르는 평등에 관한 개개의 현안이 발생할 때마다 개입하였다. 예컨대 사회적 약자인 수동 시민, 유색인, 사병 및 차남의 입장에 서서 각각 능동 시민, 백인, 장교 및 장남에 대한 권리의 평등을 주장한 것이다. 그런데 주목할 것은 이 경우 "우리는 권리의 평등을 원하는데 왜냐하면 그것이 없이는 자유도 사회적 행복도 없기 때문이다."(4:117)라고 말한 점이다. 이는 평등을 원하는 이유가 평등 자체보다 자유와 행복에 있다는 것으로서, 평등하지 않으면 자유롭지도 행복하지도 않기 때문이라고 본 것이다. 한마디로 로베스피에르는 평등을 자유의 전제조건으로 삼은 것이다.

그렇다면 그는 왜 평등하지 않으면 자유도 없다고 보았을까? 우선 권리의 차별을 받는 사람이나 계층은 자신들의 권리를 행사할 수 없는 상태에 처하게 된다. 그리하여 그들은 자신들에게 관계된 일을 결정할 때도 참여하지 못하고 오직 타인이 내린 결정을 받아들일 뿐이다. 예컨대 선거권이 없으면 다른 사람이 선출한 의원을 자신의 의원으로 받아들여야 하고 상속권이 없으면 재산 분배 결정에 영향을 미칠 수 없는 것이다. 로베스피에르가 보기에 이는 노예의 상태와 다를 바 없다. 노예는 자신에게 영향을 미치는 결정을 스스로 내리지 못하고 주인의 손에 맡겨지는 처지가 아닌가? 자기 결정권이 없는 노예를 자유인이라고 부르지 않는 것처럼, 권리가 박탈된 시민도 자유인이라 할 수 없는 것이다.

그런가 하면 불평등이 자유를 침해한다고 말할 때 여기에는 약자가 당하는 차별뿐 아니라 강자가 누리는 특권도 해당한다. 특히 그는 혁명기에 반역 행위를 저지르고도 처벌받지 않은 군 지휘관들을 자주 거론했는데 대표적 사례가 라파예트였다. 로베스피에르는 그를 고발했다.

> "만약 라파예트가 처벌받지 않는데도 프랑스 민중이 자유롭다고 말한다면 우리는 민중을 모독하는 것이다. 왜냐하면 법이 모든 범죄자에게 평등하게 적용되지 않는 곳에서 자유란 없기 때문이다."(8:404)

이는 법이 그 범죄를 처벌하지 못하는 특권층이 존재한다면 그들의 범죄를 감내해야 하는 국민은 역시 주인을 대하는 노예나 다를 바 없는 처지이므로 자유롭지 못하다는 의미로 이해할 수 있을 것이다.

이상에서 살펴본 자유와 평등은 자연권으로서 인권선언의 맨 앞을 차지한다. 하지만 현실에서 자유와 평등의 원리가 시민의 권리로 구현되는 방식은 흔히 권력기관과 국민의 힘의 관계에 의해 결정된다. 국가 내 권력기관, 즉 입법, 행정, 사법부는 시민의 권리를 실행하는 권한을 위임받은 것이므로 권리 실현의 내용과 수준은 사실상 그들에 의해 좌우된다고 해도 과언이 아니다. 그렇다면 권력기관의 속성은 무엇이며 그에 대해 국민은 어떻게 대응할 것인가?

Ⅲ. 민중과 권력

06
의회

민주주의의 관점에서 대의제, 즉 의회제도는 근대 정치가 이뤄낸 타협의 산물이다. 민주주의라면 우선 서양 고대의 직접 민주주의, 즉 시민이 직접 결정권을 행사하는 체제가 떠오르지만, 이 방식은 가급적 정치에 참여하지 않으면서 권리를 보호받고자 하는 근대 시민들에게는 부담스러운 것이다. 그 점에서 대리인을 선출하여 권한을 위임하는 대의제는 근대 정치가 발명한 절충책인 것이다.[1]

그렇다면 직접 민주주의에서 대의제로의 변화는 덕의 정치에 어떤 의미를 띠는가? 덕의 정치가 시민들에게 덕, 즉 권리와 의무에 대한 인식을 일깨우는 것이라면 직접 민주정에서는 오히려 덕의 정치의 필요성이 덜할 수도 있다. 정치에 참여하는 것 자체가 이미 덕의 정치의 일환이기 때문이다. 하지만 근대 대의제에서는 시민들의 참여는 최소한에 그치는 반면 수임 기관인 의회는 일반의지로부터 벗어나는 경우가 다반사이기

1 이와 관련된 논의는 장세룡, 「고대인의 자유와 근대인의 자유」, 『대구사학』 34 (1988), p. 118 참조.

때문에 덕의 정치의 필요성이 더욱 커진다.

로베스피에르는 프랑스 혁명으로 대의제가 수립되었을 때부터 그 속성을 꿰뚫어 보았으며 의회가 최대한 일반의지를 반영하면서 덕의 정치를 선도할 방안을 찾고자 했다.

1. 의회의 위상

의회의 위상

의회는 통치의 목적인 인간의 권리를 선언하고 그 내용을 담은 헌법을 수립할 임무를 띤 기관으로 단연 최고의 권위가 부여된다. 의회가 국민에 의해 직접 선출되며 국민을 대표하는 기관이라는 점도 의회에 최고 위상을 부여하는 이유이다. 따라서 로베스피에르는 1789년 6월, 옛 삼부회의 명칭을 새로 짓는 과정에서 의원들이 행정부의 의중이나 국왕의 눈치를 살필 필요가 없다고 하였다. "의회의 자유를 침해하는 이러한 헛된 고려들을 물리쳐야 할 것입니다. 왜냐하면 우리는 모든 국민의 권리를 되찾기 위해 모였기 때문입니다."(6:33) 그의 연설에 대해 「국민 신문」(Gazette Nationale)은 "로베르(sic)라 불리는 한 젊은 의원이 보기 드문 언변과 나이에 걸맞지 않은 명석함으로 연설하였다."(6:33)라고 보도했는데 매체에 아직 그의 정확한 이름도 알려지지 않은 시점에 로베스피에르의 연설이 주목받기 시작한 것이다.

그가 의원들의 면책 특권, 즉 의회의 동의 없이 의원들을 체포·구금할 수 없다는 주장을 한 것도 같은 맥락이었다.[2] "사법부가 국민 대표들의 사전 허가 없이 의원에 대해 법을 적용하고 심판하는 것은 불가능하다. 어떤 권력도 국민의 대표 기구보다 위에 설 수 없으며 어떤 기관도 대표들의 운명을 결정할 수 없다는 것은 원칙에 속한다."(6:430)

하지만 입법부 의원들도 범죄를 저지르면 처벌받아야 하지 않는가? 로베스피에르는 이에 대해 "물론 그렇다.… (그러나) 그것이 의회와 동등한 권력이 아니라면 어떤 결정도 그들을 공격할 수 없는데 이런 성격을 가지는 권력이란 없는 것이다. 국민의 대표들보다 우월한 하나의 권력이 존재하는데 그것은 국민 자체이다. 국민이 하나의 단체로 구성될 수 있다면 그것이 의회에 대한 진정한 심판관이 될 것이다."(6:430)라고 하였다. 국민으로 구성된 단체만이 입법부 의원들을 심판할 수 있다는 로베스피에르의 입장은 국민공회에서 혁명재판소를 통해 현실화될 것이었다.

이러한 의회의 위상은 그로 하여금 국왕과 각료에 대한 의회의 우월성을 주장하게 하는 근거가 되었다.

> "이제는 국민의 권리를 침해하는 궤변을 쳐부술 때가 되었다. 사람들은 한쪽에는 국왕이나 각료들, 다른 쪽에는 국민의회를 마치 같은 선에 위치한 두 종류의 대표들인 것처럼 내세운다. 아니다. 국민의 진정한 대표자들은 그가 자신의 권리를 수호하도록 선택한 자들이다."(7:113)

그렇다면 의회는 과연 이러한 위상에 충실했던 것일까?

---

2 "Sur l'inviolabilité des députés" (25 juin 1790), *Oeuvres*, t. 6, pp. 429~435.

의회와 일반의지

국민의 대표인 의회는 국민에 준하는 위상을 인정받지만 그건 어디까지나 국민의 신성한 위상에서 파생된 것에 불과하다. 이는 의회가 국민과 일체가 됨으로서만 그 존재를 인정받을 수 있다는 말이다. 하지만 로베스피에르에 의하면 이는 드문 일이다. 왜냐하면 의원들은 자신들에게 위임된 권한을 의무가 아니라 개인적 소유 내지는 특권으로 생각하는 경향이 있기 때문이다. 그에 따르면 본래 사람은 처벌받지만 않는다면 공적 이익보다 사적 이익을 우선시키기 마련이므로 '대표자들이 그들의 개별의지를 일반의지에 대신 시키려 하는 것은 자연의 이치'(4:146)라는 것이다. 그렇다면 국민은 의원들을 늘 의심해야 할 것이다. 로베스피에르는 민중은 선량하지만 의원들은 부패하기 쉽다는 신념을 가지고 있었다.

로베스피에르는 의회주의를 찬양하는 대신 유권자들로부터 멀어지려는 의원들의 성향을 고발하는 등 의회주의에 내재한 결함과 위험을 경고해 왔다. 그는 의원들이 개별의지를 발휘할 때, 즉 '국민의 대표자들이 국민의 의견을 구하지 않고 그로부터 절대적 독립을 취할 때 거기에 모든 악의 원천이 있으며…'(4:328) 그 결과 본래 민중의 수임자에 불과했던 의원들이 민중의 지배자 나아가 폭군이 된다고 하였다. 의원에게 폭군이란 말을 쓰는 것이 생소하게 비칠 수 있지만, 폭정이 국민의 주권을 침해하는 것이라면 국민의 뜻에 따라 움직여야 할 대표자들이 사적 의지나 개별 이익을 앞세우는 것 역시 국민의 주권을 침해하는 것으로서 폭군과 다를 바 없는 것이다. 주권의 침해를 막아낼 수단이 없는 국가에서 국민은 노예에 불과하며 "민중은 그 수임자들이 독립하게 될 때마다 억압당하는 결과가 된다."(4:328) 로베스피에르는 프랑스 국민이 아직 혁명의 결실을 누리지 못했다면 이는 의회의 법적 독재가 군주의 옛 독재를 계승했기 때문이라고 하였다.

그는 의원들이 유권자의 선택을 받았다는 이유만으로 저절로 민중을 대표한다거나 마치 전권을 위임받은 것처럼 행동해서는 안 된다고 하였다.

> "입법부는 법을 제정하지만 법은 민중이 그것을 최종적으로 승인했을 때에만 법의 성격을 지닐 뿐이다. 그 때까지 법은 초안에 불과하다. 민중은 주장하지 않으며, 그의 침묵은 찬성으로 간주된다. 하지만 어떤 경우에도 주권자의 의지는 대표되는 것이 아니라 추정될 뿐이다."(9:569)

요컨대 입법부 의원들은 대리인이지 주권자가 아니므로 법제정에 있어서도 백지 위임을 받은 것이 아니며 매번 민중의 침묵이라는 형태의 승인을 거쳐야 한다는 것이다.

다시 말해 민중은 입법부가 제정한 법을 언제든지 취소 혹은 폐지할 수 있는 것이다. "어떤 법의 해악이 입증되었을 때 여론은 그 폐지를 바라게 되며 여론은 주권자의 권위로 하여금 폐지하도록 움직이게 한다."(4:146) 민중의 여론은 일반의지를 형성하며 일반의지는 차례로 법을 만들거나 폐지할 수 있기 때문이다.

따라서 대의제 하에서 여론을 형성하고 전파하는 언론의 자유가 중요하다. "대의제 정부 하에서 법을 만드는 것이 민중이 아니라 대표자 집단일 때 대표자들의 개별 이익과 개인적 정념들에 대해 균형을 잡아주기 위해 여론의 소리가 그들 곁에 끊임없이 울려 퍼져야 한다."(4:146) 사실 여론은 입법부 의원들의 야심과 개별 이익 추구에 대한 유일한 제동이다.

물론 개별 시민은 일단 만들어진 법에 대해서는 그를 존중할 의무가 있다. "법은 사회의 (전제) 조건이자 유대의 끈이다. 법에 대한 복종을 거부하는 모든 사회 성원은 바로 그 때문에 사회 성원이기를 멈춘다."(4:144) 법은 사회 성원들의 관계를 이어주는 역할을 하므로 법에 대한 복종을 거부하는 자는 곧 타인과의 연결을 끊는 것으로서 사회 구성원의 자격이 없다는 의미이다.

의회와 행정부

로베스피에르는 의회의 권한이 다른 권력, 특히 행정부에 의해 영향받거나 침해되는 것을 경계하였다. 예컨대 의회에 장관들의 참석을 허용하자는 제안에 대해, 그는 장관들이 의회에 영향을 끼침으로써 권력분립의 원칙을 위배한다는 이유로 반대했다. 사실 행정부가 의원들을 회유할 수 있는 수단은 그것만이 아니다. "행정권에는 항상 입법부 토론의 순수성과 자유에 위험한 영향을 끼칠 수 있는 수단들이 남아있다. 행정부는 그 수중에 사람들이 바라는 많은 직책을 보유한다. 따라서 국민의회는 행정부의 영향력을 차단할 장벽을 세우는 것이 현명한 처사이다."(7:635) 이 주장은 오늘날에도 유효하다 할 것이다.

행정부의 영향력을 차단하는 방안의 하나로 로베스피에르는 루소를 인용하여 입법부 의원이 임기만료 후 각료직에 취임할 수 없도록 하는 법안을 발의하여 통과시켰다.

"… 그 철학자는 말했다. 법에 대한 더 큰 신뢰와 존경을 불러일으키기 위해 입법자는 그의 업적으로부터 다소 떨어져 있어야 하며 그가 결정해야 할 중요한 이해관계에 그를 결합할 수 있는 모든 개인적 이해관계로부터 벗어나야 한다.… 나는 현행 의회 혹은 다음 입법의회의 어떤 의원도 임기 만료 후 4년간 각료가 될 수 없으며 행정부로부터 어떠한 직책, 기부금, 하사금을 받을 수 없도록 하는 법안을 발의하는 바이다."(7:201)

물론 역으로 의회 역시 행정부의 권한을 침해하지 않도록 해야 할 것이다. 그는 입법부가 행정권을 침해하는 것도 폭정이라고 하였다. "행정권은 입법부에 의해 행시될 수 있을까? 나는 이 권력의 혼돈 속에서 가장 참을 수 없는 폭정을 볼 따름이다. 폭정의 머리가 하나든 칠백 개든 폭정은 폭정이다."(4:321) 의원들이 당파적 이해관계에 매달려 행정권을 침해하는 전횡을 하게 되면 그것은 수백 명이 자행하는 폭정이나 다를 바 없게 되는 것이다. 따라서 의회는 행정부의 영향력을 차단함과 동시에 행정부의 권한도 존중하는 것이 곧 폭정을 예방하는 길이다.

민중주권과 의회

로베스피에르가 지적한 '의회의 폭정'은 행정권에 대한 침해뿐 아니라 민중 주권에 대한 침해도 포함하였다. 실제로 그는 이와 관련하여 동료 의원들을 고발하는 용기를 발휘하였다. 우선 그는 국민의회가 1791년 헌법에 빈자들의 참정권을 박탈하는 조항을 포함시킨 데 대해 비판하였다.

"의원 여러분은 여러분의 권한을 스스로 파괴하지 않고서는 그것을 할 수가 없다. 왜냐하면 여러분의 권한은 여러분의 위임자들의 그것일 따름이기 때문이다. 이러한 법령을 수립함으로써 여러분은 국민의 대표로서 행동한 것이 아니라 바로 그 직위에 반대하여 행동한 것이다."(7:172)

국민의 권한을 수임 받은 의원들이 국민의 다수인 민중의 권한을 부정하는 건 의원들 스스로 자신들의 권한을 무효화시키는 것이다.

또한 의회의 존재 이유 중 하나는 국민의 권리를 확립하기 위해 법을 제정하는 것인데, 국민의 권리를 박탈하는 법안을 만드는 건 의회 스스로 자격이 없음을 공표하는 것이다.[3] 이처럼 의회는 국민의 권리를 존중하지 않음으로써 자신의 개별의지를 일반의지에 대신하게 되며 더 이상 국민을 대표하지 않고 폭정을 하는 것이다.

로베스피에르는 혁명 초기 제헌 의회가 그런 모습을 보인 것을 의원들의 출신과 관련지었다. "민중 대표의 다수가 타락하고 부패했을 때에는 그들이 결코 국민을 구제하리라고 기대해서는 안 된다. 위원회들에 눈길을 돌려 그 구성원들이 예전 특권 신분에 속했던 의원들이 아닌지 보라(박수)."(7:587) 사실 제헌의회 의원의 절반은 성직자와 귀족 신분 대표로 구성되었으며 나머지 절반인 제3신분 대표도 그 다수가 군주정 하에서 관직 매매와 특혜 수여 등을 통해 특권을 누린 계층이다. 이 점을 염두에 둔 로베스피에르는 훗날 국민공회에서 의원들에게 자신들이 누구를 대표하는지 잊지 말 것을 당부했다. "입법자 여러분, 여러분은 특권 계층이 아니라 프랑스 민중의 대표자임을 명심하시오."(9:117)

그러나 의회는 늘 민중보다는 정부 편에 서고자 했다. 의회는 공공의 안녕과 질서를 내세우며 민중의 소요를 억압하는가 하면 급기야 국왕의 범죄를 묵인함으로써 공범죄를 저지르기에 이르렀다. "행정권의 수반은 국민을 배신했는가? 그랬다면 폐위시켜야 한다. (하지만) 의회는 폐위를 선언하고자 하지 않는다. 만약 국왕이 유죄라고 가정하면 의회는

3 "Sur le marc d'argent" (avril 1791), *Oeuvres*, t. 7, p. 172.

그의 공범이다. 그렇다면 행정부와 입법부를 동시에 교체해야 할 것이다."(4:324) 로베스피에르는 국민을 배신하고 탈주를 시도한 국왕을 비호하는 의회를 해체할 것을 주장한 것이다.

그런가 하면 의회는 또한 반역자 장군들을 탄핵하지 않음으로써 민중을 군사 독재의 위험에 노출시켰다. "라파예트 그리고 그를 본 딴 다른 장군들은 그가 처벌받지 않은 것에 고무되어 헌법을 무시하고 의회에 법을 강요했다. 의회의 다수는 그것을 받아들였다. 의회는 암묵적으로 반란 장군들의 지배권을 인정한 것이며 우리를 군사 독재와 반역자들의 공격에 넘겨준 셈이다."(4:324)

이처럼 의회가 권력에 굴복하면 헌법과 자유는 위태로워진다. "헌법이 처음으로 장군이나 장관들 앞에 굴복했을 때, 그들이 개인의 자유를 공격하는 것을 허용했을 때, 자유는 위험에 처했다.… 의회가 자신의 의무를 다하기를, 그러면 우리는 두려울 게 없다."(8:370)

이 점에서 정치의 해악은 행정부나 국왕에게만 있는 것이 아니다. "많은 사람이 국왕의 유예 혹은 폐위를 요구하며 오직 거기에 국가의 운명이 걸려 있다고 생각한다. 그들은 우리의 진정한 상황에 대한 정확한 이해가 없다. 우리의 해악의 주된 원인은 행정부와 입법부에 있다. 행정부는 국가를 패배시키려 하고 입법부는 국가를 구할 수 없거나 구하려고 하지 않는다."(8:409) 행정부가 전횡을 주도하는 경우라 할지라도 그에 대해 의회가 방관하거나 무력하다면 의회 역시 책임을 면할 수 없는 것이다.

더욱이 의회의 권력은 생각만큼 약하지 않다는 점에서 그 책임은 막중하다. "굳건하고 계몽된 입법부가 있다고 가정해보자. 행정권은 결코 국가를 파탄상태로 몰아갈 힘을 갖지 못할 것이다. 입법부의 권력은 국왕의 그것보다 훨씬 더 큰데 왜냐하면 입법부는 민중의 힘을 사용할 수 있고 공공여론으로 무장할 수 있기 때문이다."(4:319) 따라서 인민의 지지를 등에 업고도 제 역할을 하지 못하는 '나쁜 입법부는 나쁜 왕보다 더 위험한 것'이다.

의회와 민중

로베스피에르는 의회의 진정한 책무는 정부를 견제함과 동시에 정부에 힘을 실어주는 것으로 이는 대단히 어려운 과제라고 하였다. "시민들이 항상 (다른) 시민들의 권리를 존중하도록 하는데 필요한 힘을 정부에게 주는 것, 그리고 정부가 그들을 침해하지 않도록 하는 것, 이것이 입법자가 해결을 위해 노력해야 할 이중의 문제이다. 그 해결은 아마도 인간 이성이 달성하는 최고봉이 될 것이다."(5:18)

그러나 입법자들은 이 '이중의 문제' 앞에서 균형을 취하는 대신 '정부의 권력에만 몰두'해 왔다. 그는 입법자들이 심지어 그 해결책을 진지하게 검토한 적도 없다고 하였다.

> "입법자들은 민중을 신민의 관점에서만 보았을 뿐 주권자의 관점에서는 결코 본 적이 없다. 그들은 종종 공직자가 민중의 봉사자라는 것을 인정했다 할지라도 실제로는 관리들을 민중의 지배자 혹은 우상으로 취급했다. 그 격언은 그들의 입이나 책에 있었을 뿐 가슴 속에 있지 않았던 것이다. 이러한 치명적 오류의 원인은 무엇인가? 그것은 입법자들이 이성과 덕의 작품을 실행하면서 자신들의 정념이나 편견의 가르침을 따르는 인간들이었다는 사실에 있다."(5:19)

입법자들은 말이나 이론과 달리 실제로는 관리들을 민중의 지배자로 간주했는데 그것은 공적 미덕과 이성을 발휘해야 할 입법자들이 민중을 비하하는 편견과 정념에 사로잡혔기 때문이다.

실제로 입법자들은 거의 예외 없이 민중을 깎아내리고 억압하는 한편, 왕정과 관리들에 대해서는 굴종적으로 찬양과 신뢰를 보냈다. "입법자들이 얼마나 비겁하게 왕정을 숭배했는지 보시오. 얼마나 경솔하게 입법부는 부패한 관리들에 대한 맹목적 신뢰를 설파했는지, 얼마나 야만적으로 그들이 민중을 압살했는지."(9:497)

그것은 입법자들이 민중을 사회 질서를 어지럽히는 존재로 간주하는 것에서 잘 드러난다. "입법자들은 민중의 반란에 대하여 끝없는 대비를 해왔다.… 그들에게 이성은 광기이며 평등은 무정부 상태일 뿐이고 자유는 혼란, 자연은 망령, 인권에 대한 추억은 반란으로 치부될 뿐이다."(9:496~497) 한 마디로 입법자들의 눈에 민중을 인도하는 대의는 광기와 혼란인 것이다.

그리하여 국민의회는 '절대주의 의회 정부라는 기묘한 체제'를 세워 민중을 예속시키고 계엄령으로 민중을 학살하며 부패한 관리들에 대한 존경을 설파했다. 그런가하면 입법 의회는 국민의회의 허약함과 잘못을 더욱 악화시켰을 뿐이다.(5:19)

로베스피에르는 입법자들이 그렇게 된 이유는 그들이 전제정 하에서 그릇된 교육을 받았기 때문이라고 하였다.

"우리의 옛 교육은 이기주의와 졸렬한 허영심에 대한 끝없는 강의 외에 무엇이었습니까? 우리의 관행과 소위 법은 거기에서 인간에 대한 멸시가 단계적으로 정해진 부적절함과 비천함의 법전이 아니면 무엇이었습니까? 멸시

받고 또 멸시하며 지배하기 위해 엎드리고 노예이자 전제자이고, 어떨 때는 지배자 앞에서 무릎 꿇고 어떨 때는 민중을 짓밟는, 이것이 우리의 운명, 우리의 야망이었습니다. 따라서 많은 어리석은 상인들, 많은 이기주의적 부르주아들이 아직도 수공업자들에 대해 그 무례한 경멸, 즉 귀족들이 부르주아와 상인 자신들에게 퍼붓던 그 경멸을 간직하고 있다는 것이 놀라운 일입니까?"(5:20)

군주정 하에서 이기주의와 허영심을 주입시킨 교육 그리고 민중을 멸시하고 권력자에게 굴종하는 관행과 법의 영향을 받은 입법자들은 비굴한 존재가 될 수밖에 없는 운명이었으며 이는 부르주아지가 민중을 경멸하는 것에서도 잘 드러난다. 그런데 이러한 예속의 정신에 물든 입법자들에게 혁명의 과업이 맡겨졌던 것이다.

그 결과 실제로 입법자들은 민중에게 냉담하고 반역자에게 자비로운 행태를 보인다. 로베스피에르는 폭정의 범죄에 대해서는 침묵하거나 못 본 체하면서 민중의 폭력에 대해서는 호들갑을 떠는 의회의 위선적이며 가증스러운 행태를 고발하였다.

"설마 그러겠느냐고? 그들이 시민 중 가장 다수 그리고 가장 순수한 사람들을 얼마나 불신과 두려움을 가지고 대하는지 보시오. 민중과 빈곤을 선동 및 약탈과 결부시키는 그들의 고질적인 성향을 보시오. 그리고 반역자들은 완강히 보호받지만, 민중이 조국의 안녕을 위해 그를 살해할 경우 그의 무덤에 눈물을 흘리는 그들의 위선적 감정, 그리고 이 끔찍한 테러 소식을 온 천하에 퍼뜨리면서도 폭정의 범죄나 자유의 고결한 수호자들이 학살된 소식에 대해서는 냉담한 반응을 나타내는 것을 보시오."(5:20)

로베스피에르는 이처럼 입법자들이 민중을 비하하는 의도를 간파했는데 그것은 이를 구실삼아 민중의 권리를 유산자들에게 넘기려는 것이라고 하였다. 따라서 민중을 타락했다고 비하하는 입법자들이야말로 부패한 자들인 것이다. “민중이 스스로 권리를 누릴 자격이 없다거나, 심술궂다거나, 야만적이고 타락했다고 묘사함으로써 그들을 비방하고 주권자를 모독하는 일을 중단하시오. 오히려 당신들이 부당하고 타락한 것이오.”(6:625)

2. 덕과 의회

입법자와 덕

로베스피에르는 덕의 정치란 시민의 영혼을 고양하는 것이며 그것은 또한 의회의 책무라고 하였다. “의원 여러분, 우리의 의무 중 가장 으뜸가고 가장 고귀한 것은 우리의 원칙과 본보기를 통해 동료 시민들의 영혼을 이 위대하고 숭고한 혁명이 요구하는 이념과 느낌의 경지로 고양하는 것입니다.”(6:95) 의회는 스스로 원칙을 준수하고 모범을 보여줌으로써 시민들의 덕성을 드높일 의무가 있다는 것이다.

그렇다면 입법자가 구현할 원칙과 덕의 내용은 무엇인가?

“입법자의 제일의 의무는 풍속을 형성하고 자유에 대한 감정과 사랑을 전파하는 것이다. 그것이 없이는 헌법이란 망령에 불과하며 법률은 관례적인 문구에 불과하게 될 것이다. 아! 만약 우리가 자유가 헛된 이름이 되는 것을 원치 않는다면 그 정신을 채택하도록 하자. 겸손함, 법정의 위엄, 기득권, 중용, 신중함과 같은 말 대신, 인류애, 정의, 평등, 덕, 자유, 법을 말하도록 하자."(6:663)

의회가 자유를 수호하고 전파하려면 헌법이나 법률로 규정하는 것만으로는 충분치 않으며 민중의 마음속에 자유에 대한 사랑을 고취하는 것이 필요하다. 그를 위해 입법자는 자유의 정신, 즉 정의, 평등, 우애 등 덕을 설파하고 스스로 모범을 보여야 한다.

하지만 로베스피에르는 입법자의 덕에 대해 낙관할 수 없었다. 왜냐하면 폭정을 타도한 후, 오히려 덕을 말살하려는 시도가 두 번의 의회, 즉 제헌의회(국민의회)와 입법의회에서 행해졌기 때문이다. "이전 두 입법부를 분할 지배했던 당파의 수장들은, 혁명을 따르기에는 너무 비겁하고 그것을 바라기에는 너무 부패했기 때문에 영원한 원칙들을 사람들의 가슴에서 지우기 위해 음모를 그치지 않았다. 음모는 교활한 관용주의의 가면으로 위장했는데 그것은 범죄를 보호하고 덕을 말살함으로써 우리를 잘못된 길을 통해 폭정으로 인도하는 것이었다."(10:448) 비굴하고 부패한 의회의 당파들은 관용을 내세워 범죄를 보호하고 덕을 지운 다음 전제정의 부활을 기도했던 것이다.

로베스피에르는 덕에 역점을 두면서, 입법자에게 필요한 가치는 '올바른 영혼과 도덕적 정신'(4:111)이라고 하였다. 이 말은 단지 입법자가 도덕적 모범을 보인다는 차원이 아니라 입법에 대한 통찰에서 우러난 것이었다. 왜냐하면 입법자 자신이 덕을 갖추고 있어야만 '자연에 의해 모든 인간의 마음속에 각인된 원칙들을 인식하고 느낄 수 있으며'(4:111) 그가 만드는 법이 인간의 본성을 충족시킬 수 있기 때문이다. 그때 비로소 민중은 이러한 입법자가 만든 법을 자발적으로 준수할 것이다.

따라서 로베스피에르는 입법자나 정치인을 판단할 때도 도덕성이 최우선의 기준이 되어야 한다고 하였다. 그리하여 부도덕한 사람은 아무리 정치적 능력이 뛰어나다 한들 그저 사기꾼 아니면 악당인 것이다.

> "왜 우리는 사람을 판단할 때 두 가지 잣대, 즉 하나는 그들의 공적 생활의 기능으로, 다른 하나는 사적 생활의 의무로 판단하는 것일까? 우리가 자유의 수호자로 명명하는 사람들은 영웅이나 위대한 사람이 아니라 혁명에서 정직한 사람이며 인간을 자신의 이익에 희생시킬 만큼 타락하지 않은 사람이다. 민중을 속임수와 위선으로 속박하는 사람은 뛰어난 정치가도, 유능한 입법자도 아니다. 그들을 왜 단지 사기꾼 혹은 강도라고 부르면 안 된단 말인가?"(4:111)

나아가 로베스피에르는 루소를 인용하여 진정한 입법자 혹은 정치인이라면 자신의 사후에 결실을 거두고 영광을 누리는 순교자의 마음을 가져야 한다고 하였다. 그는 국민의회 의원 시절의 인기를 발판으로 임기가 끝난 직후 파리 시장에 취임한 동료 의원 페티옹에 대해 "아마도 이 세상에 나타난 모든 자유의 수호자들 중에서 유일하게 당신만이 완전한 영광을 누렸을 것이다. 장 자크는 당신에게 말할 것이다. 진정한 정치가는 한 세기에 씨를 뿌리고 다음 세기에 결실을 거둔다고. 역사를 보시오, 당신은 인류의 시혜자들이 순교자들이었다는 것을 보게 될 것이오. 그런데 당신은…"(5:114)이라고 함으로써 그가 입법 활동을 발판 삼아 권세와 영광을 차지한 것을 꼬집었다. 로베스피에르가 볼 때 입법자가 의원직을 직업으로 삼고 정치를 야심의 대상으로 삼는 것보다 민중에게 더 큰 재앙은 없었다.

입법자 선출에 있어 덕과 재능이 대립한다면 전자를 우선시해야함은 물론이다. "재능이 없는 덕은 덜 유용할 수 있지만 덕이 없는 재능은 재앙일 뿐이오(박수). 그리고 실로 덕은 종종 민중의 대표에게 재능을 부여하거나 그것을 전제로 하는 법입니다."(7:510)

이어서 로베스피에르는 후보자의 덕성을 판별하는 것에 관해 조언하였다.

> "겉으로 드러나는 모습에 현혹되지 않도록 조심하시오. 어떤 사람들의 생각을 확인하고 싶다면 지금 시점으로부터 과거로 거슬러 올라가 보시오. 인간이란 그의 심성을 형성한 모든 선입관으로부터 갑자기 분리될 수 없는 법이니까."(7:511)

덕성이란 갑자기 생겨날 수 없는 것이므로 과거로부터의 행적을 살펴봐야 한다는 것이다. 예를 들어 "인생을 살면서 어떤 이가 한번이라도 저열하거나 냉혹한 모습을 드러냈다면 그를 거부하시오. 궁정에서 굽실거린 적이 있거나 각료 혹은 여성의 발밑에 엎드린 적이 있는 사람도 거부하시오. 그들의 태도는 변할 수 있지만 그들의 마음은 변하지 않는 법이오(박수)."(7:511) 한마디로 권력이나 유혹에 굴한 적이 있는 사람은 제외되어야 하는데 왜냐하면 '사람은 단숨에 저열한 아첨꾼, 비겁한 신하에서 자유의 영웅으로 되지는 않기 때문(박수)'(7:511)이다. 따라서 의원을 선택할 때는 전 생애에 걸쳐 도덕성과 조국애를 보여준 인물을 택해야 한다는 것이다.

의원 소환

그런데 의원들의 경우 일단 선출되고 나면 일반의지를 따르기보다 자신들의 개별의지를 앞세우는 경우가 많다. 그에 대한 대비책이 있다면 무엇일까? 로베스피에르는 우선 의원들의 임기 단축을 제시했다. 민중이 직접 입법에 참여할 수 없다 하더라도 최대한 영향을 미치도록 해야 하는데 그 방안의 하나는 의원들을 가급적 자주 교체하는 것이다. 그래야만 '악법은 항상 국민에 의해 심판 받을 것이며 입법부가 저지른 오류는 다음 입법부에서 쉽게 개혁될 것이기 때문'(6:94)이다. 또한 의원들은 통상적인 임기가 끝나면 재선될 수 없게 해야 한다고 주장했는데 이에 관해서는 아래에서 살펴볼 것이다.

나아가 로베스피에르는 일단 의원으로 선출된 자들에 대해서도 그 행동이 의심스러울 경우 소환할 수 있어야 한다고 하였다. "의원들의 행동을 판단하는 것은 수임자들을 관찰하는 민중에게 속하며 민중은 그들을 변칙과 음모의 결과로부터 방지하기 위해 일반의지가 제정하는 형식에 따라 그들을 소환할 수 있다."(5:169) 그리하여 그는 민중이 직접 참여하는 기초 의회가 의원들의 행동에 대해 판정을 내리고 신뢰를 남용한 자들을 소정의 절차에 따라 소환할 것을 제안했다.

또한 로베스피에르는 의회에 대한 감시를 강화하기 위해 의회 본회의를 국민이 보는 앞에서 공개로 진행할 것을 제안하였다. 음모는 공공의 시선을 두려워하기 때문에 회의를 공개함으로써 국민의 알 권리를 충족시킬 뿐 아니라 의원들의 음모와 부패를 방지하는 효과를 거둘 수 있다는 것이다.(9:502~503)

로베스피에르와 의회

로베스피에르 자신은 1789년부터 1794년까지의 세 차례 의회 중 입법의회를 제외한 제헌의회와 국민공회에서 각각 의원직을 역임한 바 있다. 그렇다면 그의 의정활동은 어떠했는가? 그는 우선 자신이 제헌의회에서 새로운 법안들을 별로 수립하지 못했음을 인정하였다.[4] "나는 자유에 도움이 되는 많은 법령을 채택시키지 못했지만 자유를 파괴하는 법 초안들을 다수 각하시켰으며 적어도 폭정이 그가 염두에 둔 치명적 목표에 접근하는 데 있어 먼 길을 돌아가지 않을 수 없게 했다."(8:308) 그는 자유를 해치는 법안들의 통과를 저지함으로써 자유의 수호자 역할을 했던 것이다.

그는 자신이 의회에서 연설할 때 법안 통과를 최우선시 하지는 않았다고 하였다.

> "나는 거부당할 것이 확실했을 때조차도 진리의 목소리를 울려 퍼지게 하는 것을 하나의 성공으로 간주했다. 의회에서 연설할 때 내 시선은 그 협소한 공간을 넘어 무엇보다 국민과 인류에게 경청 되는 것에 목표를 두었다."(8:308~309)

그는 의회 밖의 시민들을 염두에 두었으며 실제로 그의 발언들은 입법화되지 않은 경우라 할지라도 매체들에 보도되어 여론을 계몽하고 확산시키는데 이바지하였다.

로베스피에르는 의회 내 파당 정치를 비판하면서 자신은 계파와 거리

---

4 "Réponse aux discours de Brissot et de Guadet" (27 avril 1792), *Oeuvres,* t. 8, pp. 304~321.

를 두었다고 하였다. 의회가 국민주권을 훼손하는 배경에는 늘 당파가 존재하는데 모든 당파는 본질상 개별 이익을 위해 일반 이익을 희생시키는 성향이 있기 때문이다.(8:316) 따라서 그는 모든 당파를 없애고 그 자리에 '공공의 번영과 국민주권이 세워져야' 한다고 주장하였다.

그는 제헌의회에서 자신의 개별 이익을 희생시킨 입법 활동의 대표적 사례로서 재선 금지법을 통과시킨 것을 꼽았다. "나는 제헌의회가 자신의 업적에 존엄성을 각인시키려면 무욕과 관대함의 위대한 예를 보여주어야 한다고 말했다. 또한 입법자들의 덕은 시민들에 대한 교훈이 되어야 하므로 나는 의회로 하여금 의원 누구도 두 번째 입법부에는 재선될 수 없도록 선포할 것을 제안했다."(8:309) 제헌의회가 수립한 헌법을 시민들이 받아들이게 하려면 의회가 청렴성과 도덕성을 인정받아야 하는데 그 시금석이 자신이 제안한 의원의 재선 금지조치였다는 것이다.

3. 재선 금지

로베스피에르가 제헌의회 의원의 재선 금지를 제안하게 된 데에는 2년간의 의정활동 경험이 작용했다. 그는 동료 의원들이 민중의 주권과 자유의 원칙을 훼손하고 궁정과 타협을 모색하려 한다는 것을 알아차렸다. 이는 제헌의회 의원 선출이 실패로 돌아갔다는 말이다. 이에 대한 근본적 해결책은 제헌의회 의원 누구도 재선될 수 없도록 함으로써 혁명이 새로운 사람들 손에서 다시 시작하도록 하는 것이었다.

제헌의회 의원들의 재선을 금지하기 위한 로베스피에르의 연설은

1791년 5월 16일과 5월 18일에 행해졌으며[5] 당파 별로 찬성 이유야 달랐지만[6] 압도적 찬성으로 가결되었다. 장시간에 걸쳐 진행된 연설은 의원들을 감동시켰고 그는 의원들로부터 청렴함과 정직성을 인정받았음에 틀림없다. 그렇지 않고서야 의원들이 의원직과 하루 수당 18리브르를 포기하는 자기희생적 법안에 대거 찬성했을 리 없다.

로베스피에르는 그 연설에서 우선 입법부가 수립하는 법안의 신뢰도는 무엇보다 입법자의 평판에 좌우된다고 하면서 과업을 성취한 다음 은퇴한 입법자들을 예로 들었다.

> "고대의 가장 위대한 입법자들은, 조국에 헌법을 부여한 다음, 일반 시민들 속으로 되돌아가고 때로는 대중들의 열띤 시선을 피해 사라지는 것을 의무로 삼았다. 그들은 새 법에 대한 존중은 입법자 자신이 불러일으키는 존중에 달려있다고 생각했다."(7:383)

다시 말해 입법자가 헌신적인 품성과 공평무사함으로 존중받을 때 그가 만든 법도 존중받는다는 것이다.

로베스피에르는 특히 의원들이 자신들의 재선과 관련된 문제를 논할 때는 극도로 엄격해야 한다고 강조했다. "만약 한 판사가 어떤 개별 사건에, 비록 간접적이나마 연루될 때 기피 선언을 하는 것이라면, 민중의

---

5 "Sur l'éligibilité des députés de l'Assemblée nationale à la première législature" (16 mai 1791), *Oeuvres,* t. 7, pp. 377~403; "Sur Rééligibilité des Membres du Corps Législatif" (18 mai 1791), *Oeuvres,* t. 7, pp. 404~423.

6 귀족은 반혁명에 대한 기대에서 그리고 다수파는 진정성 있는 로베스피에르의 연설에 감화되어 찬성하였다. Jean Artarit, *Robespierre ou l'Impossible filiation,* p. 154.

대의와 관련된 문제에 있어서 나는 스스로에게 덜 엄격해도 되는 것일까?"(7:383) 판사가 기피 선언을 하는 것처럼 의원들도 재선에 관한 규정이 자신들과 무관한 것이 되도록 함으로써 누구도 자신의 재선을 위해 법을 이용했다는 비난을 받지 않도록 해야 하는 것이다.

로베스피에르는 의원들이 재선을 포기하는 희생을 선언할 때 그들이 만든 법에 권위와 신뢰가 부여된다고 하였다. "여러분이 민중이라고 생각하고 말해보시오. 여러분이라면 누구로부터 법을 받고 싶은지, 곧 시민이 될 수밖에 없는 사람으로부터인지 아니면 권력을 영속화하기 위해 놓지 않고 있는 사람으로부터인지."(7:405) 민중은 당연히 시민들 속으로 돌아올 사람을 신뢰할 것이다. 왜냐하면 그 사람은 자신의 바람을 시민의 그것과 동일시하게 될 것이기 때문이다. 따라서 의원은 종종 일반 시민이 되어볼 필요가 있다.

재선이 가능할 경우, 의원들은 임기 말이 다가올수록 거기에만 몰두하게 될 것이다. 그는 조국보다는 지역구 그리고 유권자들보다는 자신을 더 생각할 것이다. 또한 유권자들 중에서는 자신의 계획을 성공적으로 뒷받침할 사람들을 챙기는 반면 무명의 가난한 사람들에게는 무관심할 것이다.(7:407)

반대로 의원들이 재선의 유혹으로부터 벗어나게 되면 그들은 공익을 염두에 둘 것이다. "그들은 당연히 공공의 선이 아닌 다른 생각을 할 수 없을 것이다. 행정부의 권력 또한 그들을 유혹하는데 덜 흥미를 느낄 것이다."(7:407) 그리하여 의원들은 자신이 그 속으로 돌아갈 것이 확실한 시민들의 존경과 인정을 받을 수 있도록 임무를 수행하는 것을 목표로 삼게 될 것이다.

로베스피에르는 재선 금지에 대한 반대로서 과연 적절한 후임자를 선출할 수 있을까라는 의견이 나오는 데 대해 이는 오만한 생각이라고 반박했다. “나는 2500만 명이나 되는 국민 그리고 자유롭고 계몽된 국민이 우리를 대체할 720명의 수호자를 쉽게 찾을 수 없으리라고 우리가 생각할 권리나 자만심은 없다고 본다.”(7:384) 국민이 군주정 하에서 경험이 없을 때에도 제3신분 대표들을 선출하여 혁명을 가능케 하였는데 2년간의 혁명의 경험으로 계몽된 지금 더 나은 후임자들을 선출하지 못 할 이유가 없다는 것이다.

그는 또한 의원들이 전부 교체될 경우 새 의회가 업무 수행에 필요한 지식이나 경륜이 없을 거라는 우려에 대해서도 일축했다. 그는 입법이란 전문 지식보다는 원칙을 구현하는 것이며 그 원칙은 대개 ‘여론에 의해 형성되기 마련’이라고 하였다.(7:410) 따라서 입법 활동은 전문 지식보다는 상식과 여론 경청을 요구하는 것이다. 이처럼 법의 원칙이 의원들의 머리가 아니라 공공여론으로부터 나온다면 밖에서 의회를 지켜보는 시민들 역시 법과 헌법을 잘 알고 있다고 할 수 있으므로(7:384) 일부 노련한 의원들의 경륜이 꼭 필요하다고 볼 수는 없다는 것이다.

로베스피에르는 의원들이 임기 만료 후에도 시민들 사이에서 중요한 역할을 할 수 있을 것이라고 하였다. “우리는 국가의 전역에 흩어져 계몽을 필요로 하는 동료 시민들을 밝힐 것이며 곳곳에 공공정신, 평화, 질서, 법 그리고 자유에 대한 사랑을 전파할 것이다.”(7:387) 특히 의원들은 스스로의 본보기를 통해 동료 시민들에게 평등애와 조국애의 고결함을 보여줄 수 있을 것이다.

뿐만 아니라 의원들 자신도 의회를 떠난 다음에 의회와 입법을 더 잘 이해할 수 있을 것이다. 그는 마치 배우가 무대를 떠나 관객 속에 자리잡을 때 무대와 배우를 더 잘 판단할 수 있는 것처럼, “사건들의 소용돌

이를 벗어남으로써 우리는 더 평화롭고 순수한 공기를 호흡할 수 있으며 사람들과 사물에 대해 더 확실한 판단을 내릴 수 있다."(4:3)라고 하였다.

반대로 의원들이 임기만료 후 조국에 헌신했다는 명예로 만족하는 대신 새로운 임기를 계속 노린다면 그들은 부패한 것이며 위험한 존재들인 것이다. 결론적으로 로베스피에르는 의원들 스스로 재선 금지 규정을 만들 것을 제안했으며 결국 법안이 가결됨으로써 로베스피에르 자신을 비롯한 제헌의회 의원들은 다음 의회에 출마하는 것이 금지되었다.[7]

이상에서 본 것처럼 로베스피에르는 의원들의 덕성을 입법부 성공의 필수 요소로 삼았다. 덕은 고대의 입법자들에게서 강조된 것이긴 하지만 앞서 말한 것처럼 근대의 입법자들에게 더욱 절실한 것이다. 민중의 직접 참여가 어려워진 근대의 대의제에서는 국민주권의 보장과 자유 수호의 임무가 사실상 의회에 맡겨지기 때문이다. 이 경우 의회가 민중의 불신을 사게 되면 대의제를 거부하면서 그 틀 밖에서 국민주권과 자유를 실현하려는 움직임이 나타나게 된다. 프랑스 혁명기의 평등파를 필두로 19세기 사회주의자들이 그에 해당한다 할 것이다. 그에 비해 로베스피에르는 대의제의 틀 속에서 덕의 정치를 추구함으로써 그 한계를 극복하고자 했다고 할 수 있다. 그가 의원들의 덕을 촉구하고 재선 금지,

7 로베스피에르는 다음 의회인 입법의회 의원들에 대해서도 제헌의회 때와 같은 제안을 하였다. "따라서 의원들은 다가오는 국민공회에서 스스로 배제하고 민중의 새로운 선택을 받는 것을 단념하기 바란다. 자유를 수호하기 위해 가장 큰 열정을 보인 사람들이 본보기가 되어주길."(8:419~420) 하지만 입법의회 의원들은 로베스피에르의 피리소리에 홀리지 않았다.

의원 소환제, 잦은 선거 등을 통해 국민의 권리 의식을 고취하고자 한 것 모두 덕의 정치의 일환이었다.

07
국왕과 행정부

1. 국왕과 행정부의 위상

국왕의 위상

로베스피에르는 국왕과 행정부의 위상을 입법부와 다른 것으로 보았다. 입법부가 국민의 대표로서 제도를 수립하거나 법안을 결정하는 권한(pouvoir)을 가진다면 국왕과 행정부는 국민의 심부름꾼으로서 법을 실행하는 직능(fonction) 혹은 기능만을 가진다는 것이다.

> "국왕을 입법권을 행사하는 세습적 대표로 표현하는 위원회의 조항은 헌법의 제일 원칙들을 침해하고 있다. 나는 권한이라는 말 대신 직능을 사용할 것을 요구하며 국왕은 국민의 대표가 아니라 제1의 공복으로 불릴 것, 행정권의 수반으로 불릴 것을 주장한다."(7:614)

국왕은 국민을 위해 업무를 수행하는 대리인일 따름이다. "공직은 영예도 특권도 아닌 부담이다. 그를 시행하는 자는 민중의 지배자가 아니라 업무 대리인이다."(4:148) 로베스피에르는 공직자가 스스로 민중의 심부름꾼임을 인정할 때 민중이 자유를 누릴 수 있다고 하였다. 따라서 "가장이 하인들을 감시하듯 민중은 그의 대리인들에 대해 감시를 소홀히 하지 말아야 한다."(4:149) 그는 또한 의회도 민중을 대표하는 입장에서 행정부를 감시해야 한다고 하였다.

그 점에서 입법부와 국왕의 권력 균형이란 말은 올바른 것이 아니다. 국민의 대표 기관인 의회와 대리 기관인 국왕, 결정 기관인 의회와 실행 기관인 국왕 간의 권력 균형 운운은 터무니없는 것이다. 같은 이유로 국민주권의 관점에서 본다면 정부 형태란 중요하지 않다. "나는 우선 많은 사람에게 공화정과 군주정이란 용어들은 전혀 의미가 없다고 말하고자 한다. 공화정이란 용어는 특정한 정부 형태를 의미하는 것이 아니라 조국을 가진 모든 자유로운 사람들의 정부에 해당한다."(7:552) 중요한 것은 국민에게 주권과 자유가 있는지 여부이므로 왕정이나 귀족정에서도 민중의 주권과 자유가 보장된다면 그건 사실상 공화정에 해당한다는 것이다.

그런데 혁명기에도 국왕의 위상은 여전히 신성시 되었고, 로베스피에르는 이러한 구체제의 잔재에 대해 '국왕의 권한을 둘러싼 종교적 베일'이란 표현을 썼다. 실제로 혁명기 의회가 제정한 법률 선포문에는 '루이는, 신의 자비와 국왕의 전권 및 권위로서 기꺼이'라는 문구가 삽입되었다. 로베스피에르는 이 문구를 법률 선포문에서 삭제할 것을 주장했는데, 그 이유는 국왕을 신과 나란히 함으로써 그 권능을 강조한 이 문구가 국민의 권리와 양립할 수 없기 때문이었다.[1]

---

1 "Sur le formule de la promulgation royale" (8 octobre 1789), *Oeuvres,* t. 6, pp. 110~111.

국왕의 불가침성

이처럼 신성시 된 국왕은 자신의 범죄에 대해서도 여전히 불가침성을 인정받았다. 하지만 로베스피에르는 국왕이 반역죄를 저지를 때에도 불가침 원칙이 적용되는 것인지 반문하면서 "법적으로 처벌받지 않는 범죄가 국민의 제일의 공복에 의해 행해진다면 그것은 사회질서를 전복시키는 것이다."(7:554~555)라고 하였다. 사실 국민의 심부름꾼이 죄를 짓고도 처벌받지 않는다는 건 생각하기 어려운데 하물며 반역죄라면 더 말할 나위 없는 것이다.

로베스피에르는 국왕의 불가침성을 인정하는 건 단적으로 민중을 희생시키는 것이라고 하였다.

> "국왕은 허구에 의해 불가침하며 민중은 자연의 성스러운 권리에 의해 불가침하다. 그런데 여러분은 민중의 불가침성을 국왕들의 그것에 희생시키는 것이 아니라면 국왕을 불가침의 방패로 감싸면서 무엇을 하고 있단 말인가?(좌익 일부의 박수)"(7:555)

국왕을 불가침한 존재로 규정한다면 그가 민중의 자유와 행복을 침해할 때에도 처벌할 수 없게 됨으로서 사실상 민중을 처벌하는 결과가 된다.

하지만 로베스피에르의 주장은 의회에서 다수의 공감을 얻지 못했다. 제헌의회의 분위기는 여전히 국왕의 위상과 권능을 신봉하는 쪽이었기 때문이다. 그것은 1789년 9월 제헌의회가 국왕에게 법에 대한 거부권을 부여한 것에서도 볼 수 있다. 바스티유 습격 이후 혁명이 급속도로 진행되면서 민중의 소요와 봉기에 위협을 느낀 국민의회 의원들은 왕권의 안정 혹은 강화를 통해 혼란과 무질서에 대처하고자 한 것이다. 로베스피에르는 이에 대해 크게 반발했다.

국왕의 거부권

거부권 문제는 혁명 초부터 쟁점이 되었는데 국민의회가 제정한 인권선언이나 봉건제 폐지 같은 주요 법안들을 발효함에 있어 국왕의 승인이 필요한지를 결정해야 했기 때문이다. 로베스피에르가 거부권 부여에 대해 반대할 것을 예상한 의원들은 그의 발언을 차단하기 위해 하루 전에 토론을 종결짓기로 결정했고 1789년 9월 11일 국왕에게 의회가 두 번 바뀔 동안 법안의 발효를 유예할 수 있는 제한적 거부권을 부여하였다. 발언 기회를 박탈당한 로베스피에르는 준비한 연설문을 출간함으로써 여론에 직접 호소하였다.[2]

그는 연설문에서, 법은 일반의지의 표현이므로 국민의 일반의지를 대표하는 입법부가 법에 대해 최고의 권위를 가진다고 하였다. "큰 국가는 전 국민이 함께 입법권을 행사할 수 없기 때문에 국민은 그 행사를 자신들의 권한의 수탁자인 대표자들에게 일임한다. 그렇다면 대표자들의 의지는 국민의 의지로 간주하고 존중되어야 하며 모든 개별 의지보다 우월하고 성스러운 권위를 가져야 한다는 것은 분명하다. 왜냐하면 그것이 없이는 국민은 법을 만들 수 있는 다른 수단이 없으며 사실상 입법권과 주권이 박탈되는 것이기 때문이다."(6:87) 요컨대 입법부의 뜻은 국민의 뜻이다.

따라서 입법부가 제정한 법을 국왕이 거부하는 건 국민은 아무것도

2 "Contre le veto royal" (septembre 1789), *Oeuvres*, t. 6, 86~95.

아니며 한 개인이 전부라고 말하는 것이다. 국왕은 국민의 뜻을 실행에 옮기기 위해 수립된 기관인데 그가 국민의 뜻에 대해 거부권을 가진다는 건 '도덕적으로나 정치적으로 생각할 수 없는 괴물을 만들어낸 것'이다.(6:87)

로베스피에르는 예를 들어 국왕이 1789년 10월 인권선언에 대해 승인을 유보하겠다고 말한 것도 국민보다 위에 서겠다는 발상이라고 하였다.[3] 특히 국왕은 인권선언의 원칙에 대해 해석과 적용을 달리할 여지가 있으므로 검토해 보겠다고 말했지만 이는 잘못이다. "그 원리들은 어떤 인간의 법으로도 바꿀 수 없는 정의와 자연권의 원리들이다.… 우리가 거기에 대해 어떤 잘못된 적용을 할 수 있단 말인가?"(6:100) 자명하고 불변한 원리에 대해 새로운 해석이나 적용을 할 여지는 없다는 것이다.

더욱이 행정권이 인권선언을 문제 삼는 것은 인권선언을 수립한 헌정 권력, 즉 국민을 대표하는 권력을 부인하는 것인데 이는 행정권이 자신의 모태를 부정하는 것과 다를 바 없다. "지상의 어떤 권력도 그 원리들을 설명할 권한은 없으며 국민의 권력보다 더 높이 올라갈 수도 자신의 의지를 확고히 할 수도 없다."(6:101) 따라서 국왕의 답변은 국민의 권리의 원칙에 어긋나며 헌법에 반대되는 것이다. 나아가 로베스피에르는 비록 헌법에 결함이 있는 경우라도 행정부가 그것을 비판할 권한은 없다고 하였다. "국민의 대표들이 만든 헌법 위에 군림할 권력은 국왕을 포함하여 세상 어디에도 없기 때문"(6:102)이다.

따라서 그는 입법자들이 국왕의 거부권 문제에서 원칙을 지켜야 한다

---

3 "Sur la sanction de la Déclaration des droits de l'homme" (5 octobre 1789), *Oeuvres*, t. 6, pp. 99~107.

고 역설했다. "나는 자유, 정의, 이성을 놓고 타협하는 것이 옳다고 보지 않으며 흔들림 없는 용기, 위대한 원칙에 대한 신봉은 현 상황에서 민중의 수호자들에게 어울리는 유일한 덕목이라고 생각한다."(6:92) 의회는 국민의 자유와 정의에 관한 자명한 원칙을 확고하고 용감하게 신봉하는 것만이 유일한 방법이다.

그런가 하면 로베스피에르는 국왕의 거부권의 근거로서 프랑스가 군주정임을 내세우는 주장에 대해서도 반박했다.

> "더 이상 다음과 같은 말을 반복해서는 안 된다. 프랑스는 군주 국가이며 그로부터 국왕의 권리들을 도출하여 체제의 가장 으뜸가는 소중한 부분으로 간주하고 국민에게 부여하고자 하는 권리는 부차적인 것으로 간주한다는 것.… 군주정이란 말의 진정한 뜻은 행정권이 한 개인에게 일임되는 국가를 의미할 따름이라는 것을 알아야 할 것이다."(6:88)

군주란 주권기관이 아니라 주권의 결정사항을 실행에 옮기는 행정 기관에 불과하므로 왕과 행정부는 국가의 대표 기관이 아닌 것이다.

로베스피에르는 1791년 헌법 제정과정에서도 국왕이 국민의 대표자가 아니라는 점을 재차 강조하였다. 국민의 대표로 불리려면 우선 국민의 선택을 받았음을 전제로 하는데 그것과 무관한 국왕은 한마디로 왕관을 쓴 관리에 불과하다.[4] 다만 의원들이 국왕을 그렇게 받아들이지 못할 따름이다. 또한 왕정의 권력은 공공의 의무이지 개인의 권리나 재산이 아니다. 따라서 그는 "국왕의 권위는 오직 국민의 자유와 권리를 보

4 "Sur les principes de la souveraineté" (10 août 1791), *Oeuvres*, t. 7, pp. 611~614.

존하기 위해서만 수립된다."(6:88)라는 원칙에 의원들이 발끈할 필요가 없다고 말했다.

그런가하면 로베스피에르는 의회의 권한 남용 가능성을 이유로 들어 국왕의 거부권을 옹호하는 주장에 대해서도 반박했다. 임기 만료 후 시민들에 의해 평가를 받고 시민들과 어울려 살게 될 입법부 의원들은 민중의 이익을 함부로 훼손하지 않을 거라는 것이다.(6:90) 오히려 공권력을 확보하고 억압과 회유의 수단으로 무장한 국왕이야 말로 권한 남용 가능성이 훨씬 크다. "역사를 돌아보라. 어떤 모습이 펼쳐지는지. 입법권이 없는 국민은 곳곳에서 그들을 억압하고 예속하는 군주들의 노리개이자 먹이가 되어 왔다. 막강한 왕권에 맞서 자유를 지켜내기란 여간 어려운 일이 아니기 때문이다."(6:90)

또한 로베스피에르는 국왕이 입법부에 보복할까 두려워 거부권을 부여함으로써 회유해야 한다는 주장에 경악한다. "그는 입법권을 침해하고자 하는데 그가 이러한 유혹을 품지 않게 하려고 당신들은 유순하게도 그의 처분에 입법부를 내맡긴다. 마치 그가 목적 달성을 위한 수단을 더 많이 가질수록 그의 야심이 덜 두려운 것이 되기라도 한다는 듯."(6:91) 이는 흡사 두려운 적을 달래기 위해 더 큰 무기를 쥐어주고 그것을 휘두르지 않기만을 바라는 것과 같은 어리석은 일이다.

로베스피에르는 의회가 국왕의 거부권을 인정하는 것은 근본적으로 민중을 무시하고 자유를 두려워하는 태도에서 비롯되었다고 꿰뚫어 보았다. 그는 의원들이 더 이상 민중을 비하하지 말 것을 촉구했다. "더 이상 애국심을 범죄적 소요라고 부르거나 자유를 위험한 방종으로 부르거나 선량한 시민들의 관대한 헌신을 미친 짓이라고 부르지 말아야 한다."(6:88) 그는 의회가 민중의 권리와 헌신을 인정하고 존중하게 되면 국왕의 거부권이 얼마나 불합리하고 위험한 것인지를 자유롭게 말하게 될 거라고 하였다.

행정부의 권한

국왕의 거부권 문제는 국왕이 이끄는 행정부의 권한 문제로 이어졌다. 행정부에 대한 로베스피에르의 기본 입장 역시 감시와 견제였다. 1793년 인권선언 제19조에서 "민중을 선한 존재로, 관리를 부패할 수 있는 존재로 상정하지 않는 모든 제도는 타락한 것이다."(9:467)라고 한 것처럼, 그는 정부 관리가 사익을 위해 권력을 남용할 가능성을 늘 염두에 두고 제도를 수립해야 한다고 하였다. 이를테면 권력 남용을 방지하기 위해 행정 기능을 세분화하고 겸직을 금지하며 각료를 자주 교체하고 의회로 하여금 국고의 사용을 감독하게 하는 것 등이다.

로베스피에르는 1793년 5월 10일 '헌법 수립의 원칙에 관한 연설'에서[5] 민중의 행복과 권리의 장애물로서 정부의 억압과 침해를 언급하였다. "지금까지 통치술은 소수의 편에 서서 다수를 억압하고 예속시키는 것이었다." 그는 특히 이에 대해 동료 의원들에게 각성을 촉구했는데, 왜냐하면 입법부는 법을 통해 폭정을 합법화하고 체계화하는 역할을 해왔기 때문이다. 그는 의원들에게 "이제는 여러분 스스로 인간을 법에 따라 행복하고 자유롭게 만드는 과업을 해야 한다."(9:495)라고 당부했다. 입법부는 정부 권력을 편드는 것이 아니라 정부 권력으로부터 민중의 행복과 자유를 지키는 것이 임무임을 깨달아야 한다는 것이다.

입법부가 정부를 견제하지 못하면 막강한 권한을 갖춘 정부는 두려운

---

5 "Sur la Constitution" (10 mai 1793), *Oeuvres,* t. 10, pp. 494~510.

억압기구가 될 것이다.

> "정부가 일반의지에 순응하여 그 힘을 발휘하면 그는 자유와 공공의 행복을 보장하지만 그것을 남용하면? 정부는 모든 억압기구 중 가장 끔찍한 것이 될 따름이다. 그로부터 어떤 결론이 나오는가? 헌정의 법들의 최고 목적은 통치자들의 권력 남용으로부터 공공의 자유를 수호하는 것이어야 한다는 것이다."(5:18)

정부로 하여금 일반의지를 따르도록 하고 권력 남용으로부터 민중의 자유를 수호하는 것, 그것이 입법부가 나아갈 방향이다.

2. 행정부와 국민주권

행정부와 민중봉기

로베스피에르는 '민중의 이익은 공공의 선'이므로 "사회의 악은 결코 민중으로부터가 아니라 정부에게서 나온다."(9:496)라고 하였다. 민중에게는 사회가 올바르게 혹은 좋게 되는 것이 이로우므로 민중 스스로 사회에 해를 끼칠 이유는 없으며 오히려 정부의 권력, 즉 공권력이 사회에 해를 끼친다는 것이다. 왜냐하면 정부는 일반의지를 존중하게끔 수립되었지만 실제 통치자는 자신의 지배를 추구하는 개별의지에 사로잡히기 때문이다.(9:496)

이는 정부가 법과 질서를 내세워 민중봉기나 소요를 진압하고자 할 때 과연 어느 쪽이 더 사회에 해가 되는지 가늠할 수 있게 해준다. 로베스피에르는 예를 들어 흔히 혼란과 무질서를 초래했다고 말해지는 1792년 8월 민중 봉기를 옹호했다.

> "나는 특히 1792년 8월 10일의 혁명 이후 무정부 상태가 초래되었다고 말하는 것을 많이 들었다. 하지만 정치체제를 병들게 하는 것은 무정부 상태가 아니라 폭정과 과두적 지배이다. 그들이 뭐라 말하건 간에 이 비방받던 시대부터 우리는 법과 정부를 시작하게 되었다."(9:496)

그는 왕정을 폐지하고 반혁명파를 몰아낸 1792년 8월의 봉기는 새로운 헌법과 공화정의 수립을 가능케 했다는 점에서 유익한 것인 반면, 정말로 해로운 것은 독재나 과두정이라고 한 것이다.

로베스피에르는 오히려 군주정이 진정으로 무정부 상태에 해당한다고 하였다. "무정부 상태는 클로비스로부터 카페 왕조 마지막 왕에 이르기까지 지배해왔다. 무정부 상태란 무엇이겠는가? 만약 그것이 왕좌에서 자연과 법을 끌어내리고 인간을 대신 앉힌 것이 아니라면."(9:496) 군주정이란 자연법이나 실정법에 따른 통치가 아니라 국왕이라는 한 인간이 자신의 의지에 따라 통치하는 것이므로 사실상 진정한 통치와 정부가 없는 무정부 상태와 다를 바 없다는 것이다.

따라서 민중 스스로 이러한 상태를 바꾸고자 하는 것은 정당한 행위이다. 헌법의 목적도 통치 질서를 보존하는 것이 아니라 '정부 자체로부터 공적, 개인적 자유를 수호하는 것'(9:496)에 있다. 정부가 민중의 주권과 자유를 침해할 경우, 입법부는 법을 통해 그리고 민중은 저항을 통해 그를 수호할 권리를 지닌다. 1790년 아비뇽의 주민들이 국민의회에 제출한 청원이 그것이었다.

아비뇽 문제

아비뇽 주민들은 1790년 주민투표 결과에 따라 아비뇽을 교황령으로부터 분리하여 프랑스에 편입시켜 달라는 청원을 제헌의회에 제출하였다. 제헌의회가 교황청과의 불화를 우려하여 결단을 내리지 못하는 상황에서 로베스피에르는 아비뇽 주민들의 청원을 지지하였다.[6]

그는 우선 반대편의 주장, 즉 수백 년 전에 아비뇽의 군주가 지배권을 교황에게 양도했으므로 교황이 권한을 가진다는 주장을 반박하는 것으로 시작하였다. "군주의 권능이란 민중 주권의 일부분이 그들의 수중에 맡겨졌다는 것뿐이므로 그들은 그것을 어떤 식으로든 팔거나 양도할 수 없다."(6:587). 군주가 주권을 양도한다는 것은 마치 자기 소유물이 아닌 것을 파는 것처럼 애초 성립 자체가 불가능하다는 것이다.

따라서 로베스피에르는 정부를 선택함에 있어 아비뇽 주민들의 의사가 최우선이라고 하였다. 국가란 인간이 공동의 이익을 위해 세운 일종의 사회이며 정부는 국가의 법의 유지를 위해 수립한 공적 권위의 조직체에 불과하므로 민중이 스스로 정부의 기능을 위임받은 자들을 바꾸고자 하는 것에 대해 반대할 수 없다는 것이다.(6:588) 그는 아비뇽 문제를 다룬 다른 연설에서도[7] "민중은 가축 떼가 아니고 국왕은 그 주인이 아니므로… 민중이 그것을 원할 때, 그리고 그가 원하는 순간에 자신의 정

---

6 "Sur la pétition des avignonnais pour leur réunion à la France" (18 novembre 1790), *Oeuvres*, t. 6, pp. 585~608.

7 "Sur l'affaire d'Avignon" (2 mai 1791), *Oeuvres*, t. 7, pp. 299~308,

부 형태를 바꿀 수 있다는 것을 부정할 수 없을 것이다."(7:300)라고 하였다.

로베스피에르는 한 의원이 아비뇽 주민들의 청원 절차와 형식을 문제 삼으면서, 탄원이란 평화적인 방식을 취해야만 적법하며 반란의 결과로 나온다면 불법적이고 범죄적이라고 한 데 대해 되받아쳤다.

> "그렇다면 의원께서 부디 민중들에게 반란 없이 권리를 되찾을 수 있는 비법을 가르쳐주시길. 아니면 독재자들이 스스로 절대 권력을 벗어 던지고 민중에게 자유와 권리를 부여하는 방안을 가르쳐 주시길. 그렇게 한다면 나도 반란이 범죄라는데 쉽게 동의할 것이오."(박수)(7:302)

독재자가 자발적으로 물러나지 않는 한 민중에게는 반란 외에는 사실상 방도가 없으므로 그것을 범죄시할 수 없다는 것이다. 로베스피에르는 만약 그들의 행동이 잘못이라면 '차라리 프랑스 민중과 그 대표들을 심판하고 그들을 모방한 아비뇽 사람들은 용서할 것'을 당부했는데 이는 프랑스 혁명 자체가 이미 '불법' 행동을 통해 주권을 회복한 선례임을 말한 것이다.

3. 국왕의 재판

앞에서 본 국왕의 위상과 민중의 저항에 대한 로베스피에르의 입장은 국왕 재판 문제를 둘러싸고 극명하게 표출되었다. 왕정이 소멸하고 공화정이 선포되고 난 후 1792년 12월 3일 로베스피에르는 폐위된 국왕에 대한 심판 문제를 거론하였다.[8] 반역죄를 저지른 국왕을 처벌할 것을 주장한 로베스피에르의 일련의 연설들은 자신이 혁명 초부터 제기해 온 국왕의 위상 문제를 완결지은 것이라 할 수 있다.

연설에서 로베스피에르는 폐위된 왕에 대한 정식 재판절차가 필요하다는 일각의 주장에 대해, 반역자 루이에 대한 심판은 민중들이 튈르리 궁을 점령한 8월 10일에 이미 내려졌다고 하였다.

> "공화국은 수립되었습니다. 루이는 자신의 범죄에 의해 폐위되었습니다. 루이는 프랑스 민중을 반란자로 비난했습니다. 그는 그들을 처벌하기 위해 자신의 동료인 전제군주들의 군대를 불렀습니다. 민중은 승리로서 루이 자신이 반란자임을 입증했습니다. 따라서 루이는 재판받을 수 없으며 그는 이미 받은 것입니다. 그는 유죄 선고를 받은 것이며 그렇지 않다면 공화국이 유죄인 것입니다."(9:121~122)

루이를 재판한다는 것은 그가 반역죄를 저질렀기 때문에 그를 폐위시킨 인민의 의지 그리고 나아가 프랑스 혁명을 심판대에 올리는 것이다. 로베스피에르는 과연 최고의 권위인 인민의 의지를 심판할 수 있는 더 높은 권력이 어디에 있느냐고 따져 물었다.

그는 루이가 일반적인 사법절차의 대상이 될 수 없다고 하였다. "시민 여러분, 여러분은 지금 잘못된 개념들에 속고 있습니다. 민사적이고 실증적인 규칙을 인간 권리의 원칙과 혼동하고 있습니다. 여러분은 시민

---

8 "Sur le jugement du roi" (3 décembre 1792), *Oeuvres*, t. 9, pp. 120~134.

들 사이의 관계를 국민에 대해 모반을 한 적에 대한 국민의 관계와 혼동하고 있습니다."(9:22) 국민을 해치려 한 반역죄에 대해 일반 민사적 관계에서의 법절차를 적용하는 건 잘못이라는 것이다.

로베스피에르에 따르면 전제군주가 사회계약을 파기할 경우 국민은 그에 대해 자연 상태 혹은 전쟁 상태가 되므로 사회 상태에서의 통상적 법 절차를 적용할 수 없는 것이다.

> "한 국민이 반란의 권리에 호소하지 않을 수 없을 때 그는 전제군주에 대해 자연 상태로 들어가는 것입니다. 후자가 자신이 소멸시킨 사회계약을 어떻게 언급할 수 있단 말입니까? 전제정과 그에 대한 봉기는 전제군주에 대한 관계를 전적으로 단절하는 것이며 서로 간에 전쟁 상태를 만드는 것입니다. 법정이라든가 법적 절차들은 사회 속의 구성원들을 위해 행해지는 것입니다."(9:123)

그는 사회계약과 자연 상태라는 대립적 개념을 도입함으로써 논점을 사법적 측면에서 정치적 측면으로 전이시킨 것이다.

그는 자연 상태에 관해, 사회계약이 파기되고 헌법이 효력을 잃으면 자연의 법이 대신한다고 하였다. "헌법이 이 새로운 차원의 사태를 주관할 수 있다고 가정하는 것은 엄청난 모순입니다. 헌법을 대신하는 법은 무엇입니까? 그것은 자연의 법으로서 사회 자체의 기초인 민중의 안녕의 법인 것입니다. 전제자를 처벌하는 권리와 그를 폐위시키는 권리, 그것은 같은 것입니다."(9:123) 자연의 법은 민중 스스로 직접 행동을 통해 자유와 생존을 지키는 것이므로 민중이 반란을 일으켜 전제군주를 폐위시킨 것 자체가 그에 대한 재판이라는 것이다.

로베스피에르는 몽테스키외가 자연권에 속하는 것을 실정법으로 결정하는 것은 정치적 오류라고 말했음을 상기시켰다.[9]

> "민중들은 사법기관처럼 판정하지 않습니다. 그들은 판결을 내리는 것이 아니라 벼락을 내립니다. 그들은 국왕들에게 형을 선고하는 것이 아니라 그들을 소멸시킵니다. 이 정의는 법정의 정의만큼 가치가 있습니다."(9:123)

민중은 직접적인 타격으로 판결을 대신하지만 그것은 법의 심판 못지않게 정의로운 것이다. 그는 왕을 처벌하면서 형식과 절차를 앞세우는 것은 바로 이러한 원칙에 대한 인식과 열정이 결여돼 있기 때문이라고 하였다. "어떤 공화국에서 전제자를 처벌할 필요성이 논쟁의 대상이 되었는가? 우리는 형식을 내세우는데 그 이유는 원칙이 없기 때문이다. 우리는 신중함을 자랑하는데 그것은 우리에게 열정이 없기 때문이다."(9:124)

그는 국왕을 처벌할 경우 민중이 분노하거나 국왕에 대한 동정론이 일 것을 우려하는 의원들을 질타했다. "사람들은 이 엄격한 행동이 분노를 일으켜 폭정에 유리한 연민의 감정을 일깨울 것이라고 말한다.… (하지만) 민중은 그 대표자들의 강인함보다는 허약함에 더 불만을 표시한다. 사람들의 마음에는 그릇된 정치의 미묘한 책략보다는 자신들의 권리와 이익에 대한 감정, 성스러운 본능이 훨씬 더 크게 자리 잡고 있다."(5:60)

---

9 "루이 16세가 어떻게 심판받아야 할지를 검토하는 일이 남았는데… 그것은 우리의 정치적 오류들의 원천 중 하나를 피하기만 하면 되는 것으로, 몽테스키외가 말한 것처럼 인간의 권리 혹은 자연권의 원칙에 속하는 것을 실정법의 규율로 결정하는 것을 말한다." "Sur le parti à prendre à l'égard de Louis XVI (2)" *Oeuvres*, t. 5, p. 62.

우상숭배보다 자신의 권리 의식이 더 확고한 민중은 오히려 의원들이 허약한 모습을 보일 경우 분노한다는 것이다.

또한 국왕의 처벌이 외국을 도발하는 것으로 비칠까봐 우려하는 입장에 대해서도 로베스피에르는 단호했다. "폭군의 도당들에게 저항할 힘을 여러분에게 주는 것은 군대의 수도 아니고 재정의 풍부함도 아니다. 그것은 공화주의적 자부심과 노예에 대한 경멸, 폭군에 대한 증오이다.… 그들을 민중의 여론에서 실추시키고 두려움을 안겨주는 것으로 그들의 공모자가 자유의 칼에 쓰러지는 광경보다 더 확실한 수단이 어디 있는가?"(5:60~61) 외국의 폭군들과 싸우는 최선의 무기는 자유인으로서의 자부심과 폭군에 대한 증오심이므로 루이를 처형하는 것이 폭군들의 권위에 타격을 주고 그들을 위축시키는 가장 효과적인 수단이라는 것이다.

로베스피에르는 자신의 입장이 예전에 사형제도에 반대한 것과 모순으로 비칠 수 있지만 국왕의 경우는 다르다고 했다. "나는 제헌의회에서 사형제를 폐지할 것을 주장한 적이 있다. 그에 대해 의회는 도덕적 정치적 이단이라고 말한 바 있다. 그런데 이제 와서 당신들은 사형제도를 정당화시킬 수 있는 한 사람의 경우를 놓고 사형에서 제외시킬 것을 제안하고 있다."(9:129) 사형제도 폐지 주장에는 꿈쩍도 않던 의회가 사형제도가 정당화 될 수 있는 유일한 경우에 사형제 폐지를 거론하고 있다는 것이다.

로베스피에르는 일반 범죄의 경우에는 사형이 필요하지 않다는 입장에 변함이 없었다. 사형은 개인 혹은 사회의 안전에 필요한 경우에만 정당화될 수 있는 것으로 일반 범죄의 경우 "사회는 다른 수단들을 통해 항상 그들을 예방할 수 있으며 범죄자가 사회를 해치지 못하게끔 할 수 있기 때문이다." 하지만 혁명의 와중에서 폐위된 국왕, '그 이름만으로도 동요하는 국가에 전쟁의 재앙을 불러들이는 국왕'의 경우는 다르다. 국왕은 투옥이나 추방만으로 공공의 안전을 보장하기 어렵기 때문이다. 따라서 로베스피에르는 "나는 이 운명적인 진실을 선포하는 것이 유감스럽다.… 하지만 조국이 살아야 하기 때문에 루이는 죽어야 한다."(9:129~130)라고 하였다. 로베스피에르는 루이의 처형을 예외적인 경우로 간주했기 때문에 그 후에는 사형제 시행을 주장하지 않았다. 그리하여 예컨대 1793년 1월 20일 르펠르티에 암살범 은닉자에게 사형을 선고하자는 공회 의원의 제안에 반대한 것이다.

이에 대해 지롱드파 의원들은 왕이 처형될 경우 혁명이 급진화하지 않을까 우려했다. 그들을 중심으로 국왕에 대한 선고 유예 등 관용의 움직임이 나타나기 시작하자 로베스피에르는 다시 그들을 비판하는 연설을 하였다.[10] 민중의 대표는 인간성 혹은 인정을 민중과 피억압자를 구원하는데 쏟아야 하며 민중을 억압한 전제군주에 대한 관용은 곧 민중을 범죄에 희생시키는 것으로 오히려 잔인하고 야만적이라는 것이다.(9:184)

로베스피에르는 또한 루이가 폐위되었고 무력해졌는데 구태여 처벌이 필요한가라는 의견에 대해, 폭정의 예방이라는 공공 이익의 면에서 필요하다고 하였다. "시민들이여, 가난한 범죄자, 혹은 절망한 피의자에게까지도 두려움을 안겨주는 것이 필요하다면 폭정에 두려움을 안겨주는 것은 덜 중요한가? 폭정은 절도보다 더 없애기 쉬운 것인가?"(5:59) 범

10 "Second discours de Maximilien Robespierre… sur le jugement de Louis Capet" (28 décembre 1792), *Oeuvres*, t. 9, pp. 183~203.

죄를 처벌하는 이유가 범인에게 두려움을 안겨주어 앞으로 범죄를 예방하고자 함인데 폭정은 일반 범죄보다 더 예방하기 어렵다는 점에서 처벌의 필요성은 더 크다고 할 수 있다. 그럼에도 불구하고 권력자일수록 처벌이 어렵고 약자의 범죄만 엄격히 처벌한다면 사람들 스스로 노예정신을 탈피하지 못한 것이다.

요컨대 국왕의 처형은 폭정을 예방하고 자유의 원칙을 보존한다는 점에서 중요하다. "따라서 정의와 평등의 성스러운 기초 위에 정치체제를 세운 여러분은 온 세상에 여러분의 마지막 국왕이 국민적 정의의 칼 아래 목을 숙이는 것을 보여주어야 한다."(5:59)

로베스피에르는 지롱드파의 지연과 교란의 시도를 분쇄하고 국민공회에서 왕의 처형을 가결시키는데 결정적 역할을 했다. 그의 일련의 연설들은 왕의 처형에 대한 찬성을 혁명에 대한 찬성의 시금석이 되게 함으로써 다수의 관용파 의원들을 찬성으로 돌아서게 한 것이다. 이로서 혁명의 진행은 돌이킬 수 없는 것이 되었다.

08
사법부

사법 분야에서 로베스피에르가 가장 중시한 것은 피의자의 인권 보호였다. 그는 의회를 다룰 때 의원에 대한 감시, 행정부를 언급할 때 관리들에 대한 의심의 필요성을 강조한 것처럼 사법부의 경우에도 법관에 대한 감시의 필요성을 거론했다. "판사는 공정하고 냉정한 존재가 아니라 권력 남용을 할 수 있는 존재로서 감시 대상이 되어야 한다."(7:8) 실제로 피의자의 인권에 대한 침해는 법관의 권한 남용이 주요 원인이기 때문에 로베스피에르는 그에 대한 처방으로 사법 제도와 재판 절차 개혁을 제시했다.

1. 배심원제

배심원제의 취지

1790년 3월 24일 국민의회는 배심원제에 관한 토의를 시작하였다. 로베스피에르는 형사재판뿐 아니라 민사재판에도 배심원제를 도입할 것을 주장하는 연설을 하였다.[1] 그는 배심원 제도의 취지를 설명하는 것으로 시작했다. "배심원에 의한 소송이란 익숙한 상설 재판부 대신 단기간 공적 신뢰에 따라 계급의 차별 없이 선출된 시민들이 법적 다툼의 근거가 될 사실 관계를 판정하도록 하는 것입니다."(6:307) 이처럼 일반시민들이 사실 관계를 판단하고 법관들은 거기에 법을 적용하는 기능만을 하는 것이 배심원제도인 것이다.

사건의 사실 관계를 일반 시민들이 판정하게 되면 법관에게 도움이 되는데 법관은 사실 관계로부터 법적 판단을 분리시킴으로써 확실하고 공정한 심판을 내릴 수 있기 때문이다. "자신이 하지 않은 결정에 대해 법을 적용만 할 뿐인 사람은 소송 중인 사실에 관한 자신의 개별적 견해에 대해 법을 종속시키고자 하는 유혹을 느끼지 않을 것입니다."(6:308) 법관이 사실 관계까지 판정하게 되면 거기에 법적 판단을 맞추려 함으로써 왜곡이 일어날 소지가 있다는 것이다.

하지만 배심원제의 가장 큰 이점은 막강한 권력을 부여받은 법관 집단 특유의 오만과 독선에서 벗어날 수 있다는 점이다.

> "배심원제를 생각만 해도 나는 내 가장 소중한 이해관계가 특정 사람들에게 맡겨지는 위험에서 벗어날 수 있다. 그것은 적어도 내 동료 시민들, 그들 자신도 그들이 내게 행사한 것과 같은 권력에 종속되게 되는 그런 시민들에게 맡겨지게 된다."(6:308)

---

1 "Sur l'institution des jurés tant au civil qu'au criminel" (7 avril 1790), *Oeuvres,* t. 6, pp. 307~319.

배심원제에서는 시민들이 서로를 심판하고 심판받기 때문에 평등한 입장에서 시민적 정의를 기대할 수 있는 것이다.

따라서 로베스피에르는 형사재판뿐 아니라 민사재판에도 배심원제가 도입될 것을 주장했다. "반대자들도 형사 분야에서는 그 도입의 필요성을 인정할 만큼 자유의 유지에 이 제도의 필요성이 분명한 데 왜 민사 분야에서는 아니라는 것인가? 양자 사이에 무슨 차이가 있단 말인가? 생명 또는 명예와 재산 사이에? 시민들의 모든 권리는 똑같은 보증 위에 놓여야 하지 않는가?"(6:311) 형사적 권리와 민사적 권리는 동등하게 보장을 받아야 하는 것이다. 또한 그는 민사재판의 배심원제가 영국에서 오래 전부터 존재하였고 미국에서도 시행되고 있다는 점을 들어 그 도입을 주장하였다.

반대론자들은 민사재판 분야는 복잡하므로 도입이 어렵다고 주장하지만 로베스피에르는 그것이 오해라고 말한다. 배심원들은 민사재판에서도 법을 적용하는 것이 아니라 사실 관계만을 판정하므로 특히 복잡할 이유가 없는 것이다. "법과 법전, 결정이 들어난들 사실의 문제, 예컨대 판매가 있었느냐 없었느냐, 결국 당신이 판매자인가 아닌가 여부 등은 가장 단순한 것이다."(6:309)

배심원 선출

로베스피에르는 배심원제에 관한 두 번째 연설에서 배심원 선출 방식을 다루었는데[2] 무엇보다 그것을 검사장에게 일임하는 것은 사법부의 전제로부터 보호받는다는 배심원제의 취지에 어긋난다고 하였다. "각

2 "Sur l'organisation de la justice criminelle" (20 janvier 1791), *Oeuvres*, t. 7, pp. 20~36.

도에서 200명의 시민이 추려지는데, 관직 임명에 필요한 조세액을 납부한 사람들을 대상으로 하며 도의 검사장이 선출한다. 이 200명 중 12명을 추첨하는데 그들이 재판의 배심원으로서 범죄가 행해졌는지, 피고가 유죄인지 아닌지를 결정한다는 것이다. 도의 검사장 단 한 사람이 자기 마음대로 민중에게 재판관을 부과할 수 있다는 것, 이것이 소위 입법부의 재능이 인간과 시민의 가장 신성한 권리를 보장하기 위해 발명한 것이다."(7:23~24) 배심원단을 검사장 한 사람이 선출하는 것은 개인의 의지에 시민을 종속시키는 것으로서 피의자의 인권을 보호하기 위해 제정한 배심원제의 취지에 어긋난다는 것이다.

더욱이 국민이 혁명으로 분열된 상황에서 검사장은 자신과 같은 성향, 즉 민중과 반대 성향의 배심원단을 선출할 것이 분명하다.(7:24~25) 그럼으로써 민중, 특히 애국파 민중은 편파적이고 적대적인 성향을 띠는 배심원들의 처분에 맡겨지게 될 것이다.

게다가 배심원 자격을 부자에게만 부여하는 것도 배심원제의 취지에 어긋나는 것이다. "위원회는 또한 검찰총장이 선택할 집단을 행정관 취임 자격자, 말하자면 가장 부유하고 가장 강력한 시민들로 국한하고 있지 않은가? 그것이 여러분이 말하는 동료에 의해 재판받는다는 것인가? 그들은 국민의 4분의 1도 되지 않는다."(7:25) 이 경우 민중은 자신과 성향 및 이해관계를 달리하는 부자 배심원들에게 사실상 예속되는 것이다.

부자 배심원제를 주장하는 사람들은 그 선례로 영국을 거론하지만 로베스피에르는 혁명으로 인권과 국민주권이 선포된 프랑스에는 그에 합당한 진보적인 법안이 필요하다고 하였다.

"그 정치적 대표성이 불합리하고 미비한 영국인들은 부자 과두정의 폐단일 뿐이다. 그들은 배심원을 일정 재산 소유자들 사이에서만 뽑았으며 이를 쉽게 받아들였다. 하지만 인권과 국민주권이 엄숙히 선포되고 판사가 민중에 의해 선출되는 헌정적 원칙이 인정된 프랑스에서 국민의 명예와 운명이 민중이 권한을 부여하지 않은 단 한 사람의 행정관에 의해 임명된 사람들에게 맡겨진다면…"(7:31)

그는 민중의 배심원 참여에 대해 부정적인 사람들이 내세운 입장으로, 민중들이 불편하고 피곤하다는 이유로 배심원으로 선출되는 것을 꺼릴 거라는 의견에 대해, 자유인들의 생각은 독재자들의 그것과 다르므로 민중들은 기꺼이 수고를 감수할 것이라고 하였다. 다만 그는 경제적 이유로 공무 부담을 감당할 수 없는 상태를 피하기 위해 배심원에게 수당을 지급할 필요가 있다고 하였다. "만약 재산의 차이가 민중의 다수를 공무의 부담을 견딜 수 없는 상태에 빠지게 한다면 권리의 평등이란 환상에 불과한 것이 될 것이오. 그런 이유에서 나는 배심원에게 금전적 보상을 하자는 제안을 자유에 본질적인 것으로 간주하는 바이오."(7:35)

그에 대해 일각에서는 수당이 개입하면 배심원 제도의 취지가 훼손된다고 반대했지만 로베스피에르는 그러한 주장이야말로 배심원 제도를 폄하하고 빈민을 비하하는 것이라고 하였다.

"우리가 애국심에 관해 빠지는 함정 중 가장 위험한 것은 국가에 무료로 봉사하면서 살기에 충분할 만큼 재산이 없는 것은 수치스러운 일이라고 말하는 것이오. 그것은 자유와 국가에 대한 신성한 관심을 돈 몇 푼과 감히 동격에 놓고 말하는 것에 다름 아니오."(7:36)

배심원 참여의 대가로 수당을 받는 것이 부끄러운 일이라고 말하는 것은 배심원제가 고결한 것임을 강조하려는 것 같지만 사실은 빈민들이 수당을 받기 위해 참가하는 것처럼 암시함으로써 빈자의 공공정신을 깎아내리고자 하는 것이다. 오히려 수당을 지급함으로서 빈민의 자유와 공공정신은 '돈 몇 푼'으로부터 자유로운 것이 된다.

2. 재판 절차

형사재판 절차

로베스피에르는 피의자의 인권 보호를 위해 배심원제 도입과 함께 형사재판 절차를 강화할 것을 주장했다.[3] 그가 볼 때 형사재판의 가장 큰 문제는 역시 재판관의 한계 및 권한 남용이었다. "일반적으로 형사재판 절차는 판사의 인간적 한계에 대해 법이 취하는 예방 절차일 뿐이다."(7:8) 판사가 범할 수 있는 잘못을 예방하려면 재판절차를 엄격하게 정해야 하는데 그 골자는 서면 증거를 의무화하고 증거의 종류와 절차를 기록하는 것이다. "서면상의 증거가 없다면 피고의 운명을 좌우하는 판결의 근거를 이루는 증거에 대한 어떤 흔적도 없게 되며 불확실성, 모호함, 자의성 그리고 횡포만 남을 뿐이다."(7:9)

그렇다고 로베스피에르가 증거 지상주의에만 치우친 것은 아니다. 그

---

3 "Sur l'organisation de la justice criminelle. Sur la nécessité d'une procédure écrite" (4 janvier 1791), *Oeuvres*, t. 7, pp. 7~16.

는 유죄 선고를 위해서는 증거만으론 충분치 않으며 거기에 판사의 확신이 더해져야 한다고 함으로써 잘못된 증거로 인해 피의자가 희생될 가능성에 대비했다.

> "예컨대 두 사람의 증인이 있으며 그들이 피고에게 불리한 증언을 했다고 치자. 그런데 판사가 볼 때 증인들의 성실성이 의심스럽고 불확실한 반면, 피고는 깨끗한 평판을 지녔으며 다른 상황들이 증인들의 증언보다 더 강력한 증거가 될 수 있다면 그 경우에도 판사는 그에게 유죄선고를 내려야 할 것인가? 그렇게 한다면 법의 칼을 순결한 희생자에게 맹목적으로 내리치는 결과가 될 것이다. 따라서 나는 판사의 개인적 확신이 외견상의 증거와 반대된다면 결코 유죄를 선고해서는 안 된다고 말하는 바이다."(7:9)

그럼으로써 그는 판사가 혹시라도 '실제 증거가 아니라 증거의 환상을 따르는 것'을 방지할 수 있다고 하였다. 요컨대 서면 증거를 의무화함으로써 판사의 자의적 권한 행사를 억제하되 판사의 재량권은 피고의 무죄를 위해서만 발휘되게끔 하여 피의자의 인권을 이중으로 보호하고자 한 것이다.

또한 로베스피에르는 배심원 판결에서도 만장일치일 때에만 유죄 판결을 내릴 것을 주장했다. "배심원들은 사회의 이름으로 심판을 합니다. 사실 유죄 선고를 할 때 사회는 가능한 가장 높은 수준의 도덕적 확신을 요구합니다. 극소수가 의견일치를 이루지 못한다면 우리가 도달해야 하는 가장 높은 수준의 도덕적 확신은 결코 획득되었다고 볼 수 없습니다."(7:47) 12명에 지나지 않는 배심원들이 의견의 일치를 이뤄내지 못한다면 유죄에 대한 확신에 도달했다고 말하기 어렵다는 것이다. 그리하여 그는 "만장일치의 법이 비록 100년에 단 한명의 피고 밖에 구해내지 못할지라도 그것은 수립할 가치가 있다."(7:48)라고 역설하였다. 이처럼 그가 사법제도에 관해 발언한 내용들은 거의 모두 피의자의 인권 보호를 위한 것이었으며 이러한 입장은 사형제 폐지 주장으로 귀결되었다.

3. 사형제 폐지

사형제의 불합리성

로베스피에르는 헌법 제정을 앞둔 1791년 5월의 의회 연설에서 사형제도의 의미란 사회가 자신을 지키기 위해 개인에게 죽음을 가하는 것이라고 하였다.[4] "사회는 자신의 적에게 죽음을 가할 수 있는가? 그건 단 한 가지 경우일 뿐으로서 그 잔인한 행동이 자신을 지키는데 절대적으로 필요한 경우에 국한된다."(7:433) 사회도 개인처럼 적을 죽이지 않고는 자신을 지킬 수 없을 때에만 죽일 수 있는 것이다.

그런데 사회의 힘은 막강하므로 사회는 개인보다 훨씬 더 부드러운 수단을 통해서도 자신을 지킬 수 있다.

"사람들은 말했다. 우리 개인의 힘은 각자의 안녕과 권리를 지키기에 너무 미약하므로 그것을 통합하여 모든 개별적 힘이 그 앞에서 무력할 수밖에 없는 공적인 힘을 만들어내자. 그렇게 함으로써 법적 형벌이 자연적 수단들을

4 "Sur la peine de mort" (30 mai 1791), *Oeuvres*, t. 7, pp. 432~446.

대신하게 되었다. 그런데 사람이 적에 대해 발휘하는 엄격함의 척도가 복수하는 자의 힘 자체에 의해 평가된다면, 사회는 자기가 당한 침해를 쫓아가는 개별 인간보다 형벌에 있어서 훨씬 더 큰 부드러움을 발휘하지 않으면 안 된다는 것을 누가 의심할 수 있을까?"(7:433)

만약 사회가 개별 인간처럼 엄격하게 복수한다면 그것은 필시 과도한 처벌이 되어버리는 것이다.

특히 사회가 처벌하는 범죄자는 이미 속박된 상태이므로 사형을 내리지 않아도 무력화시킬 수 있다. "사회가 범죄자를 처벌할 때 후자는 사회를 해칠 수 있는 상태에 있지 않다. 사회는 그를 속박하고 평온하게 재판하여 그를 처벌할 수 있으며 모든 수단을 통해 앞으로도 그를 두려움의 대상이 될 수 없게 할 것이다. 그런데 포로를 죽이는 정복자는 야만인이라 불린다(웅성거림)."(7:433) 그럼에도 사회가 굳이 그를 죽인다면 그것은 마치 전쟁에서 포로를 죽이는 것만큼이나 야만적이라는 것이다.

사형제의 효과(?)

로베스피에르는 사형제도의 불합리성과 잔인함을 지적한 데 이어 그 효과에 대해서도 의문을 제기하였다. 인간에게는 신체적 고통보다 주변과의 단절, 즉 감정적, 정신적 고통이 더 두려운 것이라는 점에서 사형이 가장 효과적인 처벌은 아닌 것이다.

"인간은 죽음과 신체의 고통에 대한 두려움에 의해서만 영향을 받는 단순한 동물인가? 아니다. 그의 즐겁거나 고통스러운 지각의 원천은 무엇보다 그의 존재의 도덕적 부분이다. 그것을 통해 인간은 법의 엄격함을 가장 잘 인식하게 된다. 얼마나 많은 새로운 감정적 애착을 통해 사회가 그를 법의 사슬로 묶어 놓는지 보시오. 얼마나 사회가 그의 행복을 그의 재산, 가족, 친구, 조국에 매어놓는지 보시오. 왜냐하면 사회는 인간이 자신을 둘러싼 자들의 호의가 필요하도록 만들기 때문에."(7:434)

실로 인간은 주변으로부터 멸시받는 것을 죽음보다 더 큰 고통으로 느끼는 존재이다.

"인간에겐 죽음이 항상 가장 큰 불행은 아니니다. 그는 종종 죽음을, 그것이 없이는 인생이 참을 수 없게 되는 소중한 혜택들의 상실보다 더 선호한다. 그는 동료 시민들의 멸시 대상으로 사느니 차라리 천 번 죽고자 할 것이다. 살려는 소망은 자존심에 양보하는데 그것이야말로 인간의 모든 정념 중 가장 절대적인 것이다. 사회적 인간에게 모든 형벌 중 가장 끔찍한 것, 그것은 치욕이며 그것은 공적 혐오의 명백한 증거이다."(7:434)

사형 대신 시민들의 멸시나 혐오의 대상이 되게 함으로써 수치심과 비참함을 안겨주는 것이 더 끔찍한 처벌이 될 수 있는 것이다. 이를테면 왕이 되고자 하는 야심가는 죽음에 대한 생각보다 굴욕과 비참함 속에서 산다는 생각을 더 두려워한다. 따라서 범죄를 예방할 때 형벌은 범죄를 낳는 정념에 대응하는 것이 효과적이라고 할 수 있다.

로베스피에르는 일본의 사례를 보더라도 사형제도가 중범죄를 예방하는 효과가 뚜렷하지 않다고 하였다. "일본만큼 사형과 체형이 쏟아지는 곳은 찾기 어렵다. 하지만 일본만큼 범죄가 많고 잔혹한 곳도 찾기 어렵다. 마치 일본인들이 그들을 침해하고 자극하는 야만적인 법들과 잔

인성의 경쟁이라도 하는 듯."(7:435)

그는 또한 형벌이 지나치게 가혹할 경우 오히려 고발정신을 위축시키고 동정심을 유발하여 범죄 예방의 효과를 반감시킨다고 하였다. 형벌은 가혹할수록 효과적이라는 통념에 도전한 로베스피에르의 통찰이 빛나는 대목이다.

> "여러분은 형벌의 효율성과 그 과도한 엄격성을 혼동하지 않도록 조심하시오. 그 둘은 절대적으로 반대되는 것이니까. 범죄가 유발하는 분노는 처벌의 지나친 가혹함이 불러일으키는 동정으로 상쇄되어버린다. 거역할 수 없는 자연의 소리는 법에 반대하여 범죄자에게 호의적으로 일어난다. 만약 형벌이 가볍다면 모든 이들이 서둘러 범죄자를 인도할 것이다. 하지만 범죄자를 사형에 처한다고 하면 그 생각만으로도 마음속에서 자연적으로 오싹해질 것이다."(7:436)

결국 법의 권위와 힘은 형벌의 엄격성보다는 그 합리성에 좌우된다고 할 수 있다. "법의 힘은 그것이 불러일으키는 애착과 존경에 달려 있으며, 이 애착, 존경은 법이 정당하고 합리적이라는 내면적 느낌에 좌우된다. 모든 민족의 역사를 보면, 여러분은, 형법의 온건함이 항상 자유, 지혜 그리고 정부의 온건함과 비례한다는 것을 알게 될 것이오."(7:436) 시민들은 법이 합리적일 때 법을 사랑하고 존경하므로 일반적으로 법이 잘 지켜지는 자유롭고 지혜로운 나라는 형법이 온건한 경우가 많은 것이다. 하지만 이 빼어난 연설에도 불구하고 로베스피에르는 의회를 설득하지 못했다. 의회는 정치적 범죄에 대해 사형제도를 유지함으로써 공포정치로 가는 길을 열어둔 셈이 되었다.

'검사' 로베스피에르

이상에서 살펴본 배심원제도, 형사재판 절차 그리고 사형제 폐지에 관한 연설들은 피의자나 범죄자의 인권 보호에 관한 로베스피에르의 신념을 확인시켜 주거니와 이는 자신이 실제 법관직을 수행한다 해도 달라지지 않을 것이었다. 1792년 2월 로베스피에르는 파리 형사재판소 검사직을 제안 받고나서 밝힌 소감에서[5] 죄 없는 자가 사법적 탄압을 받는 것을 가장 우려하면서 범죄자를 기소하는 것 못지않게 결백한 자를 구제하겠다는 결의를 밝혔다.

> "공공의 안전은 범죄자가 처벌을 면하는 것보다 죄 없는 자가 사법적 살인의 대상이 될 때 훨씬 더 위태로워진다. 이것이 내 행동의 첫 번째 수칙일 것이다. 나는 스스로 모범을 보임으로써 범죄에 대한 증오와 억압받는 결백에 대한 지지는 같은 원천을 가진다는 것을 입증하도록 노력할 것이다."(8:195)

그를 위해 로베스피에르는 비록 자신의 적일지라도 누명을 쓰고 있는 사람을 구해낼 것이라고 하였다. "민중의 사법관으로서 내게는 귀족, 애국파, 온건파의 구별이 없으며 일반 사람 그리고 피고인에 대한 구별만 있을 뿐이다. 나는 오직 범죄에 대한 응징자, 결백에 대한 지지자일 뿐임을 떠올린다.… 내 인생에서 가장 행복한 날은 내가 나의 가장 열렬한 적에 대해, 그가 선입관으로 말미암아 자신이 범하지 않은 죄의 누명을 쓰고 있을 때, 그를 죽음이나 불명예로부터 구출한 날일 것이다."(8:195) 그

5 "Discours prononcé par Maximilien Robespierre, à la société des amis de la constitution, le jour de l'installation du tribunal criminel du département de Paris" (15 février 1792), *Oeuvres*, t. 8, pp. 193~199.

는 최종적으로 검사직을 수락하지 않음으로써 다소 감상적으로 들리는 이 발언을 입증할 기회가 없었다. 하지만 "99명의 범인을 놓치더라도 1명의 억울한 사람을 처벌하지 않는다."라는 로베스피에르의 소신에 비추어 볼 때 그 진정성을 의심할 필요는 없을 것이다.

09
군대

1. 국민방위대

행정부에 이어 군대, 즉 무장 세력은 국민의 자유에 대한 또 하나의 위험 요소였다. 혁명기에도 여전히 구체제의 귀족 출신, 즉 반혁명파의 지휘를 받는 군대의 위협으로부터 국민의 자유를 지키기 위해서는 근본적 대응 수단, 즉 국민 스스로 무장하는 국민방위대의 필요가 절실했다. 로베스피에르는 국민방위대의 취지와 조직 및 정신에 관한 긴 연설문을 작성하였다.[1]

무장과 자유

그는 우선 "자유로운 인간이란 현재 억압받지 않는 인간이 아니라 스스로 충분한 힘을 확보함으로써 억압으로부터 보장받은 자를 의미한

1 "Sur l'admission de tous les citoyens dans la garde nationale" (5 décembre 1790), *Oeuvres,* t. 6, pp. 612~655.

다."(6:618)라고 하였다. 이는 자유를 지키는데 헌법과 법률의 보장만으로 충분치 않으며 민중 스스로 무력을 보유함으로써 억압의 가능성을 차단할 필요가 있다는 말이다. 왜냐하면 자유의 가장 큰 적인 국왕과 정부는 군주의 명령을 받는 정규군이라는 물리력을 보유하기 때문이다.

특히 '모든 법 중 가장 확실하게 복종되는 것은 무력에 관한 법이기 때문'(6:618)에 민중은 헌법이 존재한다 할지라도 스스로 힘이 없다면 자유롭다고 할 수 없는 것이다.

민중이 스스로를 보호하는 힘, 즉 국왕의 군대에 대한 대응물은 국민방위대이다. 로베스피에르는 "그것을 낳은 것은 바로 전제정이 자유에 반대하여 그 힘을 결집하고 있을 때 자유가 스스로를 지키기 위해서였다."(7:262)라고 함으로써 국민 방위대가 1789년 7월 왕의 위협으로부터 파리를 방어하기 위해 시민들에 의해 수립되었음을 상기시켰다.

국민방위대의 조직

로베스피에르는 국민방위대가 군주의 군대에 대한 견제 세력인 만큼 그 조직도 일선 군대와 달라야 한다고 하였다.

> "1. 귀족 혹은 그가 특별한 영향력을 행사하는 누구든 간에 국민방위대의 지휘관이나 장교를 선임할 수 없다. 2. 일선 군대의 수장이나 장교는 국민방위대의 수장이나 장교가 될 수 없다. 즉 시민 군대의 마음속에 시민들로부터 군인을 분리하는 군사적 심성을 불러일으킬 수 있는 어떤 것도 주의 깊게 피해야 하는 것이다.… 왜냐하면 그렇지 못할 경우 일선 군대의 위험을 줄이기는커녕 군주의 야심에 새로운 보조수단을 제공하는 결과가 될 것이기 때문이다."(6:619)

그는 국민방위대가 시민과 분리되지 않으려면 일선 군대의 요소를 차단해야 하는데 그러기 위해서는 우선 장교들의 영향력을 최소화해야 한다고 하였다. 그를 위해 장교의 수를 대폭 줄이고 그 임기도 6개월을 넘지 않도록 해야 한다는 것이다. 또한 그 정신에 있어서도 국민방위대는 일선 군대처럼 무조건적 복종을 강요해서는 안 된다. "군인들을 끔찍한 허수아비로 변화시키는 맹목적이고 수동적인 복종의 법칙은 그들의 의무의 성격, 그들의 제일의 동기가 되어야 할 관대하고 계몽된 애국심과 양립할 수 없다. 그들을 결코 일선 군대와 같은 정신 혹은 같은 동기에서 움직이지 않도록 해야 한다."(6:620) 애국심이란 오직 자발적이고 헌신적이며 계몽된 마음에서 나오는 것이기 때문에 맹목적이며 수동적인 복종으로 허수아비가 된 군인은 진정한 애국심을 가질 수 없는 것이다.

나아가 로베스피에르는 국민방위대가 시민과 분리되어 개별 단체화하는 것도 경계하였다. 그 경우 단체의 속성상 자신의 의지와 힘을 내세워 시민들에게 권위적이고 강압적으로 군림하려 할 것이다.

> "모든 개인처럼 모든 단체도 일반 의지와 다른 하나의 의지를 갖는다는 것은 사물의 이치에 속한다. 그것은 강하면 강할수록 자신의 힘을 의식하게 되며 그 의지는 더욱 적극적이고 강압적으로 된다. 모든 시대의 군인들이 권위와 지배의 정신을 얼마나 당연시했는지 그리고 그들이 얼마나 쉽게 시민을 아래에 두려고 했는지 생각해보라."(7:264)

그에 대한 예방책으로 로베스피에르는 국민방위대의 장교를 시민들이 임명할 것을 제안했다. "나는 헌법 및 군사 위원회가 국민방위대의 장교를 절반은 시민들이, 절반은 도의 행정관들이 뽑도록 한 이유를 알 수 없다. 만약 시민들이 뽑는 것이 원칙에 맞는다면 왜 부분적으로는 원칙을 지키고 부분적으로는 그것을 어긴단 말인가? 아니면 왜 단일한 사안을 두 개의 대립하는 원칙으로 결정한단 말인가?"(6:621) 공직자 선출권은 주권자, 즉 민중에게 속하는 것이지 행정 분야를 관장할 뿐인 관리들에게 귀속되면 안 되는 것이다. 물론 여기에는 도의 행정관들이 장교의 절반을 선임할 경우 반민중적이고 친귀족적인 사람들이 선임될 것이란 우려도 작용했을 것이다.

국민방위대 참가 자격

이와 함께 로베스피에르가 역점을 둔 것은 국민방위대 참가 자격 문제였다. 그는 무기를 들 나이에 해당하는 모든 시민은 차별 없이 참가할 수 있어야 한다고 주장했다. "그렇지 못하다면 그것은 자유의 보루가 되기는커녕 필연적인 재앙이 될 것이다. 어떤 국가든 국민의 일부는 무장을 하고 나머지는 그렇지 않다면 전자는 후자의 지배자가 되기 마련인 것이다."(6:622) 무장권을 박탈당한 시민은 무장한 시민들에게 예속되지 않을 수 없기 때문이다.

로베스피에르는 무장권이 인간 본연의 권리에 속한다고 보았다. '왜냐하면 자기 자신의 보존을 꾀하는 것은 영속적인 권리이자 불멸의 의무에 속하는 것'(6:623)이기 때문이다. 무장이란 곧 자신의 생명을 보존하는 것이므로 빈자에게 그 권리를 박탈하는 건 인간의 자연권을 박탈하는 것과 다를 바 없다. 일각에서 주장하는 것처럼 빈자가 법의 유지에 이해관계가 없으므로 법의 수호자로 받아들여질 수 없다는 것은 궁색한 핑계이다. "설사 그들이 어떤 이해관계를 갖지 않았다고 해보자. 그렇다면 그것은 바로 법이나 헌법이 일반 이익이 아니라 인간들 중 특정 계급의 특별한 이익을 위해서만 제정되었다고 말하는 것 아닌가?"(6:623) 법을 수호할 임무에서 빈자를 배제하는 것은 스스로 법의 보편성을 부정하는 것이다.

따라서 로베스피에르는 거주지를 가진 모든 시민은 국민방위대에 참가할 권리가 있다는 원칙을 정할 것을 촉구했으며 나아가 민중의 참여가 실질적으로 가능해지도록 스위스에서처럼 수당을 지불하고 장비를 지급할 것을 주장했다. 그는 혹여 재정 부족을 핑계로 삼으려는 시도에 대해서도 미리 차단했다. "자유를 수립하기 위해서는 시민들이 공적인 일들에 종사할 수 있는 것만으로는 충분치 않다. 그들이 사실상 그것을 수행할 수 있는 상태가 되어야 한다.… 전제정의 하수인들의 호사에는 아낌없이 뿌려대면서 공공의 자유의 수호자들이 필요로 하는 것은 거부한다면 얼마나 이상한 절약(économie)인가?"(7:266)

2. 군대 기강

시민군인 국민방위대에 대한 로베스피에르의 관심은 혁명전쟁이 발발한 후에는 정규군인 일선 군대로 옮겨갔는데 이는 국내의 적 뿐 아니라 국외의 적도 중요해졌기 때문이다. 일선 군대에 대해 로베스피에르는 기강 문제를 다루는 것으로 시작하였다.[2]

2 "Sur la nécessité et la nature de la discipline militaire" (mai 1792), *Oeuvres*, t. 4, pp. 49~60.

폭군의 기강과 자유인의 기강

로베스피에르는 군대 기강이란 병사의 직무를 규정하는 법, 즉 군법에 대한 복종이므로 그것이 병사의 인권을 침해할 수는 없다고 하였다. 그에 따르면 병사는 '군인인 동시에 인간이자 시민'으로서 그 세 가지 특징에 맞는 권리와 의무를 지닌다. 다시 말해 "그가 군인으로서 의무를 이행했을 때 그는 다른 시민 그리고 다른 인간들과 같은 권리를 누린다."(4:52)는 것이다. 이 세 영역 중 군법은 병사의 군대 직무 영역에 국한된다.

> "군법에 대한 군인의 관계는 민사 및 정치법에 대한 시민의 관계와 같다. 시민은 민사 및 정치법이 금하지 않는 한 모든 것을 할 수 있는 권리를 누리며 군인은 군법이 그에게 금하지 않는 모든 것을 할 권리가 있다. 민사법은 사회와 타인의 권리를 해치는 것에 대해서만 금지할 수 있으며 군법은 군 복무를 해치는 것에 대해서만 금지할 수 있을 따름이다."(4:52)

로베스피에르는 군법 역시 민사법의 소극적 규제의 원칙이 적용되므로 만약 군법으로 정해지지 않은 사항을 금지하거나 요구하는 지휘관은 병사에 대해 독재를 하는 것이며 법에 대해서는 반란자가 되는 것이라고 하였다. 따라서 이 경우 병사가 불복종하는 건 정당하다.

> "지휘관이 자신의 지배권을 확대해서 병사에게 모든 시민이 가지는 권리의 행사를 금지하거나 한 장교가 예를 들어 병사에게 친구를 방문하는 것을 금하거나 법의 의해 허용된 집회에 가는 것을 금지하거나 병사의 독서, 통신에 간섭하고자 할 때 기강을 내세워 복종을 요구할 수 있을까? 아니다. 법의 이

름으로 명령하지 않는 사람에게 복종하는 것, 그것은 법을 해치는 일이다. 그리고 자신의 권한을 남용하는 자와 공범이 되는 것이다."(4:52)

병사는 법을 해친 지휘관에 복종함으로써 공범이 되는 상황을 피하기 위해서라도 불법적 지시에 복종해서는 안 되는 것이다.

결국 자유 민중의 군대에 적합한 기강이 있다면 그것은 군 복무에 한정된 적법한 권위이다. "우리는 두 종류의 군대의 기강이 탄생하는 것을 본다. 하나는 병사의 모든 행동과 인신에 대한 지휘관의 절대적 권한이며 다른 하나는 군 복무와 관련된 모든 것에 있어서 제한된 적법한 권위이다. 첫 번째는 폭군들에게, 두 번째는 자유 민중들에게 어울린다."(4:57) 로베스피에르는 폭군의 기강은 외적을 물리칠 수는 있지만 시민들을 속박하는 것이 확실한 반면, 자유인의 기강은 외적에 대한 승리는 물론 내부적으로 자유를 지킬 수 있다고 하였다.

그럼에도 불구하고 이제까지 병사들에게 요구된 기강은 지휘관에 대한 맹목적 복종이었다.

"혁명이 시작된 이래 병사들의 불복종을 비난하는 소리가 그치지 않았다. 하지만 병사들이 어긴 것이 어떤 종류의 기강인가? 그것은 군 복무를 정확하게 이행하는 것에 관한 것인가? 아니다! 한 번도 우리 군대가 그것을 저버렸다고 질책 받은 적은 없었다. 그들이 어긴 기강, 그것은 지휘관에게 수동적이고 맹목적으로 복종하라는 것이었다."(4:59)

그런가하면 지휘관들은 소위 기강을 강요할 핑계를 찾기 위해 종종 일부 병사들의 복무 소홀을 왜곡하여 마치 군대 전체의 기강이 해이해진 것처럼 책임을 묻곤 했다. 그리고 그들이 제기한 소송은 늘 자신들에게 유리한 쪽으로 판결이 내려졌다. 왜냐하면 그들은 고발자인 동시에 재판관이었기 때문이다.(4:59)

병사와 기강

로베스피에르는 군대 기강을 다룬 다른 연설에서, 병사들에게 자유를 주면 기강이 해이해진다는 걱정은 기우라고 일축했다. '일반적으로 병사들은 가장 가혹한 불의도 견뎌내고 기강과 법도 부드럽게 존중하는 특징을 보이기 때문'(7:472)이다. 병사들의 준법 성향에도 불구하고 사람들은 민중을 비하하는 편견 때문에 오해하고 있는 것이다.

> "사람들은 장교들이 공공연하게 법과 헌법을 침해하고 훼손하는 것은 받아들이지만 부하들에게는 유례없는 엄격함과 바로 그 장교들에 대한 가장 맹목적이고 가장 무한한 복종을 요구한다.… 사람들은 군대를 기강이 없는 도적 떼로 묘사하는 것이다."(7:472)

한마디로 사람들은 장교들에게는 필요 이상으로 관대하고 병사들에게는 지나치게 엄격하다. 그런데 그는 맹목적으로 복종하는 병사들은 국가와 국민을 지켜줄 수 없다고 하였다.

> "오늘날 프랑스 군인들을 지능이 없고 영혼도 없으며 조국도 없고 자유에 대한 감정도 없고 인간의 존엄에 대한 관념도 없는 허수아비로 만들면서 그들로 하여금 조국과 국민의 권리를 더 잘 수호하게 한다는 것은 얼마나 이상한 계획인가?"(7:473)

뒤에서 보겠지만 군대와 대외전쟁은 전제정이 독재권을 구축하는 최적의 수단이다. 이 경우 덕이 없이 복종만을 주입받은 병사들은 전제정을 지킬 뿐, 조국과 주권을 수호하는 것과는 거리가 멀다.

로베스피에르는 근본적으로 장교에 대한 복종과 국민에 대한 충성은 양립하기 어려우므로 기강이란 말을 함부로 쓰지 말 것을 당부했다. "아! 군대 기강이란 말을 우리는 얼마나 이상하게 남용하고 있는지! 입법자들이여, 여러분은 모순적인 일, 즉 정의 없는 질서를 수립하고자 하지 마시오. 여러분의 군대가 처한 상황에서 군인들이 장교에게 복종하면서 국민에게 충실할 수 없게 하는 것은 자연 그 자체이다."(7:473~474) 그는 장교가 사라진 몇몇 부대의 경우 사기가 더 높고 군 복무에 더욱 충실하여 적들이 가장 두려워하는 부대가 되었다고 하였다. 이는 질서와 기강이 복종보다 정의를 전제로 한다는 것을 뜻한다.

기강과 사기

군대의 기강은 사기와 연결되므로 흔히 기강 문제를 제기하면 군대의 사기를 저해하는 무책임한 처사라는 비판이 나온다. 이에 대해 로베스피에르는 자신이 없애려는 것은 군대의 사기가 아니라 군대 기강의 본질과 관련 없는 해로운 제도일 뿐이라고 하면서 기존의 기강, 즉 맹목적 복종 대신 진정한 사기와 기강을 제시했는데, 그가 생각한 것은 덕, 즉 우애와 애국심이었다.

"애국심이 국왕에 대한 애착을 대신하고 공화주의의 덕이 명예에 관한 것을 계승하면서부터 군대의 사기는 크게 변했다. 우애, 애국심, 이것이 군대의 사기이자 종교이며 기강의 기초이다. 현재 프랑스인 한 명이 열 명의 프로

이센 인을 능가하고 공화국 군대가 국왕들의 권좌에 철퇴를 가할 운명이라면 그것은 그들이 자유와 조국을 사랑하기 때문이다. 용기는 그를 고취시키는 시민정신에 비례한다."(5:293)

궁정이 아니라 동료 시민과 가족을 위해 싸우고 명예보다 애국심을 앞세우는 시민정신이 곧 공화국 군대의 사기와 기강이 되어야 하며 그것을 바탕으로 프랑스 군대는 적군을 물리치는 용기를 발휘할 수 있다는 것이다.

따라서 로베스피에르는 병사들에게 자유인의 자부심을 고취하는 것이 곧 사기를 높이는 일이라고 하였다. 자유인의 자부심이란, 자유 국가의 시민은 군주국의 예속민들보다 우월하므로 결코 패배할 수 없다는 신념을 말하는 것으로 그것이 자유인의 사기라고 하였다. "그들은 그렇게 생각하는 순간부터 사실상 무적인 것이다. 이것이 민중의 대표자들이 채택해야 할 정치적 원칙이다."(5:292)

로베스피에르는 이처럼 공화주의의 덕을 군대에 진파하는 것이 곧 군대의 역량을 극대화하는 길이라고 보았다. 그리하여 실제로 혁명력 2년 혁명정부는 병사들에게 공화주의적 이상과 원칙을 주입하는데 역점을 두었으며 이를 통해 군대의 사기를 높이고 전세를 호전시키는데 성공했다.[3] 이는 결국 정치이념을 통해 군사전략을 보강한 것으로 로베스피

3 당시 잡지들, 개인 서신들, 병사들의 수첩을 보면 그들이 선전 교육에 설복되었으며 공화주의 신문을 읽고 자코뱅 클럽에 가입하고 스스로 새로운 정치 질서의 수호자로 자처했다는 것을 알 수 있다. 그리하여 혁명력 2년 병사들의 사기가 놀랄 만큼 높았는데 그것은 자신들의 개인적 이익이 조국의 수호 및 혁명의 존속과 일치한다는 것을 알았기 때문이라는 것이다. Alan Forrest, "Robespierre, the war and its organisation," Colin Haydon & William Doyle ed, *Robespierre* (Cambridge, Cambridge University Press, 1999), p. 139.

에르는 이 점에서 새로운 군대를 창출하는데 이바지한 것이다.[4]

군대 조직

로베스피에르는 또한 진정한 기강은 병사들에게 그들이 복종할 수 있는 지휘관들을 부여하는 것에서 비롯된다고 하면서 군대 조직을 새로이 수립하고자 했다. 그리하여 혁명 군대에서 일부 시행하고 있던 바, 하급자들이 상급자를 선출하는 방식을 주장하였다.

> "우리 시스템의 반대자들에게 가장 거슬리는 것은 하급자들이 상급자 일부를 선임할 권리를 가진다는 것이다. 사람들은 그것이 하급자들에게 너무 유리한 나머지 자유에 위험하다고 본다. 하지만 자유에 암초가 있다면 그것은 정부나 장군들의 과도한 권력이 해당할 뿐이다. 그럼에도 반대자들은 정부나 장군들에게 모든 선출권을 부여하고자 한다."(5:293)

정부나 장군들의 지나친 권력이야말로 국민의 자유의 장애물인데 그들이 장교의 선출권까지 독점하면 자유는 더더욱 기대하기 어려운 것이다.

로베스피에르는 하급자가 상급자를 선출할 경우 독재의 염려는 물론 우려하는 기강의 문제도 없다고 하였다. 그 경우 병사들이 거만해지고 기강이 흐트러질 것이라고 말하는 것은 병사들을 근거 없이 모독하는

---

4 이와 관련하여 로베스피에르의 전기 작가 마생은 "로베스피에르는 근대사에서 처음으로 민주적 군대의 시민·병사들이 자유롭게 동의한 규율과 국민의 자유를 공격하는 군대의 프로이센식 규율을 구분한 사람 중 하나였다."라고 하였다. 장 마생, 『로베스피에르, 혁명의 탄생』, p. 267.

것이다. 그는 '사람은 자신이 존경하는 자에게 가장 쉽게 복종하는 법'이라고 하여 병사들이 자신이 선출한 상급자에게 기꺼이 복종할 것을 확신했으며 상급자는 더 큰 권위를 누릴 것이라고 하였다. 이 때 상급자는 법이 부여한 권위에 하급자들이 부여한 신뢰의 힘까지 더할 수 있기 때문이다.

그런가하면 사람들은 하급자들이 선출권을 가질 경우 상급자들이 하급자들에게 아첨을 하게 됨으로써 승진을 위해 기강을 희생시키게 될 것이라고 말한다. 하지만 로베스피에르는 그 가능성을 일축하였다. 왜냐하면 상급자가 하급자로부터 존경과 신뢰를 얻을 수 있는 유일한 수단은 아첨이 아니라 군복무에 관한 의무를 명예롭고 충실하게 이행하는 것에 있기 때문이다.(5:294)

장교와 사병

로베스피에르는 이처럼 군대 조직에 있어 하급자의 권리를 강조한 반면 상급자의 권력은 경계했는데 그 바탕에는 사병과 장교 사이의 입상과 이해관계는 근본적으로 대립한다는 생각이 깔려 있었다.[5]

"이 연단에서 사병과 장교들 사이의 이해관계가 절대적으로 반대된다고 말하려면 용기가 필요하다. 그러나 실제 군대의 지휘관과 장교들이 사병들과 같은 이해관계, 같은 원칙 그리고 같은 생각을 가진다는 것은 불가능하다. 현재 진행되고 있는 혁명이 상급자와 하급자 사이에 감정의 대립을 낳았다는 것은 모두가 아는 사실 아닌가? 악의적인 장교들이 군사적 규율을 구실

5 "Sur la composition des conseils de guerre" (28 avril 1790), *Oeuvres,* t. 6, pp. 334~339.

로 사병들의 애국심과 열정을 처벌하는 것은 쉬운 일일 것이다."(6:335)

사람들은 장교와 사병의 입장과 이익이 대립한다는 것을 알면서도 쉬쉬하지만 그 사실은 부인할 수 없으며 오히려 그것을 인정하지 않을 경우 장교들이 애국파 병사들을 악의적으로 탄압하는 것을 방치하게 될 것이다.

그 점에서 로베스피에르는 현행처럼 장교로만 구성된 군법회의, 즉 군사재판의 경우는 사병들의 신뢰를 얻기 어렵거니와 정의와 이성의 원칙에도 어긋난다고 하면서 개선을 촉구했다. "나는 의회가 군인도 시민이라는 원칙을 망각하지 않기를 바라며 군대 규율의 엄격성이, 사회는 모든 피의자의 생명과 무고함을 보호해야 한다는 근본 원칙을 침해하지 않기를 바란다."(6:335) 그 대책으로 로베스피에르는 군법회의에 사병도 동등하게 참여할 것과 배심원 제도를 도입할 것을 주장했다. 특히 그는 조국에 헌신하는 병사들이 일반 시민들보다 더 열악한 취급을 받거나 더 가혹한 재판에 회부되면 안 된다고 함으로서 병사들을 군대 권력으로부터 보호하고자 했는데 이 입장은 낭시 사건에 대한 발언에서 분명히 드러났다.

낭시 사건

로베스피에르는 앞에서 상급자와 하급자의 대립에 관해 "악의적인 장교들이 군사적 규율을 구실로 사병들의 애국심과 열정을 처벌하는 것은 쉬울 것이다."라고 하였는데 우려는 바로 현실이 되었다. 몇 달 후에 반혁명적 군대 수뇌부가 애국파 병사들을 탄압한 사건이 터진 것이다. 낭시 사건은 1790년 8월 31일 낭시 주둔군 수뇌부가 밀린 급료에 대한 지불을 요구한 병사들을 명령에 불복종했다는 이유로 유혈 진압한 사건이었다.

로베스피에르는 병사들의 저항은 애초에 반혁명파 장교들이 도발한 것으로서 애국파 군대를 해체하기 위해 기획된 것이라고 주장하였다.[6] 그는 군대에 분열과 혼란을 초래한 장교단을 엄격히 단죄할 것을 주장했다. 하지만 당시 의회에서 군대 수뇌부나 장교단에 대한 비판은 금기시되는 분위기였다. 국민의회는 로베스피에르의 발언권을 차단함으로서 그를 억제하고자 했다.

로베스피에르는 다른 연설에서도 군대 내 분열과 혼란의 원인을 장교단의 반혁명적이며 귀족적인 속성에서 찾았다. 혁명으로 귀족 신분이 폐지되었지만 아직 귀족들은 군대의 수뇌부에 남아 군대를 지배하는 까닭에 '그 조직체는 전제정의 도구이자 귀족의 승리이며 인간의 존엄성에 대한 모욕'이라는 것이다. "이 괴상한 예외를 인정할 근거를 어디에서 찾아야 한단 말입니까? 정치체의 해악에 대해 능숙한 의사들이여, 여러분이 그 혈관 안에 그를 괴롭히는 유독한 제액을 흐르게 한 것이 그를 치유하기 위함이었습니까?"(7:469) 환자를 치료한답시고 혈관에 독을 주입하여 병을 악화시키는 발상이 아니고서야 이러한 해악을 혁명 군대 내에 유지할 이유가 있느냐는 것이다. 군 장교단에 대한 불신은 로베스피에르만의 주장은 아니었지만 그는 다른 사람들보다 훨씬 더 집요하고 용감하게 그 문제를 지적하였다.[7]

로베스피에르는 권력에 익숙한 행정부와 군 수뇌부의 변화를 기대할

---

6 "Sur l'affaire de Nancy" (3 septembre 1790), *Oeuvres,* t. 6, pp. 535~537.

7 David P. Jordan, *The Revolutionary Career,* p. 90.

수 없다고 하였다. 구체제와 결합한 자들에게 군대를 맡긴 것은 곧 반혁명파에게 국민의 운명을 맡긴 것과 다를 바 없다는 것이다.

> "여러분은 궁정의 생리를 알고 있으며 절대 권력의 습관에 의해 타락하고 거칠어진 정신을 가진 그 사람들이 기적적으로 개심한다는 것을 믿지 않으며, 여러분은 군대를 혁명이 파괴한 체제와 결합한 두목들에게 종속시킨 것입니다! 그들이 권위나 영향력이 있다면 여러분은 그들이 그것을 어디에 쓸 것으로 생각합니까? 그들의 원칙이나 파당의 승리를 위한 것이 아니라면."(7:469)

그는 왕에 대한 충성을 공개적으로 선언한 장교단을 시급히 해임할 것을 제헌의회에 촉구했다. "이 필연성을 인정하지 않는 자는 어리석은 자이며 그것을 인정하지만 해임을 원치 않거나 권하지 않는다면 그는 반역자이다. 그렇게 하지 않을 이유가 무엇이란 말인가? 여러분은 이 조치가 가져올 결과가 두려운 것인가?"(7:471) 그는 국민과 병사들이 있는 한 장교들의 해임을 두려워할 필요가 없다고 하였으며 방청객들은 박수갈채를 보냈다. 하지만 제헌의회 의원들은 장교단의 해임을 지지하지 않았다. 그들은 오히려 로베스피에르의 발언을 비웃으면서 이분법적이고 과장된 것이라고 하였고 한 의원은 그에게 "의회는 연극무대가 아니다!" 라고 소리쳤다.[8]

---

8 Laurent Dingli, *Robespierre*, p. 160. 그 회의를 참관한 이탈리아인 루이지 피오는 편지에서 다음과 같이 썼다. "제헌의회 전체 800여 명에 달하는 소위 원로원 의원이라고 자처하는 자들 사이에서 오직 한 사람이 나서서 다른 의원들의 소심성, 유약함 그리고 무기력함을 질타하는 모습은 얼마나 장관인가!" Gerard Walter, *Maximilien de Robespierre*, p. 174

3. 군사 독재

군 지휘관과 헌법

로베스피에르가 군대에 관해 가장 우려한 것은 병사들의 기강 해이가 아니라 지휘관들의 정치적 야심, 즉 군사 독재 가능성이었다. 군 지휘관들은 벌써 법 위에 군림하는 상황이지만 아직 사람들은 경각심을 느끼지 못하고 있다는 것이다.

> "이미 나는 여러분들이 군사 독재의 힘 앞에 굴복하는 것을 본다. 새 헌법이 차별을 금지했음에도 그에 대해서는 소용이 없었고 법과 헌법조차도 그 앞에서는 침묵하고 그것은 이미 국가의 운명의 중재자가 되어버렸다.… 민중은 아직 덜 계몽된 까닭에 그것이 커지는 것에 별로 불안을 느끼지 않는다. 하지만 그가 너무 강해져서 여러분을 집어삼키게 되는 것에 전율하시오. 왜냐하면 그 때 여러분은 존재하지 않을 테니까."(4:60)

이 점에서 로베스피에르는 국민들이 장군들에게 열광하는 것도 자제할 것을 당부했다. "프랑스인들이여, 프랑스에서 어느 날 민중과 군주를 동시에 제압하고 독재를 할 수 있는 두려운 인물이 세워지지 않도록 하시오."(4:27) 장군들은 병사들의 희생을 대가로 승리를 얻고자 할 것이며 그 영광을 바탕으로 군사 독재를 구축하려 들 것이기 때문이다.

반역자 라파예트

이처럼 군 수뇌부에 대한 불신은 로베스피에르의 일관된 신념이었는데 실제로 한 장군이 정치적 야심을 드러낸 사건이 발생했다. 샹 드 마르스 민중 학살의 주역인 장군 라파예트가 정치에 개입하여 로베스피에르와 애국협회를 비난하고 나선 것이다. 로베스피에르는 그의 파면을 요구하면서 라파예트의 범죄를 묵인하는 건 사실상 두려움에서 노예가 되기를 자처하는 것이며 이는 제2 제3의 라파예트를 출현시킬 것이라고 하였다.

> "만약 그가 우리의 자유를 침해한 것을 용서하고 또한 폭정을 공개적으로 감싸는 것을 허락한다면 우리는 그보다 훨씬 더 경멸받아 마땅하다. 눈감아주는 것은 범죄자에게 자비를 베푸는 것이 아니라 그를 지배자로 인정하는 것이다.… (그렇게 되면) 어떤 자유의 적들이 민중의 대표들의 권위를 짓밟으려 하지 않겠는가?"(4:215)

사람들은 라파예트를 처벌하면 군대 조직과 국가 방어에 차질이 생길 것을 우려하지만 실은 적군과 내통한 반역자를[9] 용서함으로써 원칙을 어기는 것이 훨씬 더 위험하다.[10] 왜냐하면 비굴함과 무원칙은 민중과 그 대표자들에게서 에너지와 긍지를 앗아갈 것이기 때문이다.

> "장군을 탄핵한다는 것, 그토록 필요한 장군을! 나는 사람들이 이 생각에 불안해하는 것을 본다. 나는 군대 조직이 흐트러지고 공화국이 소멸하지 않을까 걱정하는 사람들을 알고 있다. 하지만 나는 비겁함과 원칙에 대한 망각

9 라파예트는 1792년 5월 18일 육군 대신 세르방의 명령을 따르지 않고 적국 오스트리아와 비밀협상을 시작했다. 장 마생, 『로베스피에르, 혁명의 탄생』, p. 266.

10 "Opinion de Robespierre sur les mesures à prendre envers la famille de Capet" (avril 1793), *Oeuvres*, t. 5, pp. 345~352.

이 공화국에 가져올 더 큰 위험을 느낀다."(5:351)

따라서 비록 전투에 지장이 있을지라도 반역적 지휘관을 용서함으로서 조국을 잃는 것보다는 낫다. "어떤 경우든지 조국을 잃는 것보다는 하나의 전투를 잃는 것이 더 낫다. 자유로운 민중들은 전투에서 패할 수는 있었지만 결코 반역자를 용서하지 않았다. 그들은 노예 상태로 전락할 때가 아니고는 공화주의 원칙의 엄격함을 결코 포기한 적이 없다."(5:353)

결론적으로 로베스피에르는 시민정신이 결여되고 반역 혐의가 있는 장군들을 파면하고 그 자리에 여론에 따라 애국적 시민을 등용할 것을 주장했다. "그들은 귀족도 아니고 옛 폭군에 의해 등용된 적이 없는 사람이어야 한다."(5:352) 그의 과감한 주장은 1793년부터 채택되어 결국 혁명전쟁을 유리하게 이끄는데 이바지할 것이었다.[11]

11 1793년 4월 5일 귀족 출신 장교들을 추방하기로 한 결정이 내려져 뒤무리에, 퀴스틴, 마르시, 우샤르 등의 자격이 박탈되고 새로운 인물들이 발탁되었다. 조국애에 불타는 젊은 지휘관들의 인솔을 받게 된 프랑스 군대는 승승장구하게 된다. 마르크 불와조, 『로베스피에르』, p. 153.

Ⅳ. 전쟁과 공포

10
전쟁

전쟁 문제는 기묘하게 왕당파와 혁명파가 입장을 같이한 사안이었다. 물론 객관적으로 전쟁의 가능성이 커진 상황이었다. 1791년 가을부터 유럽 열강들의 위협이 증가하고 무장한 망명 귀족들이 국경 지역에 집결하며 외국에서 프랑스인들에 대한 박해가 늘어나고 있었다.[1] 하지만 각 정파의 속내는 달랐다. 궁정은 빼앗긴 권력을 회복하고 정국 주도권을 잡을 기회로써 전쟁을 가장 먼저 원했으며, 혁명파 내에서 미래의 지롱드파를 비롯한 주전론자들은 애국 세력을 결집해 국내외적 위기를 벗어날 방안을 전쟁에서 찾고자 했다.[2]

이처럼 주요 정파가 공히 전쟁을 외치는 상황에서 로베스피에르는 고

---

1 Marc Belissa, "Robespierre et la guerre," Michel Biard & Philippe Bourdin éd., *Robespierre. Portraits croisés* (Paris, Armand Colin, 2012), p. 100.

2 브리소를 필두로 한 지롱드파 의원들은, 오스트리아 및 프로이센과 벌이는 혁명전쟁이 입헌군주주의자들의 위신을 실추시키고 행정권을 지롱드파 지도자들에게 이양시키며 '무장한 선교사들'을 통해 이웃 국가들을 프랑스의 권위 아래 결집시킬 거라고 하였다. George Rudé, "Robespierre," *History Today,* 8:4 (April, 1958) p. 223.

럽을 감수하면서 거의 홀로 전쟁에 반대했다.[3] 그는 전쟁이 혁명과 자유에 치명적 위험을 가할 거라고 주장하면서 1791년 가을부터 1792년 봄까지 자코뱅 클럽에서 수차례 전쟁 반대 연설을 하였다.

1. 전쟁과 자유

전쟁과 음모

로베스피에르는 우선 전쟁 선포에 관해 충분한 토의가 필요하다고 하였다.[4] 왜냐하면 그것은 '국가의 안녕과 헌법의 운명을 좌우하는 결정'이기 때문이다. 로베스피에르의 기본 입장은 "자유를 얻는 데 필요하다면 전쟁을 거부하지 않는다. 하지만 가능하면 자유와 평화를 원한다."라는 것이며 전쟁이 불가피한 경우라 할지라도 "국내의 적을 길들인 다음 외국의 적들이 그때에도 존재한다면 그들에게 진군해 간다."(8:47)라는 것이었다.

그가 국내의 적을 우선시한 이유는, 전쟁이 일어났을 때 가장 위험한 세력은 적군이 아니라 자국의 궁정과 각료들이라고 보았기 때문이다.

---

3 지롱드파 매체들에 의하면 자코뱅파도 모두 전쟁에 찬성했으며 로베스피에르의 연설은 열렬한 박수를 받았지만 많은 개종자를 낳지는 못했고 청중들의 의견과도 충돌했다. Annie Jourdan, "Les discours de Robespierre," p. 84.

4 "Discours de Maximilien Robespierre, sur le parti que l'Assemblee doit prendre relativement à la proposition de guerre, annoncée par le pouvoir exécutif" (18 décembre 1791), *Oeuvres,* t. 8, pp. 47~64.

전쟁이 발발하면 궁정과 각료가 지휘권을 장악할 것이고 반혁명파인 그들은 민중의 자유를 마음대로 유린할 것이다. 따라서 그는 원정을 떠나기 전에 내부의 반혁명 세력을 일소하는 것이 선결 과제라고 하였다.

> "지금이 국민방위대를 무장 해제시키고 군대의 지휘권을 의심스러운 장교들에게 맡기며 국경 일부를 무방비상태로 두면서 원정을 떠날 시점인가?… 아! 여러분은 자기 집이 불타고 있는데 적의 집을 불사르겠다고 달려가는 사람과 닮지 않았는가?"(8:63)

로베스피에르는 가장 두려운 국내의 반혁명 세력을 외면하고 시선을 바깥으로만 돌리는 것은 궁정의 음모에 말려드는 것이라고 하였다. "자유를 다른 곳으로 보내기 전에 당신의 국가에 질서를 회복하시오. 진정한 코블렌츠(프랑스 망명귀족들이 집결한 독일 서부 도시)는 프랑스에 있다는 사실을 알도록 하시오. 만약 당신이 이것을 모른다면 당신은 이 나라에서 벌어지는 모든 것에 대한 문외한일 뿐이다. 만약 당신이 그것을 안다면 왜 그것을 부정하는가? 왜 대중의 시선을 가장 두려운 우리의 적들로부터 다른 대상으로 돌려 고정하려고 하는가?"(8:86) 전쟁은 사실상 전제정이 민중을 상대로 꾸미는 음모로서 전쟁이 일어날 때 궁정과 행정부는 민중의 두려움과 불안을 이용하여 원하는 모든 것을 얻어낼 것이며 의회는 그러한 행정부를 제어할 수 없게 될 것이다. 그것이 로베스피에르가 전쟁을 두려워한 이유였다.

음모와 의심

1792년 1월 2일 로베스피에르는 전쟁 음모에 대한 의심의 필요성을 강조했다.[5] 전쟁은 궁정과 각료, 즉 혁명의 적들이 일제히 제안한 것인데 그 저의를 의심하지 않는다는 것은 문제를 회피하는 안일한 태도라는 것이다. "연설자(브리소)는, 궁정과 각료가 전쟁을 원하더라도 불안해하지 말라고 한다.… 여러분도 인정하다시피 각료들은 애국파의 적이다. 그들 내부에 차이가 있음에도 모든 귀족이 전쟁을 요구한다.… 당신은 마치 적들을 불쾌하게 만들지 않고, 궁정, 각료 그리고 온건파와 반대 입장에 서지 않고도 자유를 수호할 수 있는 운명을 타고난 사람 같다."(8:79) 이는 브리소의 연설을 겨냥한 것인데 브리소는 1791년 12월 16일 자코뱅 클럽에서 코블렌츠로 진군해야 한다고 주장한 뒤 "불신은 끔찍한 것입니다."라고 덧붙이면서 "행정부가 여러분을 배신한다 해도 민중이 있으므로 여러분은 두려워할 것이 없습니다."라고 말한 바 있다.[6]

로베스피에르는 궁정과 각료를 의심하는 것이 민중에게 재앙을 안겨줄 맹목적 신뢰보다 훨씬 낫다고 하였다. "애국파 입법자여, 그대는 말한다. '의심은 끔찍한 것이다!'라고. 하지만 그것은 명백히 우리에게 모든 어려움과 폐해를 일으키고 우리를 벼랑으로 인도하는 어리석은 신뢰보다는 훨씬 덜 끔찍한 것이다."(8:58) 로베스피에르는 마치 질투가 사랑의 근본인 것처럼 의심은 자유의 근원이라고 하였다.

> "그대가 무어라 말하든 간에 의심은 민중의 권리를 수호하며 자유의 감정의 근본에 있는 것으로서 의심과 자유는 질투와 사랑의 관계와 같은 것이다.

---

5 "Sur la guerre" (2 janvier 1792), *Oeuvres,* t. 8, pp. 74~92.

6 장 마생, 『로베스피에르, 혁명의 탄생』, p. 215.

새 입법자들이여, 의심이 없이는 그대들 역시 가장 저열하고 타락한 인간들의 노리개이자 희생물이 될 운명이다."(8:59)

주전파는 전쟁을 자유의 십자군으로 규정하면서, 프랑스 군대를 외국의 민중이 환영할 것이라고 전망하지만 로베스피에르가 보기에 이는 터무니없는 낙관론이다.

"이성의 진행이 느리게 전진한다는 것은 사물의 이치이다. 전제정은 자신을 예찬하고 자유를 의심스럽고 끔찍한 것으로 보이게 하도록 인간의 정신을 타락시킨다. 한 정치가의 머릿속에서 태어날 수 있는 가장 터무니없는 생각은 혁명군이 무장하고 외국 영토에 들어가기만 하면 외국 민중들이 바로 우리의 법과 헌법을 받아들일 거라는 것이다. (하지만) 아무도 무장한 선교사들을 좋아하지 않는다. 우리의 혁명의 영향이 외국에서 느껴지기 전에 혁명은 확고해져야 한다."(8:81)

프랑스에서조차 자유의 진보가 더딘 마당에 다른 국민들에게서 그것이 저절로 일어날 것으로 보는 것은 불합리한 것이다. 인간은 이성보다 편견과 습관의 지배를 받는 존재로서 전제정에 익숙한 사람들은 자유를 쉽게 받아들이지 않으므로 프랑스는 우선 국내에서 혁명을 확고히 할 필요가 있다는 것이다.

로베스피에르는 프랑스가 만약 그토록 불확실한 계산에 근거해 전쟁에 뛰어든다면 혁명에 치명적인 타격을 입힐 수 있으므로 이제는 의회가 앞장서서 전쟁포기 선언을 할 것을 촉구했다.

"그것은 프랑스 국민이 모든 정복과 야심의 정신을 포기한다는 선언이다. 이 고귀하고 빛나는 행동을 알게 된 다른 민족들은 더 이상 그 주인들의 노리개나 희생물이 되지 않는 것의 이점을 알게 될 것이며 인류의 대의를 수호하고 그에게 행복과 자유를 빚진 프랑스 국민을 보호하고 그들을 평화롭게 하는 것이 얼마나 중요한지 알게 될 것이다."(6:359)

그는 전쟁포기를 선언하고 다른 국민들과 평화 공존을 할 것을 촉구했는데, 이를 통해 우리는 로베스피에르가 프랑스 혁명을 다른 나라를 정복하거나 동화시키는 민족주의적 도구가 아니라 프랑스의 모범을 통해 인류 전체가 자유롭고 행복하게 공존하는 출발점으로 삼았음을 알 수 있다.

민중과 전쟁

그런데 의회가 전쟁 포기를 선언하지 않더라도 국민은 구태여 전쟁을 선호할 이유가 없다. "국민이 전쟁을 원한다고 더 이상 말하지 말지어다. 국민의 눈에 전쟁은 되도록 피하고 싶은 극단적 해결책이다.… 민중 대표자의 위대함은 정부의 책략이 유발하는 일시적 여론에 영합하는 것이 아니다. 그것은 종종 편견과 파당의 공세에 맞서 자신의 양심에 따라 홀로 투쟁하는 데 있다."(8:64) 이는 로베스피에르 자신이 당파들에 맞서 외롭게 반전 운동을 펼쳤음을 상기시키는 대목이기도 하다.

국민이 전쟁을 피하고자 하는 이유는 무엇보다 전쟁발발 시 자신들이 희생되기 때문이다. 국왕과 각료들은 종종 자기들의 개별적 야심을 충족시키기 위해 수많은 피를 흘리게 한 전쟁을 발생시켰다.(6:367)

> "전시에 국왕은 강한 권력으로 무장하고 일종의 독재권을 가지게 되며 그의 명령들은 절대적인 것이 된다. 따라서 국왕은 자신의 권력을 강화하기 위해 항상 전쟁을 선포할 충동을 느낄 것이다."(6:365)

이처럼 국왕은 자신의 권력 강화를 위해 전쟁을 선호하기 마련이다. 그런데도 국왕이 계속 전쟁 선포권을 가져야 한단 말인가?

반면 국민의 대표들은 급박한 필요가 아니면 항상 전쟁을 억제하고자 할 것이다. 머지않아 그들은 시민들 속으로 돌아갈 것인데 전쟁은 무엇보다 시민에게 타격을 주기 때문이다.(6:365) 따라서 로베스피에르는 전쟁 발발의 충동을 느끼는 국왕에게 부여된 전쟁 선포권을 전쟁 억제의 필요를 느끼는 의회에 일임할 것을 주장한 것이다.

또한 전쟁이 일어나면 군 지휘부의 권한이 강화되는 만큼 민중의 권리는 위축된다. 국경 도시들의 치안은 군 지휘부에 넘어가고 그들 앞에서는 인권도 침묵한다. "군 지휘관들은 국가의 운명의 지배자가 되며 균형추를 자신이 속한 당파에 기울도록 한다. 그들이 카이사르나 크롬웰 유형이라면 그들은 스스로 권력을 차지할 것이다."(8:48) 전쟁이 일어나면 국왕과 군 지휘관에게 강력한 권력이 부여되는데 그들이 수호할 임무를 맡은 그 체제가 실은 그들이 가장 증오하는 체제인 것이다. 결국 그들은 국가와 민중을 배신할 수밖에 없다.

전쟁이 일어나면 민중의 권리가 침묵하는 특성 때문에 고대 로마 공화국에서는 지배 권력에 대한 비판이 거세지면 원로원이 전쟁을 선포하곤 했다. 궁정과 각료가 일으키고 지휘하는 전쟁은 자유의 장애물임을 입증하는 것이다.

> "로마에서는 민중이 전제정과 귀족의 오만에 지쳐 호민관의 목소리를 통해 자신들의 권리를 요구하면, 원로원은 외국에 전쟁을 선포했고 민중은 귀족들의 깃발 아래 모여들고 독재자에게 개선 행렬을 마련해 주느라 자신들의 권리와 모욕을 망각했다. 훗날 카이사르와 폼페이우스는 전쟁을 선포하여 스스로 군대를 지휘했고 돌아와 자신의 군대를 통해 국가를 예속시켰다."(8:49)

로베스피에르에 따르면 궁정의 전략은 프랑스 민중에게 전쟁의 피해와 공포를 불러일으킴으로써 행정부가 주도하는 반혁명적 타협을 지지하도록 유도하는 것이다. "그들은 협상을 염두에 둔 가짜 전쟁을 일으키고자 한다. 전쟁은 공포와 위험, 음모, 배신 그리고 큰 피해를 낳는다. 민중은 염증을 내고 의회가 엄격하게 할 경우 전쟁의 불행을 의회 탓으로 돌린다. 결국 타협에 이르게 되는 것이다. 이것이, 내 생각이 틀리지 않다면, 각료들의 계획이다."(8:41) 결국 궁정이 원하는 것은 승전이 아니라 패전인 것이다. 동맹군이 파리에 입성하거나 아니면 최소한 위협함으로써 왕과 각료에게 권력을 되찾아 줄 것이고 궁정은 그를 통해 혁명파를 제압한다는 계산이다. 그 점에서 전쟁은 외국의 적과 국내의 적의 일종의 협력이라고 할 수 있다.

설혹 전쟁에서 승리한다 하더라도 사정은 별반 다르지 않을 것이다. 왜냐하면 그 경우 새로운 독재, 즉 군사 독재가 나타날 가능성이 크기 때문이다. 로베스피에르는 "우리의 장군들의 승리는 패배 자체보다 더 위험한 것이다."(8:101)라고 하였다. 실로 그는 라파예트의 군사 독재가 출

현할 것이라는 악몽에 사로잡혀 있었다.[7]

> "이 자는 국민의회에 대해 자신은 4만 5천 명의 병력을 거느리고 있으며 프랑스로 진군할 준비가 되어 있으니 당신들은 떨고 있으라고 했다.… 그는 자신의 모든 권세를 휘두르면서 군대에 둘러싸인 채 의회에 나타날 것이다. 수많은 동요에 피곤해지고 내전의 공포에 질린 국민은 그 억압자들의 선택에 무관심할 것이며 라파예트는 누구로부터든 독재 권력을 부여받을 것인데 이것이 그가 바라는 목표이다."(8:379~380)

실제로 라파예트는 이 연설로부터 약 두 달 후인 1792년 8월 14일 반란을 일으키려고 했으나 실패하여 결국 적군에 투항하고 말았다.

그럼에도 불구하고 특기할 만한 것은 당시 군사 쿠데타가 일어나기 쉬운 상황이었음에도 불구하고 라파예트나 뒤무리에의 희화적인 시도를 제외하면 1799년 이전까지 실제로 위협적인 사례는 나타나지 않았다는 점이다. 군사 쿠데타의 가능성을 미리 제기하고 대비책 마련을 촉구한 로베스피에르의 역할이 헛되지 않았다는 의미일 것이다.[8]

---

7 "Contre Lafayette" (18 juin 1792), *Oeuvres,* t. 8, pp. 378~383.

8 1793년 4월과 1794년 1월 사이에 총 58명의 장군이 면직되었고 자리를 보전한 자들은 온전히 혁명정부의 권한 아래 놓였다. 기욤 마조, 「"공포정치", 근대성의 실험실」, 피에르 세르나 외, 『끝나지 않은 프랑스 혁명』, 김민철 외 역 (두더지, 2013), p. 120.

2. 전쟁과 혁명

반혁명과 전쟁

전쟁 관련 토론이 벌어진 입법의회 시절, 로베스피에르는 원외에 있었다. 그는 자코뱅 클럽에서는 경청되었지만 의회 토론에는 참가할 수 없었다. 여론이 전쟁을 향해 기울어가면서 그는 고립되어 갔다. 전쟁의 영광에 현혹된 대중들에게 로베스피에르의 비관적 원칙론은 답답하게 비쳤을 것이다.

물론 그는 적이 먼저 전쟁을 걸어온다면 프랑스 국민은 끝까지 저항할 것이라고 하였다. 하지만 전쟁은 기본적으로 방어적이어야 하고 선전포고는 불가피한 경우에 한정되어야 한다는 입장이었다. 이처럼 로베스피에르는 선전포고 직전까지 전쟁에 반대했으나 일단 전쟁이 시작되자 프랑스가 어떻게 전쟁을 수행해야 하는지에 대한 제언을 아끼지 않았다. 그가 전쟁에서 역점을 둔 것은 정복이나 승리보다는 전쟁을 혁명에 유리하게 수행하는 것, 즉 프랑스의 자유를 지키는 것이었다. 말하자면 국내외 반혁명 독재 세력에 대한 민중의 전쟁이 되도록 하는 것이었다. 그를 위해 우선 견제해야 할 대상은 적군이 아니라 자국의 군대였다.

따라서 입법부는 군 지휘관들에게 굴종할 것이 아니라 그들이 권한을 벗어나지 못하도록 엄격하게 감시 및 견제해야 한다. 그는 "군대 권력은 항상 자유의 가장 큰 암초였다는 사실을 잊어서는 안 될 것이다.… 입법부가 장군들에게 비굴하게 머리를 조아리는 것, 그의 허약함은 모든 불행과 범죄로 귀결된다. 그것은 국가의 재앙을 초래하고 악화시킬 수 있다."(5:39)라고 하였다.

실로 공화국 군대에 위험이 있다면 그것은 역시 '군대 지휘관들의 사악함, 야심 혹은 탐욕'(5:303)으로 인한 내부의 배신이다. 왜냐하면 병사들은 궁정이 배치한 지휘관들에 의해 오도되어 국왕을 숭배하고 시민들에게 무기를 겨눌 수 있기 때문이다. "왜 입법자는 군대 기강에 의해 병사들이 지휘관에게 수동적으로 복종하는 순종적 습관이 결국 최고 수장에 대한 열광으로 이어질 것이란 사실을 무시하고자 하는가?"(8:144) 특히 병사들이 민중과 분리되어 숙영지에 머물 때 그들은 지휘관들이 베푸는 온갖 유혹과 회유에 내맡겨지기 십상인 만큼 입법부는 거기에 대비해야 한다는 것이다.

전쟁의 성패

지휘관들에 대한 감시 못지않게 중요한 것은 병사들의 상태와 사기 문제였다. 특히 다수의 군주국 동맹세력과 싸워야 하는 프랑스의 경우 그것은 결정적이었다. '보편적 자유의 기치를 들었다는 이유로 지구상의 폭군들에 의해 공격당한 민중의 예는 인류의 역사상 유례가 없는데…'(5:265) 이런 불리한 전쟁에서 프랑스가 의지할 것은 오로지 정신력인 것이다.

로베스피에르는 전쟁의 성패는 병력보다 공화주의적 정신이 좌우한다고 하면서 프랑스 민중의 군대는 적들의 동맹을 능가할 것이라고 확신했다. "왜냐하면 백 명의 폭군은 한 국민만큼 강하지 않으며 폭군들의 대의를 위해 싸우는 20명의 허수아비는 조국과 자유를 위해 무장한 시민 한 명에 필적하지 못하기 때문이다."(5:302) 또한 그는 폭군의 신민들의 희생에는 한계가 있지만 자유인의 열정은 한계를 모른다고 하였다.

폭정을 위해 싸우는 적군이 허수아비라면, 폭군 루이를 처벌함으로서 자유의 빛을 경험한 프랑스 민중은 더 이상 군주의 미신적 권위라는 암혹을 겪지 않기 위해서라도 힘과 용기를 발휘할 것이다.

"폭군의 처벌은 그에게 새로운 힘을 주었다. 그것은 2천 년간의 예속과 무지가 왕정을 둘러쌌던 미신적 위신으로부터 민중을 깨어나게 했기 때문이다. 이 옛 우상이 분쇄되는 것을 본 민중이 어떤 새로운 폭정을 스스로에게 부과한단 말인가?"(5:304)

로베스피에르는 의원들부터 먼저 혁명의 성과에 대해 자부심을 가질 것을 당부했다. "프랑스 민중의 대표자들이여, 왕정을 소멸하고 국왕을 처벌한 것에 대해 스스로에게 박수를 보내시오. 특히 이 세계가 이제까지 결코 본 적이 없는 정의의 행동으로 그를 놀라게 한 것에 대해."(10:182) 나아가 로베스피에르는 외국의 민중들에 대해서도 폭군들로부터 분리하기 위한 교육과 계몽이 필요하다고 하였다. '왜냐하면 외국의 민중들이 혁명에 대한 폭군들의 적대감을 공유하면 프랑스는 훨씬 더 끔찍한 전쟁을 견뎌내야 할 것이기 때문'(5:267)이라는 것이다.

프랑스와 유럽

전쟁에 관한 로베스피에르의 마지막 연설은 1793년 11월에 행해진 '공화국의 정치적 상황에 관한 보고서'로서[9] 프랑스 혁명이 세계에 미친 영향을 묘사하고 승리를 위해 필요한 방안을 제시한 것이었다. 그 연설에서 로베스피에르는 프랑스 민중들은 유일하게 인류의 대의를 위해 싸운

9 "Rapport sur la situation politique de la république" (27 brumaire an 2: 17 novembre 1793), *Oeuvres*, t. 10, pp. 167~184.

정의로운 국민이므로 큰 힘을 발휘할 수 있다고 하였다. "우리는 여타 국민의 비천함과 우리의 충실함으로 인해 훨씬 더 강할 것이다. 왜냐하면 정의는 힘의 큰 부분이기 때문이다."(10:173) 그는 이러한 프랑스 국민의 덕이 '프랑스 공화국을 이성처럼 무적이고 진리처럼 불멸'(10:180)하게 만들었다고 하였다.

영국은 프랑스 민중의 덕을 과소평가함으로써 프랑스를 쉽게 이길 것으로 생각했는데 이는 착각이었다. 프랑스 민중은 공화주의의 덕으로 무장함으로써 혁명의 위기를 도약의 발판으로 삼을 수 있었던 것이다.

> "피트(1793년 대불동맹을 주도한 영국 총리)는 민중에 대한 경멸로 인해 착각에 빠진 루이 16세와 프랑스 귀족처럼 우리의 혁명에 대해 착각했다. 공화주의의 덕을 믿기에는 너무 비도덕적이고 미래로 발을 내딛기에는 너무 비계몽적인 조지의 각료는 자신의 시대에 미치지 못했다. 어떻게 우리의 혁명이 매번 위기가 그것을 멈추려고 했던 점 너머로 항상 도약했는지 보시오."(10:169)

사실 프랑스인들이 안팎의 거대한 적대 세력에 맞서 투쟁하고 있다는 사실 자체가 이미 정신적으로 높은 경지에 도달했다는 증거였다. "모든 정념의 공격과 맞서 싸우고 공화국의 적대세력 및 우리 내부를 분열시키는 타락한 자들에 대해 투쟁하면서, 우리 자신이 위대한 사명감으로 무장하여 우리의 허약성을 딛고 고양되지 않았다면 어떻게 이러한 짐을 질 수 있었겠는가?"(10:183) 그 투쟁은 프랑스 국민에게 덕과 용기가 고취되지 않았다면 불가능한 것이다.

로베스피에르는, 유럽인들은 자유의 보루인 프랑스가 몰락하면 우주

전체가 무지와 야만으로 떨어질 거라는 두려움을 가져야 한다고 했으며 프랑스인들은 인류를 위해 투쟁한다는 자부심을 갖는 것이 당연하다고 하였다. "오! 우리가 싸우는 것이 한 민족을 위해서가 아니라 우주, 오늘을 사는 사람들, 존재하게 될 모두를 위해서임을 생각하면서 자신의 능력이 높아지고 스스로 인간 이상으로 고양되는 것을 느끼지 않을 사람이 누가 있겠는가?"(10:180) 그러한 자부심이 전쟁에서 프랑스인들로 하여금 기적적인 능력을 발휘하도록 한 것이다.

나아가 정치 지형학적으로 프랑스는 유럽 소국들의 강력한 동맹국이자 그들의 독립을 지켜주는 자유의 보루란 점에서 프랑스 공화국의 보존은 곧 유럽의 보편적 관심사이다.

"여러분은 유럽의 정치 지형도를 보았고 그것은 우주가 우리의 보존에 관심이 있다는 것이다. 강력한 독재자들로부터 소국들의 독립을 보장하는 이 강력하고 필수적인 동맹국이 없어지면 유럽 전체가 예속된다. 독일의 소 제후들과 자유 도시들은 오스트리아와 브란덴부르크 왕가의 야심에 흡수되고 스웨덴과 덴마크는 조만간 강력한 이웃의 제물이 될 것이다."(10:179)

그는 또한 미국도 항구적인 독립을 위해 프랑스를 필요로 한다고 하였다. "미국인 여러분, 우리가 존재하지 않는다면 여러분은 과거 주인의 치욕스러운 속박 밑으로 다시 떨어지게 될 것이다."(10:179)

따라서 로베스피에르는 국민공회가 전쟁과 평화에 관한 선언을 함으로써 프랑스의 의도를 천명할 것을 촉구했다. 선언의 골자는 프랑스 공화국은 적에게는 가혹하지만 동맹국이나 중립국의 영토와 주권은 존중하며 모든 민중에게 정의롭게 대한다는 것이었다.

11
공포정치

1792년 4월 혁명 전쟁이 선포되고 동년 9월 국민공회가 소집되면서 프랑스 혁명은 새로운 국면에 접어들었다. 로베스피에르는 1793년 7월 전시 혁명정부 역할을 담당한 공안위원회에 들어갔는데 그의 경력에서 처음으로 정부의 일원으로서 혁명을 이끌어가는 위치에 서게 되었다. 자신의 이념을 정치 현실에 적용하는 과제를 안게 된 것이다.

그의 이념은 크게 두 가지였다. 하나는 다른 산악파 정치인들과 공유했던 것으로, 혁명의 업적을 적들의 공격으로부터 지켜내고 민주주의 개혁을 완성시키는 일이었다. 다른 하나는 그에게 고유한 것으로 그가 혁명의 최종 목표로 삼았던 덕의 정치를 현실에 구현하는 일이었다. 그런데 공포정치를 이끌어갈 인물이 덕의 정치를 실현한다는 것은 얼핏 보아도 모순 혹은 위선으로 느껴질 만큼 생각하기 어려운 일이었다.

이에 대해 로베스피에르는 공포정치에도 덕의 원리를 적용한다는 원칙으로 임했다. 그는 공포정치가 범죄로 전락하지 않으려면 평상시보다 더 큰 덕성과 희생 그리고 이타심이 요구된다고 하였다. 이러한 방침은 확실히 위기 시에 국민과 정부가 지켜야 할 태도에 대한 일종의 지침으로 삼을 만한 것이다. 하지만 그것이 얼마나 실효성을 띨 수 있었을까?

1. 공포와 덕

공포정치의 원리

공포정치에 관한 로베스피에르의 생각이 잘 드러난 것은 1793년 12월 25일 공안위원회 명의로 국민공회에서 행한 연설이었다.[1] 그 연설에서 로베스피에르는 1793년 6월에 제정된 헌법의 유예 및 혁명정부 수립에 대한 정당화를 꾀하였다. 그는 우선 공포정치에서의 혁명정부를 평상시의 헌정 체제와 대비시키면서 공권력의 수호를 강조했다. "헌정 체제에서는 공권력에 대해 개인을 보호하는 것으로 족하지만, 혁명 체제에서는 공권력 자체가 그를 공격하는 모든 당파에 맞서 스스로를 지켜야 한다."(10:274)

이는 혁명을 이끌어가는 정부가 전쟁과 반혁명으로 위기에 처한 상황을 전제로 한 것으로서, 로베스피에르는 이 상황을 평화 시와 혼동해서는 안 된다고 하였다.

"이 개념들을 자의적이거나 폭압적이라고 명명하는 자들은 반대되는 것들,

---

1 "Sur les principes du gouvernement révolutionnaire" (5 nivôse an 2: 25 décembre 1793), *Oeuvres,* t. 10, pp. 272~283.

즉 전쟁과 평화, 건강과 질병을 같은 범주에 놓고자 한다. 그들이 헌정의 격언을 문자 그대로 실행할 것을 주장하는 것은 헌정을 무사히 침해하기 위한 것일 뿐이다."(10:274)

사람이 병들었을 때 평상시와 다른 조치가 필요한 것처럼 헌정 체제도 위험에 처했을 때는 혁명정부와 같은 비상 체제가 필요하며, 그 필요성을 무시하는 사람들은 헌정 체제를 위험에 빠트리는 것이다. 그는 위기 상황에서 헌정 혹은 민주주의의 실행을 유예하는 것이 오히려 그것을 안전하게 지키는 길임을 재차 강조하였다.

"헌법이란 배를 풍랑이 치고 역풍이 부는 바다 한가운데 띄워야만 하는가? 헌정의 수립에 반대했던 폭군과 그 노예들이 원했던 바가 그것이다. 하지만 프랑스 민중은 여러분에게 평온이 도래할 때를 기다리라고 명령했다. 민중의 일치된 바람은 헌정을 우리의 모든 적으로부터 구출해내라는 것이었다."(10:275)

공포정치와 민주주의

이처럼 로베스피에르에게 공포정치란 민주주의를 지키기 위해 민주주의를 유보하고 그 적들을 공포로 다스리는 것이었다. 사실 프랑스 혁명과 사회의 특수성을 감안할 때 그 필요성을 이해하기란 어렵지 않다. 프랑스의 구세력, 즉 궁정, 귀족 그리고 교회는 혁명에 대한 저항을 멈추지 않았고 혁명가들 중에도 그들과 결탁하는 경우가 적지 않았다. 뿐만 아니라 결정적으로 프랑스는 유럽의 여러 나라를 상대로 전쟁을 벌이고 있었다. 내외의 적으로 둘러싸여 민주주의 헌법의 실행은 고사하고 그를 지켜내기도 어려운 상황에서 비상조치를 강구하지 않는다면 그것이 더 이상한 일이었다.

하지만 여기에 공포정치의 딜레마가 있다. 공포정치란 법의 지배를 위해 법 집행을 신속히 하는 것, 바꿔 말하면 민주주의를 지키기 위해 민주주의의 절차를 축소하고 인권 침해의 여지를 발생시키는 모순을 내포하기 때문이다. 그런데 이 딜레마는 로베스피에르에게만 해당한 것은 아니었다. 1793년 헌법을 유예시키고 혁명정부에 절대적 권한을 부여함으로써 공포정치를 도입하기로 결정한 것은 당시 국민공회 의원들이었으며 그중에는 평원파 혹은 소택파라 불린 중도 온건파도 포함되었다. 이들 온건파, 즉 1789~91년의 자유주의자가 혁명정부의 옹호자로 변모한 까닭은 군사적 패배, 반역, 인플레 그리고 반혁명 내전 등을 경험하면서 혁명은 다른 기초 위에서 전진할 수 없다는 것을 깨달았기 때문이다.[2]

뿐만 아니라 의회 밖에서 격앙파와 그를 지지한 파리 민중은 지롱드파뿐 아니라 산악파까지 공격하면서 공포정치의 도입을 압박했다.[3] 1793년 2월과 3월 그들은 투기꾼 처형, 최고 가격제 실시, 범죄자 엄중처벌 등을 요구하면서 식량폭동을 일으켰던 것이다. 국민공회의 입장에서 볼 때 1792년 9월 학살과 같은 민중 반란을 피하면서 애국파의 결속을 꾀하려면 임시적 혁명정부 체제로 전환하고 법률적 공포정치를 채택

---

2 George Rudé, "Robespierre," p. 228.

3 당시 공포정치의 수립을 재촉한 좌파인 에베르파에 관해서는 민석홍, 「맥시밀리안 로베스피에르의 정치사상연구」, 『서양근대사연구』(일조각, 1993), pp. 268~269 참조. 에베르파의 압박은 영국군의 위협이 거세진 1793년 9월까지도 이어져 혁명재판소 재조직, 혐의자 체포, 혁명군 설립, 혁명위원회 정화 그리고 식량 관련 조치 등을 국민공회로부터 이끌어냈다.

하는 것이 자연스러운 선택이었을 것이다.[4] 그리하여 1793년 3월과 4월에 혁명재판소와 공안위원회가 각각 창설되었다.

역사적 사례들은 이처럼 민주주의를 지키기 위해 비민주적 수단들을 동원하는 것이 가능하다는 것을 보여준다. 예컨대 제1차 세계대전 당시 프랑스 제3공화국 역시 초법적 혹은 비민주적 조치들을 시행했다.[5] 물론 제1공화국에만 공포정치라는 딱지가 붙어있는 만큼 사정은 달랐다고 할 수 있다. 하지만 제 1공화국의 특수성도 고려할 필요가 있다. 공포정치 시기는 그저 민주주의를 지키는 것으로 충분한 시기가 아니었다. 당시 프랑스는 수백 년 동안 군림한 권위주의 군주정을 청산하고 입헌군주정이나 과두적 공화국이 아니라 민주공화국으로 뛰어넘는 과정을 거치고 있었다. 이는 개략적인 역사발전 단계로 본다면 적어도 두 단계를 한 번에 뛰어오르는 것으로서 당시 프랑스는 그동안의 성취를 지켜냄과 동시에 새로운 민주주의 개혁을 이룩하는 이중의 과제를 맡았다는 의미이다.[6]

그런데 로베스피에르의 과제는 거기에 그치지 않았다. 앞에서 보았다시피 그의 최종 목표는 민주주의 법과 제도의 수립을 넘어서서 덕의 실

4 1793년 3월 10일 혁명재판소를 창설하면서 당통이 했다는 "민중 대신 우리가 먼저 공포의 대상이 되자."라는 말은 공포정치의 도입에 민중의 보복성 직접 행동을 막으려는 의도가 작용했음을 보여주는 것이다. 기욤 마조, 「"공포정치", 근대성의 실험실」, p. 143.

5 제1차 세계대전 당시 프랑스 공화국 정부는 국가 전역에 계엄령을 선포하고 전쟁위원회에 민간인에 대한 재판권을 부여했으며 거주의 자유를 제한하고 신문과 서적 및 개인의 서한까지 검열하였다. Albert Mathiez, *Etudes sur Robespierre,* p. 58.

6 실제로 공포정치 시기는 민주주의적 개혁이 완성된 시기이기도 하였다. 취학을 의무화하는 공교육 개혁(1793년 12월 19일), 노예제 폐지 법안(1794년 2월 4일) 그리고 사회적 약자에 대한 국가의 보호를 규정한 일련의 법안들(1793~94년)이 그것이다. 기욤 마조, 「"공포정치", 근대성의 실험실」, pp. 133~135.

현, 즉 덕의 정치 구현에 있었기 때문이다.

공포와 덕

로베스피에르 자신도 이 점을 의식한 듯 공포와 덕의 관계를 분명히 밝히고자 했다. "평화 시 민중 정부의 동력이 덕이라면 혁명 시 민중 정부의 동력은 덕과 공포이다."(10:357) 여기서 혁명 시기란 전쟁과 반혁명으로 정부의 존립이 위협받는 내우외환의 상황을 말한다. 그는 혁명 시에는 덕 외에도 공포가 필요하다고 본 것이다. 왜냐하면 '공포가 없는 덕은 무력'하기 때문이다.

그런데 혁명 정부의 공포는 일반적 의미의 공포와는 다르다. 로베스피에르는 "공포는 신속하고 엄격한 정의일 따름이며 따라서 덕의 발현이다. 공포는 특별한 원칙이 아니라 조국의 급박한 필요에 적용된 민주주의의 일반 원칙의 결과이다."(10:357)라고 하였다. 공포는 무엇보다 정의를 구현하는 것으로 혁명 시의 정의는 국가 위기, 즉 민주주의의 위기에 적용되어 신속하고 엄격하게 발현된 정의라는 점에서 공포라고 부른다는 것이다.[7] 그 점에서 공포란 민주주의와 별개의 원칙이 아니라 같은 원리가 비상시에 신속하고 엄격하게 적용된 것이라고 할 수 있다.

로베스피에르는 이처럼 정의로서의 공포가 비록 비상시에 적용되는 것이지만 덕과 민주주의의 원칙에 어긋나는 것이 아님을 분명히 했다.

---

7 방자맹 콩스탕(Benjamin Constant)은 개인의 자유에 대한 보장이 형식에 대한 존중과 느림에 있다면 공포정치의 특징은 형식에 얽매이지 않는 신속함에 있다고 하였다. Lucien Jaume, "Robespierre. Des principes révolutionnaire à l'être suprême," Annie Jourdan, ed., *Robespierre: figure-reputation, Yearbook of European Studies* IX (Amsterdam & Atlanta, 1996), pp. 40~41.

특히 공포가 신속하고 엄격한 정의라면, 정의는 앞에서 보았다시피 덕의 속성이므로 공포는 정의를 매개로 덕과 연결될 소지가 있는 것이다. 이점에서 우리는 로베스피에르가 공포를 덕의 발현이라고 한 말을 이해할 수 있다.

이를 토대로 로베스피에르는 공포정치의 성패도 덕, 즉 애국심과 정의에 달려 있다고 함으로써 덕과 공포의 연결을 더욱 확고히 했다. "관리는 그의 이익을 인민의 이익에, 권력의 오만을 평등에 바쳐야 할 의무가 있으며… 입법부는 그 내부에서 모든 사적 정념을 공공의 선의 보편적 열정에 복종시켜야 한다."(10:356) 말하자면 공포정치는 덕성과 이타심에 따라 행해야 하고 혐의자에 대한 기소와 처벌 역시 맹목적이거나 임의로 하는 것이 아니라 규율과 법에 따라 행해야 하는 것이다.

요컨대 덕은 민주주의의 동력이지만 공포정치에도 적용되어야 한다. 그럼으로써 공포가 범죄적 폭력으로 변질되는 것을 막을 수 있다. 따라서 덕은 공포와 무관하기보다는 공포정치가 신속한 정의 구현이란 취지를 살릴 수 있도록 인도하는 것이다. 그 점에서 덕은 비록 공포와 같은 것은 아니지만 공포정치에 필수적이다. 실로 어떤 면에서 덕은 공포정치에 더 절실한 것이라고 할 수 있다. 공포정치에서는 정부가 엄청난 권력으로 무장하기 때문에 그 남용을 억제하고 통치자들에게 완전한 무욕과 절대적 자기희생을 요구하는 것이 필요하기 때문이다.

이어서 로베스피에르는 공포정치의 방식에 대해서 발언하였다. 그것은 한 마디로 나약해서도 안 되지만 과격해서도 안 되는 것이다.

"그(혁명정부)는 두 개의 암초, 즉 나약함과 경솔함 혹은 관용주의와 과도함 사이를 헤쳐 나가야 한다. 관용주의와 절제의 관계는 성 기능 불능과 금욕

의 관계와 같으며 과도함과 에너지의 관계는 종양과 건강의 관계에 비할 수 있다."(10:275)

공포정치에 있어서 나약한 관용주의는 절제가 아니라 허약함이며, 경솔한 과도함은 건강한 에너지가 아니라 일종의 종양과 같다는 것이다. 이는 실제 국민공회가 1794년 3월 급진 과격파인 에베르파와 동년 4월 온건 관용파인 당통파를 차례로 축출한 것에 대한 설명으로 읽힐 수 있는 대목이다.

다만 그는 둘 중에서 선택한다면 나약한 관용주의보다는 과도한 애국심이 낫다고 하였다. 시체처럼 무기력한 사람보다는 과하더라도 열정이 넘치는 사람이 더 큰 가능성을 남기기 때문이라는 것이다. 사실 애국심이란 다소 열정의 과잉이 없이는 생각하기 어려운 것이다.

"애국심은 본질상 열렬한 것이다. 그 누가 냉정하게 조국을 사랑할 수 있겠는가? 애국심은 자신의 동기를 통한 시민적 행동의 정치적 결과를 잘 계산할 줄 모르는 단순한 시민의 몫이다."(10:276)

이는 공포정치에만 해당하는 것이 아니라 민중의 직접 행동을 옹호할 때 로베스피에르가 늘 말하곤 했던 것이다. 그는 애국심이란 열정의 산물로서, 민중의 애국적 행동에 수반되는 우발적 사태에 대해 빈틈없는 준법성의 잣대를 들이대는 것은 애국적 열정을 질식시키는 결과를 낳는다고 하였다.

2. 공포정치의 대상

공포정치의 대상

로베스피에르는 1793년 9월 25일 공포정치가 조국의 급박한 필요에 따른 것이라고 하면서 그 상황을 다음과 같이 묘사했다.[8]

> "우리가 처한 상황을 생각해보았는가. 11개의 군단을 지휘해야 하고 전 유럽 국가들의 침략을 물리쳐야 하며 곳곳에서 반역자들의 가면을 벗겨야 하고 행정기구를 감시하고 여러 조치를 시행하는데 장애물을 제거하고 모든 독재자를 무너뜨리고 모든 음모자를 물리쳐야 하는 상황에 처해있다."(10:117)

실제로 1793년 여름에 접어들 무렵 프랑스는 다수의 유럽 국가를 상대로 한 전쟁에서 군사적 어려움을 겪었을 뿐 아니라 국토의 3분의 2에서 반란이 일어나고 파리에서는 극심한 식량과 생필품 부족이 발생하는 등 공화국의 운명이 위태로웠다.

공포정치는 이 상황을 초래한 장본인, 즉 반역자와 음모자를 대상으로 할 것이었다. 로베스피에르는 "자유의 적을 공포로써 제압하라.⋯ 혁명정부는 전제정치에 대한 자유의 독재이다."(10:357)라고 말했는데 이는 공포정치가 무엇보다 혁명과 자유에 반대하는 전제군주정 세력을 겨냥한다는 의미이며 그들을 '독재'라는 수단, 즉 공포와 힘으로 제압한다는

---

8 "Pour le comité de salut public et contre Briez" (25 septembre 1793), *Oeuvres*, t. 10, pp. 116~122.

뜻이다.

나아가 로베스피에르는 사회적 보호는 평화로운 시민에게만 적용되며 왕당파와 음모자는 공화국에서 이방인 혹은 적이라고 하였다.(10:357) 이는 루소가 말한 것처럼 국가에 거주하는 사람은 자발적으로 사회계약에 동의함으로써 국민 자격이 있는 것으로 간주하지만 사회계약을 어기거나 반대하는 사람은 국민의 자격이 없는 이방인이나 다를 바 없다는 것이다.[9]

로베스피에르는 단적으로 '민중은 이성으로, 민중의 적은 공포로'(10:356) 인도한다고 하였는데 이는 공포정치의 대상이 왕당파와 반혁명 음모자들에 국한되며 일반시민은 사회적 보호를 받는다는 점을 확인한 것이다. 따라서 그는 리옹의 비무장 시민들을 총살한 공안위원회의 파견위원을 소환하면서 "리옹이 국민공회에 반항한 것은 사실이지만 그것이 비무장 시민들을 총살할 이유는 될 수 없다."라고 질책하였다.[10] 그는 이들이 민중의 적을 위해 준비된 공포를 민중을 향해 돌리고 있다고 보았으며 '자유가 제공한 두려운 무기들을 남용하는 악당들'은 멸망을 면치 못할 것이라고 저주하였다.

로베스피에르는 이처럼 혁명적 조치를 실행할 때 그 내용 못지않게 실행 주체의 정신과 취지가 중요하다고 하였다.

"혁명이 민중들을 상대로 폭정에 의해 행해지면 잔인성과 억압의 도구에 불

9 장 자크 루소, 『사회계약론』, p. 139.

10 로베스피에르는 콜로 데르부아가 리옹에서 자행한 대규모 처형에 찬성하지 않았으며 그 외 파견의원들이 저지른 과격행위에 반대했다. Albert Mathiez, "Robespierre terroriste", p. 72.

과하지만 민중이 폭정과 귀족지배를 전복시키는 혁명에서는 유익한 치유제 이자 보편적 관례의 행위일 뿐이다. 그것의 장점 혹은 단점은 그것을 만들고 실천하는 자의 정신에 달려있다."(5:321)

요컨대 공포정치는 폭정과 귀족을 대상으로 하되 혁명정부가 정한 법과 절차에 따라 행할 때 유익하다는 입장이다.

공포정치와 관용주의

로베스피에르는 이처럼 공포정치의 대상을 한정하고자 했지만 반역자들에 대한 처벌을 늦추거나 완화한다는 뜻은 아니었다. 그는 오히려 반역자들에 대한 관용을 경계했다. 1793년 8월 2일 당통은 모든 반역자들에 대한 일반 사면을 제안했지만 로베스피에르와 쿠통은 그를 거부했다. 그는 관용주의를 다음과 같이 비판했다.

"우리를 패배에 몰아넣는 것은 반역자들에 대한 나약함이다. 우리는 가장 큰 범죄자들, 조국을 적의 쇠사슬에 넘겨주는 자들에 대해 마음이 약해진다. 내가 항상 지켜온 원칙은, 자유를 향해 나아가는 민중은 음모자들에 대해 가차 없어야 하며 이 경우 유약함이 오히려 잔인하다는 것이다."(10:121)

선한 자를 억압한 반역적 음모자들을 동정하는 것은 곧 피억압자를 외면하는 비인간적인 것이다. 연민과 동정은 약자에게 발휘될 때에만 인간적이다. "나는 박해받는 순결함에 대해서만 연민을 느끼며 그들이 흉악하게 살해하는 관대한 민중의 운명에 대해서만 마음이 약해진다."(10:121)

로베스피에르는 사람들의 나약함이 혁명적 조치들의 실행을 가로막고 있다고 한탄하였다. "우리의 행실과 정신의 허약성은 그 법이 준수되지 않는 것을 설명하는 데 충분하다. 얼마나 많은 사람이 제후나 국왕들의 파탄을 묘사하는 비극에 동정하면서 무명의 사람들의 불행이나 민중의 재난은 헛된 과장이라고 간주하는가!"(5:322) 강자에게 약하고 약자에게 냉정하다는 것은 그 정신이 노예적이라는 것, 즉 비천하고 예속적이라는 증거이다.

공포정치란 민중의 적에 대해 휘두르는 정의인 만큼 이를 야만시한다면 그것은 민중의 적을 옹호하는 것이다. "언제까지 폭군의 분노가 정의로, 민중의 정의는 야만이나 반란으로 불려야 하는가?"(10:357) 로베스피에르는 몰락을 앞둔 1794년 7월에도 관용의 움직임을 경계하면서[11] 범죄자들을 처벌하는 공포정치가 오히려 인간적이라고 거듭 강조하였다. "민중의 대표자들이 범죄자를 처벌한다면 그것은 선한 자를 구제하고 불행한 자를 위로하기 위해서이다. 그들은 이해심이 있으므로 엄격하고 인정이 넘치기 때문에 가혹한 것이다."(10:397)

관용주의에 반대하는 로베스피에르의 발언은 공포정치를 옹호하기 위한 정치적 주장만은 아니었다. 공공의 선을 위한 엄격함이 오히려 진정한 자비와 연민이라는 입장은 로베스피에르가 늘 견지했던 것으로 공포정치 이전에도 볼 수 있다.[12]

---

11 "Sur les calomnies don't il est l'objet et les intrigues au sein des Comités de gouvernement" (13 messidor an 2: 1 juillet 1794), *Oeuvres,* t. 10, p. 512.

12 1790년 8월 로베스피에르는 형사재판 배심원에 성직자를 포함할 것인가 여부를 놓고 벌어진 토론에서 "여러분, 잔인성이란 도덕과 정치의 원칙에 의하면 죄인을 봐주는 것에 있습니다. 진정한 종교는 모든 이의 행복을 위해 사회를 어지럽히는 자를 처벌하는 데 있습니다(박수)."(6:522)라고 하였다. 그는 만인의 행복을 해치는 범죄자를 처벌하는 것, 즉 공적인 선을 지

나아가 그가 관용주의를 배척한 또 하나의 이유는 카미유 데물랭 등 관용파가 주장하는 사면령을 채택할 경우 혁명적 조치들의 후퇴 그리고 혐의자들의 대거 석방 등 반동이 초래되어 반혁명파의 공세를 부추기지 않을까 우려했기 때문이다.

범죄로서의 공포

앞에서 보았다시피 로베스피에르는 공포정치가 나약함 뿐 아니라 과도함에 치우쳐서도 안 된다는 입장이었다. 관용주의에 대한 비판이 나약함을 물리치는 것이었다면 억압적 폭력에 대한 비판은 과도함을 경계하는 것이었다.

> "혁명정부가 사악한 자들의 수중에 들어가면 그 자체가 반혁명의 도구가 된다. 그런데 그들은 그것을 파괴하기 위해 왜곡시키려 한다. 혁명정부를 비방하는 자와 억압 행동을 통해 그를 위태롭게 하는 자는 같은 자들이다."(10:557)

말하자면 과격파는 공포정치의 이름으로 과도한 탄압을 자행함으로써 공포정치와 혁명정부의 평판을 훼손하는 것이다. 따라서 로베스피에르는 연설에서 "어떤 공공의 이익도 동반하지 않고 사적 이익과 마찰하거나 불필요하게 자유를 구속하는 조치들을 삼가야 한다."(10:275)라고 당부하였다.

그는 이러한 행위를 범죄로서의 공포로 규정하면서 에베르파를 예

향하는 것이야말로 종교적 자비의 실천이라고 본 것이다.

로 들었다. "그들은 날마다 무고하고 평화적인 사람들에게 고통을 주고 애국자들을 감옥에 처넣는다. 거기에 혁명정부가 있는 것이 아니다."(10:556~557) 나아가 로베스피에르는 공포정치의 확대에 반대하여 "어떤 상황이든 공포정치만이 능사라고 한 것이 우리들의 주장이었단 말인가?"라고 반문하고 "범죄로 인해 흘리는 인간의 피가 더 이상 확산되는 것을 막아야 한다."[13]고 함으로써 무분별한 폭력은 공포정치가 아닌 범죄임을 재차 강조하였다.

정의로서의 공포

로베스피에르는 혁명정부의 이름으로 지방에서 잔혹 행위를 자행하던 파견 위원들을 소환하였다.[14] 그는 "카리에Carrier는 그의 행동에 대해 불평한 애국파들을 감금하였습니다.… 조금도 지체해서는 안 됩니다."라는 편지를 받고 카리에를 소환했다. 또한 그는 유혈사태를 빚고 강탈을 서슴지 않았던 바라스Barras와 프레롱Freron 그리고 탈리엥Tallien도 소환했으며 아르투아에서 광인처럼 행동했던 르봉Lebon도 소환하였다. 나아가 푸셰에게는 어떤 정황도 그의 잔인성을 정당화해줄 수 없다고 대답했다. 파리로 소환된 그들은 로베스피에르에게 원한을 품고 테르미도르 반동을 모의할 것이었다.

로베스피에르는 또한 무차별적 처벌 혹은 처벌을 위한 처벌에 반대하였다. 그리하여 1793년 10월 3일 지방의 반란을 획책한 지롱드파 의원들의 처벌에 즈음하여 6월 봉기를 비난했던 73명의 의원들도 처벌 대상에

13 마르크 불와조, 『로베스피에르』, p. 190에서 재인용.

14 Albert Mathiez, "Robespierre terroriste," pp. 72~73.

포함해야 한다는 제안을 수용한 국민공회가 그들의 사형을 가결하려했을 때 로베스피에르는 처벌을 주동자에게 한정할 것을 주장했다.

> "국민공회는 범죄자를 자꾸 양산해서는 안 된다. 공회가 겨냥할 것은 당파의 우두머리들이다.… 말하건대 비난성명서 서명자 중에는 자기도 모른 채 그냥 잘못 휩쓸린 자들도 다수 있다. 100명의 하수인을 처벌하는 것은 음모의 주동자 한 사람을 처벌하는 것보다 자유에 덜 유용하다."(10:280)

공포정치의 희생자를 최소화해야 한다는 그의 발언에 대해 처음에는 웅성거림이 있었으나 결국 공회는 그의 주장을 따르게 되었다. 뿐만 아니라 그는 약 8천 명에서 2만 명에 이르는 왕당파 청원서 서명자들도 구제하였다.

나아가 로베스피에르는 자신의 적대자들을 직접 심판할 기회를 거부함으로써 정의와 공정성을 몸소 보여주었다. 그는 자신이 반혁명 범죄에 대한 신속한 재판을 위해 설립을 요구한 혁명재판소장으로 지명되었을 때 그 직책을 거절한 것이다

> "나는 혁명이 시작된 이래 국가를 해친 반역자 중 다수를 고발했으며 사람들이 그들의 시민 정신을 신뢰할 때 그들의 공격 기도를 사전에 예상했다. 나는 내 적대자들을 심판하는 재판관이 될 수 없으며 그들이 조국의 적들이라면 동시의 나의 적들이라는 사실을 떠올리지 않을 수 없다." [15]

---

15 *Le Moniteur* du 28 août 1792, Albert Mathiez, "Robespierre terroriste," pp. 60~61에서 재인용.

반대자들의 말처럼 로베스피에르가 공포정치를 통해 정적을 제거하고 독재 권력을 구축할 의도였다면 하지 않았을 발언이다.

또한 로베스피에르는 공포정치가 한창일 때 개인의 권익을 존중해야 한다는 의견을 나타내기도 했다.

> "나는 개인은 아무것도 아니라는 원칙을 받아들일 수 없다. 오히려 나는 개인이 중요하며 그들은 보상을 받거나 민중의 정의의 처벌을 받아야 한다고 말하고자 한다. 나는 개별 이익들을 등한시하는 것이 인간의 존엄성에 해당하는 것이라고 생각하지 않는다. 민중의 대표는 모든 피억압자의 구원을 위해 나서야 한다."(10:297)

이는 로베스피에르의 관점이 전체주의 혹은 집단주의와 거리가 있는 것임을 보여준다. 그는 국가란 시민 각자가 모여 구성되므로 개인의 이익과 존엄성이 선행되지 못하면 국가의 존재도 생각할 수 없다는 개인주의 국가관을 표출한 것이다.

3. 공포정치와 로베스피에르

로베스피에르와 권력

앞에서 본 공포정치에 관한 로베스피에르의 발언은 언뜻 모순적으로 들린다. 그는 한편으로 공포정치의 정당성과 필요성을 강조했는가 하면, 다른 한편으로 그 실행의 과정과 방식을 엄격하고 까다롭게 규제하고자 했다.

이러한 딜레마적 입장 때문에 로베스피에르는 현실로 펼쳐진 공포정치의 일탈과 폭력성에 당혹감과 회의를 느끼지 않을 수 없었다. 그 전까지 의회나 자코뱅클럽에 좀체 불참한 적이 없었던 그가 공안위원회에 오랫동안 불참하고 위원들과 불화가 잦았다는 점도 이와 무관하지 않아 보인다.

그럼에도 불구하고 로베스피에르는 공포정치의 대표자로 인식되어 왔다. 그는 공포정치의 수립부터 실행까지 전 과정을 이끌고 주도한 주역으로 각인된 것이다. 그가 혁명기 내내 민중들로부터 높은 지지를 받았으면서도 후대인들에 배척당한 것은 무엇보다 그의 이미지가 공포정치로 굳어진 것에서 연유한다.

하지만 공포정치에서 로베스피에르의 역할은 실제보다 부풀려진 면이 없지 않다. 로베스피에르는 사실상의 혁명정부인 공안위원회가 출범한 지 3개월이 지난 1793년 7월에 비로소 합류했으며 그 안에서의 역할도 한정된 편이었다. 로베스피에르 스스로도 '내가 공안위원회에서 12분의 1의 권한을 행사했다는 이유로 나를 독재자라 부르는…'(10:319)이라고 불만을 토로했다시피 그는 위원 12명 중 한 사람이었다. 공안위원회는 1인이 지배하는 구조가 아니라 업무 분담이 특징이었으며[16] 다수

16 "로베스피에르는 공안위원회의 위원 중 가장 뛰어났지만 그들 중 한 사람일 뿐이었다. 그는 동료들을 지명하거나 교체할 권리가 없었다. 그들은 엄격한 집단 지도의 원칙을 따랐다." 장 마생, 『로베스피에르, 혁명의 탄생』, p. 445. "공안위원회에서 로베스피에르는 소수파였다. 그를 따르는 자는 쿠통과 생쥐스트뿐이었다." 마르크 불와조, 『로베스피에르』, p. 187. "로베스피에르의 역할은 그의 동료들의 역할을 능가하지 못했다. 1년 내내 542건의 서류에 그의 서명이 확인되는데 이 숫자는 바레르와 카르노, 프리외르가 서명한 수천 건에 비한다면 빈약한 것이라 하지 않을 수 없다." 마르크 불와조, 같은 책, p. 182.

의 위원들도 로베스피에르에 대해 우호적이지 않는 등[17] 한마디로 그가 혁명정부를 주도했다고 말하기는 어렵다. 이는 로베스피에르가 공포정치의 책임을 12분의 1만 진다는 것이 아니라 공포정치의 실행에 있어서 그의 의사가 늘 반영되지는 않았다는 것이다. 실로 테르미도르의 음모자들이 그를 그토록 쉽게 타도할 수 있었다는 것은 소위 '독재자' 로베스피에르의 위치가 얼마나 취약했는지를 보여준다.

앞에서도 본 바 있지만 실제로 드러난 로베스피에르의 몇몇 조치들은 공포정치의 폭력과 일탈을 억제하는 방향으로 취해진 것들이었다.[18] 그럼에도 불구하고 로베스피에르가 공포정치의 원흉으로 낙인찍히게 된 것은 특별한 이유가 있다. 그가 공포정치에서 분명히 중요한 역할을 했다면 그것은 공포의 집행자로서보다는 이론가로서 공포정치에 정당성과 논리성을 부여했다는 점에 있다.[19] 인기 없는 정책을 막후에서 결정

17 예컨대 비요 바렌과 콜로 데르부아는 로베스피에르의 교화적 태도와 도덕적 우월성의 과시에 분노했고 그가 자신을 나머지 위원들보다 상위에 놓으려 하지 않나 의심했다. Christopher Dawson, *The Gods of Revolution*, p. 110.

18 공포정치의 대상에서 일반 민중 혹은 비무장 시민들을 제외한 점, 에베르파의 지나친 탄압을 혁명정부로부터 차단하려 한 것, 처벌을 주동자에 국한하고자 한 것, 잔혹행위를 자행하던 파견위원들을 대거 소환한 점 등을 들 수 있다.
이와 반대로 혁명재판소에서 피고의 변호와 증인 심문 절차를 폐지한 프레리알 22일(1794년 6월 10일)법의 책임은 로베스피에르에게 있다는 의견이 있다. 그런데 쿠통이 발의한 이 법안은 비록 로베스피에르가 강력히 지지하기는 했지만 당시 피의자들의 탈주를 우려한 국민공회 의원들 다수의 동의를 얻어 통과되었으며 시행의 책임도 공안위원회에 있었다. 프레리알 법과 로베스피에르에 관해 George Rudé, "Robespierre," p. 228; 장 마생, 『로베스피에르, 혁명의 탄생』, pp. 600~613 참조. 또한 파리 혁명재판소에서 피고인들의 절반 이상이 무죄로 판결된 점을 감안할 때 그 법에 대한 평가도 다시 해볼 여지가 있다. 기욤 마조, 「"공포정치", 근대성의 실험실」, p. 147.

19 이를 뒷받침하여 조던은 로베스피에르가 푸키에 탱빌이나 콜로 데르부아처럼 공포정치를 행하거나 누렸다는 의미의 테러리스트가 아니라 공포정치를 프랑스 혁명의 이념 속으로 편입시키고자 했으며 그럼으로써 자신을 공포정치와 완전히 동일시했다고 하였다. David P. Jordan,

하고 실행하는 사람보다 그 정당성이나 불가피성을 공개적으로 주장하는 사람이 반대편으로부터 훨씬 더 큰 미움을 받는다는 건 의심의 여지가 없다.[20]

로베스피에르가 공포정치의 필요성을 옹호하고 관용주의를 비판한 것은 반혁명의 지속적인 위협을 의식했기 때문이다. 공포정치는 특히 국가 권력이 폭력을 주도했다는 이유로 비판을 받고 있지만 1793년의 국가 권력은 확고한 편이 아니었다. 내외의 적에 둘러싸였을 뿐 아니라 애국파 내에서도 관용파와 과격파가 각각 압력을 가하는 상황에서 혁명정부 책임자들에게 공포정치란 비단 혁명을 수호하는 것뿐 아니라 자신들의 운명이 달린 투쟁이기도 했다.

이런 경우 사람들은 일반적으로 말을 하지 않는다. 말 대신 상대를 무찌르기 위한 전략과 실천에 골몰할 따름이다. 행동의 과정보다는 결과가 중요하기 때문이다. 그런데 그 점에서 로베스피에르는 달랐다. 그에게는 결과보다 명분과 이유가 중요했다. 자신의 행동이 정당하다면 거기에는 분명한 명분이 있기 때문이고 그것을 감출 이유가 없었다. 앞에서도 보았지만 그에게는 드러낸다는 것 자체가 자신의 행동의 도덕성을 보증하는 것이었다. 결국 공포정치와 관련한 그의 행동은 그 실행보다

The Revolutionary Career, p. 60.

20 조던은 다음과 같이 표현했다. "어떤 사람의 평판에 있어서 그것을 정당화하는 것보다 그 행동을 하는 것이 더 낫다는 것은 우울한 진리이다." David P. Jordan, "Robespierre and the politics of virtue," Annie Jourdan, ed., *Robespierre: figure-reputation, Yearbook of European Studies* IX (Amsterdam & Atlanta, 1996), p. 70. "공포정치를 덕의 발현으로 정당화하는 그의 간명하고 논리정연한 말들이 과격 테러리스트의 행동보다 더 잘 기억되며 로베스피에르를 마키아벨리처럼 정치적 무자비함의 불멸의 대변자로 만들었다." William Doyle & Colin Haydon, "Robespierre after two hundred years," Colin Haydon & William Doyle, ed., *Robespierre* (Cambridge, Cambridge University Press, 1999), p. 8.

는 주로 명분과 이유를 찾는 것이었고 그것을 민중에게 알리는 일이었다.

하지만 이런 행동은 사람들에게 생존 투쟁을 대의명분으로 포장하는 위선이라는 인식을 심어줄 수 있었으며 또한 반대파에게는 가증스럽다는 느낌을 주기에 충분했을 것이다. 이에 대해서는 오히려 후대 사람들이 좀 더 객관적으로 평가할 수 있을지 모른다. 예컨대 코반은 "일관성을 유지하고자 한 로베스피에르의 필사적인 노력은 위선이 아니라 목적의 정직성을 입증한다."라고 하였다.[21] 그는 공포정치를 한시적 예외 조치로 간주하고 자신의 신념을 잠시 묻어두거나 모른 체 하는 대신 한사코 덕의 정치와 국민주권을 공포정치와 연결시키려고 했던 것이다.

로베스피에르에게 있어 '전시에는 공포와 덕이 정부를 움직이는 원리와 동력'이라는 입장은 자신의 양심에 따른 것으로서 그는 이를 주장하고 민중들에게 알려야만 내면의 안정을 찾을 수 있었다. 자신의 입장을 공개적으로 밝히지 않은 채 은밀하게 반대파를 탄압했더라면 로베스피에르는 안전을 확보하고 공포정치와 연결된 이미지도 희석할 수 있었을지 모른다. 하지만 이것은 그에게 어울리지 않는 일이었다. 자신이 떳떳하게 드러낼 수 없는 일에 연루된다는 것, 그리고 또한 민중들의 눈에 그렇게 비친다는 것은 그에게 가장 참기 어려운 일이었다. 따라서 로베스피에르는 공포정치에 대해 말을 했고 그럼으로써 공포정치를 증오하거나 불안해하던 사람들의 원망과 적대감을 집중시켰다.

---

21 코반에 의하면 민주주의자 로베스피에르는 민중주권의 원칙을 집권한 이후에도 관철시키고자 했기 때문에 혁명의 상황과 모순을 빚고 실패했다. Alfred Cobban, "The political ideas of Maximilien Robespierre during the period of the Convention," p. 190. 그가 위선적 인물이었다면 공포정치 하에서 민중주권의 원칙을 유보하면서 상황의 핑계를 댔을 것이다.

1794년 여름, 프랑스의 상황은 크게 호전되었다. 혁명정부는 공포정치를 통해 방데 반란을 비롯한 국내의 반혁명 세력을 제압하고 전쟁을 유리하게 이끌었다. 그 결과 사람들은 더 이상 공포정치를 지속할 이유를 찾지 못했다. 공포정치는 성공을 거둠으로써 그 존재이유가 사라진 것이다.

그러나 로베스피에르가 볼 때 공포정치는 소임을 다한 것이 아니었다. 부패하거나 잔인한 인물들, 즉 비도덕적 인물들이 국민공회에 남아있는 상태에서 혁명은 최종 목표, 즉 덕의 정치에 도달했다고 보기 어려웠기 때문이다. 그런데 로베스피에르가 염두에 두었던 대상이 공포정치에 반대한 사람들이 아니라 오히려 공포정치의 첨병 역할을 했던 파견위원들이 다수를 차지했다는 점은 공포정치에서의 로베스피에르의 딜레마를 확인시켜주는 것이다.

그들은 로베스피에르의 용어로 말하자면 범죄로서의 공포를 자행한 자들이었다. 그들은 잔인하고 폭력적인 행위를 일삼아 공포정치의 신망을 해침으로써 피리로 소환된 자들로서, 그들에게 로베스피에르가 표방한 덕의 정치는 두려움과 불만의 대상이었다. 그들에게 있어 로베스피에르를 숙청하는 것은 공포정치의 책임을 떠넘기는 동시에 자신들의 타락과 부패를 감출 기회가 될 것이었다. 실로 테르미도르 반동을 이끌었던 콜로 데르부아, 비요 바렌 등은 공안위원으로서 로베스피에르보다 훨씬 더 많은 피를 흘리게 했지만 그 책임을 로베스피에르에게 떠넘길 수 있었다. 그로부터 오늘날까지 공포정치의 망령은 그에게서 떠나지 않고 있다.

맺음말

앞에서 살펴본 로베스피에르의 연설과 글들은 근대 민주주의의 원리를 일깨우는 선구자의 고찰과 같은 것이었다. 그에게 민주주의란 무엇보다 국민의 다수인 민중에게 자유와 주권을 부여하는 것을 의미했다. 오늘날이라면 평범하게 들릴 수 있는 이 대의는 1789년에는 급진적인 것이었다. 당시는 보통선거, 평등, 대중교육, 어느 것 하나 당연시되지 않았다. 1789년 인권선언에서 자유와 평등을 선포한 국민의회도 민중의 참정권, 평등, 자유에 대해서는 외면하거나 거부감을 표시할 정도로 당시 민중은 주권자이기보다 국외자였다. 이에 맞서 로베스피에르가 민중을 정치적 논의에 포함시키고 나아가 정치 참여의 기회를 부여한 것은 프랑스 혁명에도 중요한 의미를 띠었다. 혁명전쟁 수행, 왕정 타도, 공화정 수립 등 혁명의 주요 순간들은 민중의 적극적 참여가 없었으면 불가능했다는 점에서 민중을 '준비시켜 온' 그의 공적은 평가받아 마땅하다.

또한 그에 못지않게 중요한 것은 로베스피에르의 민중주권이 단지 계급적 의미, 즉 부르주아지나 귀족에 대해 민중의 권리를 주장한 것만은 아니며 국민주권의 의미도 띠고 있다는 점이다. 말하자면 민중주권이란 국민이 국가 권력기관에 대해 주인으로서 권리를 가지는 것이다. 입법부, 행정부, 사법부 등 권력기관은 그 직무를 수행함에 있어 민중, 즉 국민의 이익과 의지를 실현할 의무가 있다. 하지만 로베스피에르에 따르면 권력자나 권력기관은 처벌받지 않는 한 자신들의 개별 의지와 개별 이익을 추구하는 경향이 있으며 그들이 이처럼 국민으로부터 독립할 때 민주주의에 가장 큰 재앙이 된다. 로베스피에르가 자유와 관련하여 단서나 한계가 없는 절대적 자유를 주장한 것도 바로 조금의 여지라도 있으면 자신들의 권력의 범위를 넓히고자 국민의 자유를 침해하는 권력의 성향을 꿰뚫어보았기 때문이다. 그 외에도 그가 제안한 입법부 의원의 재선 금지라든지 사법부의 권한 남용을 방지하기 위한 조치들을 보면 민주주의라는 창틀이 얼마나 취약하고 빈틈이 많은지 실감하게 된다.

그 점에서 법적·제도적 보완은 필요하며 또한 그것이 우리가 현실적으로 정치에 관해 생각할 수 있는 것이기도 하다. 하지만 로베스피에르는 그것으로 충분하다고 보지 않았다. 그는 혁명을 겪으면서 정치체제가 바뀌고 법적·제도적 변화가 뒤따른다 하더라도 결국 그것을 움직이는 것은 사람이므로 인간의 정신이 변하지 않는 한 "민중은 사슬만 바꿀 뿐 운명을 바꾸지는 못 한다."(10:575)라고 하였다.

따라서 그는 정치가 '국민의 안녕과 행복의 영속적 보장'을 실현하려면 그 목표를 인간을 도덕적이고 선한 존재로 만드는 것에 두어야 한다고 하였다. 통치자가 앞장서서 덕성을 발휘하고 시민에게 덕을 고취시키는 것, 즉 덕의 정치가 로베스피에르가 생각하는 이상적인 정치이다.

그런데 덕의 정치에서도 중심이 되는 것은 민중이다. 왜냐하면 사치와 야망으로 둘러싸인 부자나 권력자보다는 오직 생존과 평온함을 바라면서 근면하게 일할 뿐인 민중이야말로 인간의 자연적 본성, 즉 덕에 가장 근접한 존재이기 때문이다. 따라서 그들에게 덕이란 일깨우기만 하면 되는 것이다. 그 수단으로 로베스피에르는 최고 존재 숭배 제전과 같은 시민 종교를 제시하였다.

그렇다면 덕의 정치는 오늘날에도 유효한 것일까? 후대의 자유주의자들은 이를 국가가 시민의 내면에 개입하는 것으로서 인간의 자유에 대한 참을 수 없는 간섭이라고 하면서 거부하였다.[1] 하지만 로베스피에르가 제시한 최고 존재 숭배는 어떤 강제성도 띠지 않았으며 오직 계몽과 교육의 형태를 취했다. 그렇다면 다시 자유민주주의 사회에서 국민정신에 대한 계몽이나 교육은 필요한 것인가 하는 의문을 가질 수 있다. 이에 대해서는 도슨도 말했다시피[2] 오히려 자유로운 사회일수록 무질서와 혼란에 빠지지 않으려면 사회의 기본 가치나 도덕규범에 대한 공감대가 필요하다는 생각을 해볼 수 있다. 마치 토크빌이 미국의 자유를 지탱함에 있어 종교적 도덕규범의 역할을 주목한 것처럼.

특히 무엇보다 민주주의가 작동하는데 있어 법과 제도 뿐 아니라 시민들의 활발한 참여와 관심이 필수적임을 감안한다면 오늘날 반半자발적으로 수동 시민이 된 민주 국가의 시민들에게 권리와 의무라는 공적 미덕을 고취하여 '시민다운' 시민으로 재탄생시키고자 하는 덕의 정치는 시사하는 바가 있다.

---

1 수정주의 역사가 오주프는 로베스피에르가 수립한 최고 존재 숭배 제전은 그저 '섭리의 이름으로 공포정치를 정당화시키기 위한 것'이었다고 하였다. Mona Ozouf, "Religion révolutionnaire," Francois Furet & Mona Ozouf, *Dictionnaire critique de la révolution française* (Paris, 1988), pp. 609~610.

2 "자유로운 사회는 전체주의 사회보다 더 높은 정도의 정신적 통일성이 필요하다." Christopher Dawson, *The Gods of Revolution,* p. 165.

이처럼 '자유와 덕'으로 기억될 인물임에도 불구하고 로베스피에르는 후대인들에게 독재자의 이미지로 남아있으며 전체주의의 선구자라는 묘사까지 등장하고 있다.[3] 그가 후대, 특히 19세기 진보 진영에 미친 영향에도 불구하고[4] 이러한 이미지들은 그의 민주주의 사상까지 함께 봉인하는 결과를 초래했다.

우리는 그에게 찍힌 낙인을 이 책을 통해 지웠다고 말하기 어렵지만 마티에즈가 말한 바, 로베스피에르가 혁명기 프랑스의 가장 고귀하고 가장 관용적이며 가장 진지한 것을 구현했다고 한 주장을 확인했으며[5] 그를 뒷받침하는 요소들을 어느 정도 되살릴 수 있었다고 생각한다.

실로 로베스피에르에 대한 기억을 되살리는 건 고귀한 가치를 다시 떠올리는 것이다. 특히 그가 제시한 가치들이 200년이 지난 오늘날의 민주주의에서도 충분히 실현되지 않았음을 감안할 때 그것은 여전히 현안이라고 할 수 있다. 설혹 그중 일부가 오늘날 더 이상 관심사가 되지 않는다면 그 역시 로베스피에르 같은 사람들의 헌신 덕분이다.

---

3 테르미도르 200주년을 기념하여 발행된 잡지 L'histoire, 177 (1994)에 수록된 글들을 예로 들 수 있다. Yannick Bosc (외), "Actualité d'un homme politique irrécupérable," *Robespierre. Pour le bonheur et pour la liberté* (Paris, 2000), pp. 8~9.

4 "로베스피에르의 이념인 민중혁명, 사회계약 그리고 인민주권은 그의 사후 몇 십 년 안에 많은 이상주의자들, 특히 19세기의 사회주의자 및 민주주의자들에게 제일가는 이론적 기반이 될 것이었다." Jean-Claude Frère, *La victoire ou la mort: Robespierre et la révolution* (Paris, Flammarion, 1983), p. 419.

5 Albert Mathiez, "Pourquoi nous sommes robespierristes?" *Etudes sur Robespierre* (Paris, 1988), pp. 32~33.

참고문헌

1. 1차 자료

로베스피에르 전집 (Oeuvres complètes de Maximilien Robespierre)

Tome I, *Oeuvres littéraires* (Paris, Phenix Editions, 2000) (변호사 시절의 논문, 연설문 등).

Tome II, *Oeuvres judiciaires* (Paris, Phenix Editions, 2000) (변론문).

Tome III, *Correspondance* (Paris, Phenix Editions, 2000) (편지).

Tome IV, *Le Défenseur de la Constitution* (Paris, Phenix Editions, 2000) (혁명기 잡지『헌정 수호자』기고문).

Tome V, *Les journaux. Lettres àses Commettants* (Gap, Louis-Jean, 1961) (혁명기 잡지『위임자들에게 보내는 편지』기고문).

Tome VI, *Discours* (Partie 1) 1789-1790 (Paris, PUF, 1950) (제헌의회 및 애국협회 연설문).

Tome VII, *Discours* (Partie 2) (janvier-septembre 1791) (Paris, Phenix Editions, 2000) (제헌의회 및 애국협회 연설문).

Tome VIII, *Discours* (Partie 3) (octobre 1791-septembre 1792) (Paris, PUF, 1950) (자코뱅 클럽 연설문).

Tome IX, *Discours* (Partie 4) (septembre 1792-juillet 1793) (Paris, PUF, 1958) (국민공회 및 자코뱅 클럽 연설문).

Tome X, *Discours* (Partie 5) (27 juillet 1793-27 juillet 1794) (Paris, PUF, 1967) (국민공회 및 자코뱅 클럽 연설문).

2. 2차 자료

장 자크 루소, 『고백록』, I~II, 이용철 역 (나남, 2012).

장 자크 루소, 『사회계약론』, 이환 역 (서울대학교 출판부, 1999).

장 자크 루소, 『에밀 또는 교육론』 I~II, 이용철 외 역 (한길사, 2007).

장 자크 루소, 『인간 불평등 기원론』, 주경복 외 역 (책세상, 2003).

장 마생, 『로베스피에르, 혁명의 탄생』, 양희영 역 (교양인, 2005).

샤를 루이 몽테스키외, 『법의 정신』, 신상초 역 (을유문화사, 1990).

아이사야 벌린, 「자유의 두 개념」, 『자유론』, 박동천 역 (아카넷, 2006).

마르크 불와조, 『로베스피에르』, 정성진 역 (탐구당, 1983).

피에르 세르나 외, 『끝나지 않은 프랑스 혁명』, 김민철 외 역 (두더지, 2013)

퀜틴 스키너, 『자유주의 이전의 자유』, 조승래 역 (푸른 역사, 2007).

한나 아렌트, 『혁명론』, 홍원표 역 (한길사, 2004).

사이토 준이치, 『자유란 무엇인가』, 이혜진 외 역 (한울 아카데미, 2011).

아놀드 하우저, 『문학과 예술의 사회사』 3, 염무웅 외 역 (창비, 2016).

김경근, 「로베스피에르의 종교와 도덕관」, 『서양사론』 115 (2012. 12).

김경근, 「로베스피에르와 자유」, 『서양사론』 123 (2014. 12).

김명윤, 「몽테스키외의 정치사상에 나타난 미덕과 자유의 개념-페르샤인의 편지, 로마인 성쇠론, 법의 정신을 중심으로」, 『프랑스어문교육』 14 (2002. 11)

김용민, 「자연법이론과 루소의 정치사상」, 『한국정치연구』 7 (1997).

민석홍,「맥시밀리안 로베스피에르의 정치사상연구」, 『서양근대사연구』 (일조각, 1993).

알베르 소불, 『프랑스 대혁명사』 (상, 하), 최갑수 역 (두레, 1984).

오수웅, 「루소에 있어서 인권사상: 자연권과 자연법을 중심으로」, 『한국정치학회보』 41집 4호 (2007).

오수웅, 「루소의 도덕과 법-개념과 관계」, 『정치사상연구』 15권 2호 (2009).

장세룡, 「고대인의 자유와 근대인의 자유」, 『대구사학』 34 (1988).

최갑수, 「1789년의 『인권선언』과 혁명기의 담론」, 『프랑스사 연구』 4 (2001).

한명숙, 「M. 로베스피에르의 종교사상과 종교정책」, 『경희대학교 대학원, 박사학위논문』 (1994).

Jean Artarit, *Robespierre ou l'Impossible filiation* (Paris, 2003).

François A. Aulard, *Le culte de la raison et le culte de l'être suprême (1793-*

1794) (Paris, Felix Alcan 1892).

Roger Barny, "Robespierre, Rousseau et le problème religieux: de la 〈〈religion civile〉〉 à l'époque révolutionnaire,"*Pensée,* 293 (1993).

Marc Belissa, "Robespierre et la guerre," Michel Biard & Philippe Bourdin éd., *Robespierre. Portraits croisés* (Paris, Armand Colin, 2012).

Yannick Bosc 외, "Actualitéd'un homme politique irrécupérable," *Robespierre. Pour le bonheur et pour la liberté* (Paris, 2000).

Paul Chopelin, "Le mythe du 〈〈grand prêtre〉〉 de la Révolution. Robespierre, la religion et l'Etre Suprême," Michel Biard & Philippe Bourdin éd., *Robespierre. Portraits croisés* (Paris, Armand Colin, 2012)

Alfred Cobban, "The Fundamental Ideas of Robespierre," *Aspects of the French Revolution* (St. Albans, 1971).

Alfred Cobban, "The Political Ideas of Maximilien Robespierre during the period of the Convention," *Aspects of the French Revolution* (St. Albans, 1971).

Clarence Crane Brinton, *The Jacobins, An Essay in the New History* (New York, Russel & Russel, 1961).

Michaël Culoma, *La religion civile de Rousseau à Robespierre* (Paris, L'Harmattan, 2010).

Christopher Dawson, *The Gods of Revolution* (New York, 1975).

Laurent Dingli, *Robespierre* (Paris, Flammarion, 2004).

William Doyle & Haydon Colin, "Robespierre after two hundred years," Doyle William & Haydon Colin ed., *Robespierre* (Cambridge, Cambridge University Press, 1999).

Alan Forrest, "Robespierre, the war and its organisation," Colin Haydon & William Doyle ed., *Robespierre* (Cambridge, Cambridge University Press, 1999).

Jean-Claude Frère, *La victoire ou la mort: Robespierre et la révolution* (Paris, Flammarion, 1983).

François Furet, *Interpreting the French Revolution* (Cambridge, 1981).

Max Gallo, *L'homme Robespierre. Histoire d'une solitude* (Paris, 1968).

Benoît Garnot, *Le peuple au siècle des Lumières. Echec d'un dressage culturel* (Paris, Imago, 1990).

Patrice Gueniffey, "Robespierre," *Yearbook of European Studies* 9 (1999).

Patrice Gueniffey, *La politique de la terreur* (Paris, 2000).

Henri Guillemin, *Robespierre, politique et mystique* (Paris, Seuil, 1987).

Norman Hampson, "〈〈Je veux suivre ta trace vénérée〉〉. Robespierre as a reincarnation of Rousseau," *Annuaire d'études européennes,* no. 9 (1996).

Norman Hampson, "Robespierre and the Terror", Colin Haydon & William Doyle ed., *Robespierre* (Cambridge, Cambridge University Press, 1999).

Lynn Hunt, "The World We Have Gained: The Future of the French Revolution," *The American Historical Review,* Vol. 108, No. 1 (February 2003).

Jean-François Jacouty, "Robespierre selon Louis Blanc. Le prophète christique de la révolution française," *Annales Historiques de la Révolution Française,* no. 1 (2003).

Lucien Jaume, "Robespierre: Sur les rapports des idées religieuses et morales avec les principes républicains et sur les fêtes nationales, 1794(18 floréal an IIII)," Chatelet François 외, *Dictionnaire des oeuvres politiques* (Paris, PUF, 1989).

David P. Jordan, *The Revolutionary Career of Maximilien Robespierre* (New York, Free Press, 1985).

David P. Jordan, "Robespierre and the politics of virtue," Annie Jourdan, ed., *Robespierre: figure-reputation,* Yearbook of European Studies IX (Amsterdam & Atlanta, 1996).

Lucien Jaume, "Robespierre. Des principes révolutionnaire àl'être suprême," Annie Jourdan, ed., *Robespierre: figure-reputation,* Yearbook of European Studies IX (Amsterdam & Atlanta, 1996).

Jean-Pierre Jessenne, "Robespierre, au défi de l'égalitéet des politiques sociales," Michel Biard & Philippe Bourdin éd., *Robespierre. Portraits croisés* (Paris, Armand Colin, 2012)

Annie Jourdan, "Robespierre and Revolutionary heroism," Colin Haydon & William Doyle ed., *Robespierre* (Cambridge, Cambridge University Press, 1999).

Annie Jourdan, "Les discours de Robespierre. La parole au pouvoir," *Yearbook of European Studies* 9 (1996).

Charlotte Robespierre, *Mémoires de Charlotte Robespierre sur ses deux frères,* Laponneray, éd., (Paris, 1987).

Francis Leary, "Robespierre: the meaning of virtue", *Virginia Quarterly Review,* 72:1 (1996; Winter).

Georges Lefebvre, "Remarks on Robespierre," *French Historical Studies,* Vol. 1, No. 1 (1958).

Marisa Linton, "Robespierre's political principles," C. Haydon & W. Doyle, ed., *Robespierre* (Cambridge, 1999).

Charles Lyttle, "Deistic Piety in the Cult of the French Revolution," *Church History,* vol 2, no 1 (March, 1933).

Albert Mathiez, *The Fall of Robespierre and Other Essays* (New York, Augustus M. Kelly, 1968).

Albert Mathiez, *Etudes sur Robespierre* (Paris, Editions Sociales, 1988).

Mona Ozouf, "Religion révolutionnaire," François Furet 외 éd., *Dictionnaire critique de la révolution française* (Paris, Flammarion, 1988).

George Rudé, "Robespierre," *History Today,* 8:4 (April, 1958).

Frank Tallet, "Robespierre and religion," Colin Haydon & William Doyle ed., *Robespierre* (Cambridge, Cambridge University Press, 1999).

Ruth Scurr, *Fatal Purity-Robespierre and the French Revolution* (London, Chatto & Windus, 2006).

Michel Vovelle, *La Révolution contre l'Eglise. De la raison àl'Etre suprême* (Bruxelles, 1989).

Gerard Walter, *Maximilien de Robespierre* (Paris, 1989).

찾아보기

로베스피에르: 자유와 덕

지은이 김경근
펴낸이 이남호
펴낸곳 전북대학교출판문화원

초판 1쇄 발행 2017. 11. 30

전북대학교출판문화원 전라북도 전주시 완산구 어진길 32 (풍남동2가)
전화 (063) 219-5322
FAX (063) 219-5323
출판등록 2012년 8월 20일 제465-2012-000021호

값 18,000원

ISBN 979-11-87892-69-4 03920

이 도서의 국립중앙도서관 출판예정도서목록(CIP)은 서지정보유통지원시스템 홈페이지(http://seoji.nl.go.kr)와 국가자료공동목록시스템(http://www.nl.go.kr/kolisnet)에서 이용하실 수 있습니다. (CIP제어번호 : CIP2017030368)